中国对外直接投资的母国贸易效应研究

THE EFFECTS OF
CHINA'S OUTWARD FOREIGN
DIRECT INVESTMENT

ON

HOME-COUNTRY
TRADE

杨 超 著

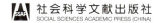

社会科学文献出版社
SOCIAL SCIENCES ACADEMIC PRESS (CHINA)

前　言

　　贸易和投资是一国参与国际经济合作的两种基本形式。进入 21 世纪以来，中国深度融入国际生产分工体系，对外贸易和对外直接投资（OFDI）高速发展，多年蝉联全球货物贸易第一大国，对外直接投资流量和存量稳居全球前列。作为建设开放型经济的重要组成部分，对外贸易和对外直接投资在带动经济社会发展、深化中国与世界各国的互利合作方面发挥了重要作用。

　　近年来，中国发展面临的国内外形势正在发生深刻变化。从国际看，全球经贸格局进入深度调整期，对外直接投资和货物贸易大幅下滑，大国博弈、规则重构、产业链重塑等多重因素交织，外部发展环境日趋复杂。从国内看，一方面，近年来劳动密集型产业外移趋势明显，对外直接投资面临的质疑不断，其对我国经济社会发展的影响广受关注；另一方面，中国迈入新发展阶段，提出构建以国内大循环为主体、国内国际双循环相互促进的新发展格局，强调以国际循环提升国内大循环的效率和水平。在此背景下，探讨对外直接投资的母国贸易效应具有新的理论和现实意义。

　　本书基于贸易视角研究中国对外直接投资的母国效应，旨在系统评估对外直接投资对我国货物进出口的规模、结构乃至贸易条件所产生的影响。从理论层面看，本书区分投资动因，分别考察不同投资动因条件下所产生的母国贸易效应，并且以中国对东盟、欧盟的投资为例进行实证研究，相关研究结论将有助于丰富国际直接投资理论。从现实层面看，本书围绕中国案例，系统分析我国对外直接投资的母国贸易效应，回应相关质疑，进而提出我国更好地开展外贸外资工作的政策建议，这将有助于拓展基于中国国情的贸易和投资关系研究，对我国在新时期更好地推进对外开放、构建新发展格局具有一定政策参考价值。

本书的研究思路分为四个层次。第一，概论中国对外直接投资和对外贸易的发展历程，从规模、主体、国别结构、行业结构等角度总结贸易和投资发展特点，列举典型案例，并归纳国际贸易标准分类（SITC）、广泛经济类别分类（BEC）和技术密集度分类视角下中国货物贸易商品结构特征。第二，梳理对外直接投资与贸易关系的相关理论和影响机制，具体包括完全替代理论、内部化理论、国际生产折衷理论、边际产业扩张理论、产品生命周期理论、新贸易理论等；将对外直接投资按动因分为市场寻求型、效率寻求型、资源寻求型和创新资产寻求型四类，具体梳理每类投资对贸易规模和结构的影响机制。第三，基于理论机制进行实证分析，采用 2007～2019 年中国与 91 个国家（地区）直接投资和贸易规模的面板数据，借鉴贸易引力模型，构建中国 OFDI 的贸易规模效应模型，实证分析 OFDI 对进出口规模的影响；聚焦 BEC 分类和技术密集度分类下的商品结构，分析 OFDI 对贸易结构的影响；结合贸易规模效应和结构效应的分析结果，拓展分析 OFDI 对母国贸易条件产生的影响；基于异质性投资动因视角，选取东盟和欧盟这两大中国对外直接投资较集中的区域，分析中国对这两大区域投资的母国贸易规模效应和结构效应。第四，提炼研究结论并提出政策建议，为新时期更好地推进我国外贸外资工作、提升对外开放水平、服务于新发展格局提供有益参考。

本书共七章，核心观点如下。

第一，针对出口规模效应和进口规模效应，通过建立引力模型，实证分析了中国 OFDI 对货物贸易规模的影响。结果发现，中国 OFDI 对其货物贸易出口和进口规模均产生了正向促进作用，OFDI 存量与货物贸易进出口之间呈现互补效应的影响关系；从影响程度看，中国 OFDI 对货物贸易进口的促进效应大于对出口的促进效应。因此，扩大对外直接投资，在扩展全球纵深的发展空间、深度参与全球化进程的同时，也将成为我国扩大货物贸易进出口规模、巩固贸易大国地位的重要路径之一。

第二，基于 BEC 分类视角下的贸易商品结构，实证分析了中国 OFDI 对母国消费品、中间品和资本品贸易的影响。结果表明，中国 OFDI 对母国消费品、中间品、资本品进口和出口均产生了正向促进作用；从影响程度看，中国 OFDI 对母国中间品出口和消费品进口的带动作用更为突出。这表明企业境外生产经营活动与国内投资主体联系紧密，我国深度融入全球产业链和供应链的趋势没有改变，OFDI 正在带动我国出口由消费品主导逐步向中间品主导转型，带动我国出口制造业不断向产业链和供应链中上游攀升。

第三，以技术密集度分类视角下的贸易商品结构为切入点，实证分析了中国 OFDI 对母国初级产品、资源性制成品，以及低、中、高技术含量制成品贸易的影响。结果显示，中国 OFDI 对母国初级产品、资源性制成品，以及低、中、高技术含量制成品进出口均有不同程度的带动作用；从影响程度看，中国 OFDI 对上述五类商品进口引致作用更为显著。这印证了中国 OFDI 在带动能源资源、农产品、重要设备和关键零部件进口方面的重要作用。

第四，结合贸易规模效应和结构效应的分析结果，对 OFDI 的母国贸易条件效应进行了拓展分析。2000 年以来，中国价格贸易条件虽然整体呈恶化态势，但收入贸易条件和要素贸易条件均得到较大程度改善。中国 OFDI 通过改变母国货物贸易结构，影响了价格贸易条件；通过带动母国出口增长，改善了收入贸易条件；通过发挥技术溢出效应提升母国劳动生产率，改善了单要素贸易条件。

第五，聚焦东盟地区，实证分析了以效率寻求型为突出特点的中国在东盟投资对双边贸易的影响。结果发现，中国对东盟的 OFDI 有效带动了中国对东盟出口，对母国中间品和资本品出口均有显著的促进作用，而对消费品出口未见显著影响；从进口看，中国对东盟的 OFDI 对母国消费品进口有显著的促进作用，但对中间品和资本品进口的影响并不显著。因此，在以东盟为代表的发展中经济体开展效率寻求型 OFDI 有助于扩大零部件、原材料等中间品，以及生产设备等资本品的出口，并带动消费品回流母国。

第六，聚焦欧盟地区，实证分析了以创新资产寻求型为突出特点的中国在欧盟投资对双边贸易的影响。结果发现，中国在欧盟的 OFDI 对母国进口有显著的带动作用，但对母国出口规模的整体影响不显著；从进口结构看，中国在欧盟投资对母国中高技术含量制成品进口产生了一定促进作用。因此，在以欧盟为代表的发达经济体开展创新资产寻求型 OFDI 有助于获取先进的生产工艺、关键设备等，扩大高技术产品进口，促进贸易结构优化和产业转型升级。

整体而言，中国 OFDI 与货物贸易之间呈互补关系，OFDI 的增长有效带动了货物贸易进出口规模的扩大。OFDI 通过促进中间品和资本品出口，带动我国出口制造业不断向产业链和供应链中上游攀升；通过带动能源资源、农产品、重要设备和关键零部件进口，保障国内产业安全和人民生活所需。在中国步入新发展阶段，面临新任务和新挑战的关键时期，应继续坚持以市场为导向，优化对外投资结构和布局；加强风险防控和服务支撑，保护海外利益；以贸易和投资的融合发展促进产业链和供应链畅通运转，更好地服务于以国内大循环为主体、国内国际双循环相互促进的新发展格局。

　　本书的特色主要体现为三个方面。一是基于异质性投资动因，选取 BEC 分类法和技术密集度分类法，分别聚焦中国对东盟和欧盟两大重点区域的直接投资，探讨了我国 OFDI 对母国不同类型商品产生的差异性影响。二是从贸易规模、贸易结构、贸易条件三个维度，较为全面系统地综合考察了中国对外直接投资与母国贸易之间的关系。三是在研究结论的基础上，结合中国外贸外资发展的新任务和新挑战，以及构建新发展格局的战略需求，提出了新时期中国推进高水平对外开放的政策建议。

PREFACE

Trade and investment are two basic forms of a country's participation in international economic cooperation. Since the adoption of reform and opening-up policy, China has deeply integrated into the global production system. China's trade and OFDI (Outward Foreign Direct Investment) has developed rapidly, with its trade volume ranking first place for eight consecutive years, and its OFDI flows ranking forefront worldwide. As vital components in forming an open economy, trade and OFDI have played important roles in driving economic development and in deepening reciprocal cooperation between China and the rest of the world.

In recent years, China's external and internal situation has changed dramatically. Externally, the global economic structure has entered into the process of profound adjustment. The OFDI flows and commodity trade volume have sharply declined. Multiple factors such as the competition of major powers, the restructuring of rules, and the reshaping of the industrial chains are intertwined. The external environment has become increasingly complex. Internally, with the relocation of labor-intensive industries from China to its neighboring countries, China's OFDI faces increasing doubts and criticism. The impact of China's OFDI on its own economy draws increasing attention. Meanwhile, China has entered a new stage of development, and proposed to build a new development pattern of "dual circulation", emphasizing the function of international circulation for the more effective domestic circulation. In this context, discussing the home-country trade effect of OFDI has new theoretical and practical implications.

The book focuses on the home-country trade effect of China's OFDI, aiming to systematically evaluate the impacts of China's OFDI on its scale, structure and terms of trade. From the theoretical perspective, the book distinguishes the investment motivations and investigates the home-country trade effects under different motivations. Moreover, it takes China's invest-ment in ASEAN and EU as examples to conduct empirical research. Rele-vant research conclusions will help enrich the theory of international direct investment. From the empirical perspective, the book systematically analy-zes the home-country trade effect of OFDI by focusing on China's case, and puts forward relevant policy recommendations for better trade and OFDI development in China. The book will help expand the study of trade and investment relations based on China's national conditions, and will offer policy implications for higher level opening-up as well as building the de-velopment pattern of "dual circulation" in new period.

The research is conducted in four stages. For the first stage, bring an overview of China's OFDI and trade development from the perspective of scale, type, partner and industry, presenting typical cases. Summarize China's commodity trade structure under different classification methods, including Standard International Trade Classification (SITC), Broad Economic Classification (BEC) and technological classification.

For the second stage, summarize relevant theories and influencing mechanisms of the relations between OFDI and trade, including Internalization Theory, Eclectic Theory of International Production, Marginal Industry Expansion Theory, Product Life Cycle Theory, etc. In line with UNCTAD's 4-type-classification of OFDI, which are Market-seeking, Efficiency-seeking, Resource-seeking and Created-asset-seeking, the influencing mechanism of each type on trade scale and structure is analyzed.

For the third stage, carry out empirical analysis based on the theoretical mechanism. Utilizing the panel data of OFDI and trade scale between China and 91 countries from year 2007 to 2019, the trade effect model is constructed by referring to the trade gravity model, and the impact of China's OFDI on the import and export scale is empirically analyzed. Focusing on the commodity structure under BEC classification and technological classification, the influence of OFDI on the trade structure is analyzed. Combined with the empirical results of the previous studies, the influence of OFDI on China's terms of trade is further analyzed. Moreover, from the perspective of heterogeneous investment motivations, the book selects ASEAN and EU, two major destinations of China's OFDI, and analyzes the trade scale and structural effects of China's investment in these two regions.

For the fourth stage, refine the research conclusions and put forward policy recommendations, which offers beneficial reference for promoting China's OFDI and trade development, for further opening-up, and for building the development pattern of "dual circulation".

The book is developed in seven chapters. The core perspectives are as follows.

First, the influence of China's OFDI on trade scale is empirically analyzed through trade gravity model. The results show that China's OFDI has a positive effect on its export and import scale, and there is a complementary relationship between OFDI stock and trade volume. In terms of the extent of influence, the accelerative effect of China's OFDI on its import is greater than that of its export. Therefore, an increase in OFDI will not only expand China's development space and consecutively integrate into the globalization, but also promote China's trade scale and consolidate its status as a global trading power.

Second, based on the commodity trade structure under BEC classification, the impact of China's OFDI on its export and import of consumption goods, intermediate goods and capital goods is empirically analyzed. The results show that China's OFDI has a positive effect on its import and export of consumption goods, intermediate goods and capital goods. For the extent of influence, China's OFDI has greater impact on its import of intermediate goods and consumption goods. The results implicate that the production and operation of China's overseas enterprises are closely linked to their parent company at home country. Meanwhile, China's profound integration into the global industrial and supply chains has not changed. China's OFDI is facilitating the gradual shift in its export from consumption goods domination to intermediate goods domination, while improving China's position in global industrial and supply chains.

Third, based on the commodity structure under technological classification, the impact of China's OFDI on its export and import of primary products, resource-based manufactures, low-technology manufactures, medium-technology manufactures and high-technology manufactures is empirically analyzed. The results show that China's OFDI has facilitating effect on its export and import of primary products and manufactured products at varying degrees. In terms of the degree of influence, China's OFDI has a more significant impact on the import of primary and manufactured products, which justifies the important role of China's OFDI in driving import of energy resources, agricultural products, key equipment and components.

Fourth, in combination with the analysis of the trade scale effect and structural effect, the impact of China's OFDI on its terms of trade is further analyzed. Since 2000, although China's net barter terms of trade (NBTT) has deteriorated on the whole, both its income terms of trade (ITT) and factor terms of trade (FTT) have improved to a greater extent. China's OFDI affects its NBTT by changing the structure of trade, and improves ITT by boosting export, and ameliorates FTT by exerting technology spillover effect that helps improve the labor productivity of China.

Fifth, focusing on China's OFDI in ASEAN, which is characterized by seeking efficiency, the impact of OFDI on bilateral trade is empirically analyzed. The results reflect that China's OFDI in ASEAN has effectively driven its export to ASEAN, with accelerating effect on the export of intermediate goods and capital goods, while without apparent effect on the export of consumption goods. In terms of import, China's OFDI in ASEAN has promoting effect on its import of consumption goods, but does not have obvious impact on the import of intermediate goods and capital goods. Therefore, carrying out efficiency-seeking OFDI in developing economies, represented by most of ASEAN member states, can promote China's export of intermediate goods like raw materials, capital goods like relevant production equipment, meanwhile bring consumption goods back to the home country.

Sixth, focusing on China's OFDI in EU, which is characterized by seeking innovative assets, the impact of OFDI on bilateral trade is empirically analyzed. The results reflect that China's OFDI in EU has facilitated its import from EU, but does not have obvious effect on its export to EU.

From the perspective of import structure, China's OFDI in EU promotes its import of high-tech manufactures from EU. Therefore, carrying out Created asset-seeking OFDI in developed economies, represented by most of EU member states, can help acquire advanced manufacturing technique and key equipment, which accelerates import of high-tech products. Thus the trade structure is optimized and industrial upgrading is promoted.

In conclusion, China's OFDI and its commodity trade are complimentary. The growth of China's OFDI effectively drives the increase of its export and import. By facilitating the export and import of intermediate goods and capital goods, China's OFDI drives its export manufacturing sector to a higher position in global industrial chain and supply chain. By promoting the import of resources, agricultural products, vital equipment and accessories, China's OFDI helps ensure the safety of domestic industries and meet needs of the people. As China has entered a new stage of development, facing new tasks and challenges, the book suggests that China should adhere to market economy and the major role of enterprise, meanwhile optimize the allocation of OFDI. China should also strengthen the risk prevention system and offer supports for the protection of overseas interests. Moreover, the development of trade and investment should be better integrated for the better functioning of industrial and supply chains, which serves the "dual circulation" development pattern where domestic economic cycle plays a leading role while international economic cycle remains its extension and supplement.

The book attempts to reflect the home-country trade effect of China's OFDI in three new perspectives. First, based on heterogeneous investment motivation, selecting BEC classification and technological classification, the book discusses how China's OFDI in ASEAN and EU impacts its commodity trade respectively, and differentiate the impacts on various types of commodities. Second, the book brings a comprehensive and systematic analysis on the relationship between China's OFDI and trade from three dimensions, which are scale of trade, structure of trade, and terms of trade. Third, based on the research conclusions, concerning the current goals and challenges of China's trade and investment development, as well as the strategic attempts of establishing a "dual circulation" development pattern, the book puts forward relevant policy recommendations for a higher-level opening-up in new period.

目　录

第一章

绪　论

第一节　新形势下研究贸易投资关系的意义

改革开放四十余年来，我国对外直接投资和对外贸易高速发展，先后成为全球货物贸易第一大国和全球投资大国。近十年，全球经贸格局深度调整，外部发展环境日趋复杂多变，我国提出构建以国内大循环为主体、国内国际双循环相互促进的新发展格局。在此背景下，基于贸易视角探讨中国对外直接投资的母国效应具有新的理论和现实意义。

一　国内外形势分析

（一）国际形势

全球对外直接投资在波动中增长，近年投资发展动力不足。自20世纪90年代以来，随着科学技术突飞猛进、经济全球化浪潮席卷全球、跨国公司全球生产布局调整，全球对外直接投资进入了高速发展期。据联合国贸易和发展会议（UNCTAD）统计，2000～2007年全球对外直接投资流量年均增长率达8%。然而，2008年国际金融危机以来，推动对外直接投资增长的长期动力趋缓，投资回报率下降，投资安全审查日益收紧，投资政策环境恶化，2008～2018年全球对外直接投资流量年均增长率仅为1%。2020年全球发生的新冠肺炎疫情导致生产停顿、供应链中断、人员往来受阻，全球对外直接投资流量较2019年的1.5万亿美元急剧减少35%，为近20年以来的最低水平。[①]

国际贸易在二战后蓬勃发展，近年货物贸易增长低迷。国际贸易在二战后快速发展，特别是20世纪90年代世界贸易组织（WTO）成立后，经济全球化浪潮席卷全球，各国关税和非关税壁垒大幅下降，国际贸易步入新一轮高速增长期。据WTO统计，2000～2008年，世界货物贸易出口年均增长率达5%，高于同期世界经济增速2个百分点。然而，受国际金融危机的负面影响，2008～2018年，全球货物贸易实际增长2.4%，是二战以来最低的10年，也低于同期世界经济增速。[②] 全球贸易紧张局势导致贸易壁垒增加和不确定性增大，世界主要经济体贸易活动低迷。新冠肺炎疫情重创世界经济发展，供给和需求两端的同时低迷导致全球货物贸易大幅下滑。

全球产业链供应链加速调整，区域化本地化特点凸显。新冠肺炎疫情充分暴露了全球产业链分工的脆弱和安全问题，全球产业链和供应链进入加速调整期，由降低成本、产业配套等市场因素，转向市场与政治、发展与安全多重因素统筹考量。产业链和供应链区域化、多元化、本地化特征日趋明显。跨国公司出于稳定性和安全性考虑，开始在区域内建立完整、安全的产业链供应链，或采取"中国＋1"的生产布局。发达国家强调生物医疗、核心技术等领域产能在本土"备份"，以实现战略性自给自足。

----

① 全球对外直接投资流量数据均来自联合国贸易和发展会议（UNCTAD）统计数据库，增速数据由相关流量数据计算得到，https://unctadstat.unctad.org/EN/。

② 全球贸易数据来自WTO贸易和关税统计数据库，增速数据根据上述相关数据计算得到，https://www.wto.org/english/res_e/statis_e/statis_e.htm，世界经济增速数据来自世界银行统计数据库。

（二）　国内形势

我国对外直接投资高速发展，投资流量稳居全球前列。自 2002 年我国建立对外直接投资统计制度以来，对外直接投资流量持续快速增长 14 年，2002～2016 年年均增速高达 35.8%。[①] 2016 年后，我国加强了对外投资的真实性和合规性审查，投资流量虽有所下降，但总体呈现健康平稳发展态势。尽管全球直接投资发展动力不足，但在"一带一路"建设、国际产能合作等重要因素的推动下，我国对外直接投资逆势高速增长，自 2013 年起投资流量连续八年稳居全球前三。2015 年，我国对外直接投资流量首次超过利用外资流量，成为双向直接投资项下的资本净输出国。

我国多年蝉联全球货物贸易第一大国，外贸对宏观经济大局意义重大。改革开放四十余年来，我国依托加工贸易深度参与全球价值链分工，顺应国际潮流加入世界贸易组织，全方位构建贸易伙伴关系，对外贸易持续快速发展，多年蝉联全球货物贸易第一大国。尽管我国外贸发展历史成绩斐然，但当下既面临优化结构、转型升级、稳中提质的目标任务，又面临国际市场需求疲软、保护主义蔓延、中美贸易摩擦等复杂严峻的形势。外贸作为拉动经济发展的"三驾马车"之一，对于我国宏观经济大局至关重要。因此，探讨对外直接投资对我国贸易规模、结构等产生的影响，厘清投资与贸易发展的关系，对实现贸易高质量发展显得尤为重要。

对外直接投资面临的质疑不断，其对我国经济社会发展的影响广受关注。近年来，我国劳动密集型加工制造环节向东南亚、南亚等周边国家转移趋势日渐明显，而美国、日本等发达国家则鼓励制造业"再回归"本土。对外直接投资是否会引发我国的"产业空心化"，相

[①]　中国对外直接投资流量数据来自《中国对外直接投资统计公报》，增速数据根据相关流量数据计算得到。

关讨论在社会上引起了广泛关注。从政策制定部门到学术研究领域，除关注对外直接投资的东道国效应外，日趋关注对外直接投资的母国效应。对外直接投资如何影响我国国内投资、贸易、就业、产业发展，如何服务于我国经济社会整体发展等一系列问题亟待探讨。

我国提出构建新发展格局，更加注重内外联动发展。面对错综复杂的国内外形势，党中央做出构建以国内大循环为主体、国内国际双循环相互促进的新发展格局的战略部署。习近平总书记明确指出，新发展格局不是封闭的国内单循环，而是更加开放的国内国际双循环，要重视以国际循环提升国内大循环效率和水平，改善我国生产要素质量和配置水平，推动产业转型升级。① 对外投资和贸易作为国际循环的重要组成部分，将通过整合国内外生产和创新要素配置，推动国内大循环提质增效。

二　研究的理论与现实意义

尽管投资与贸易关系是世界经济研究的经典问题，已有学者从理论和实证角度分别进行了探讨，但在全球经贸格局深度调整、我国经济社会发展迈入新阶段的背景下，重新探讨投资与贸易的关系有了新的理论和现实意义。

从理论意义上看，在现有的探讨投资和贸易关系的理论中，无论是蒙代尔（Mundell）的完全替代理论、弗农（Vernon）的产品生命周期理论，还是小岛清（Kojima）的边际产业扩张理论、邓宁（Dunning）的国际生产折衷理论，大多是基于发达经济体投资与贸易关系的现实考察而总结的理论。基于中国案例展开研究，既是基于新兴经济体，也是基于全球货物贸易第一大国探讨投资的贸易效应，将有助于丰富国际投资理论。

---

① 周跃辉. 构建新发展格局下更加开放的国内国际双循环 [N/OL]. （2020 - 11 - 10）[2021 - 11 - 15] https://guancha. gmw. cn/2020 - 11/10/content_34354530. htm.

从现实意义上看，一方面，通过系统分析我国对外直接投资的母国贸易效应，将丰富基于中国国情发展的现实考察，有助于"摸清家底"，回应国内对于对外直接投资发展的关切和质疑；另一方面，基于研究结论提出相关政策建议，将有助于促进投资和贸易协调发展、内外联动发展，促进投资和贸易提质增效，回应构建新发展格局的战略需要。

第二节　聚焦对外直接投资的母国贸易效应

一　研究内容界定

（一）研究目标

基于我国对外直接投资和对外贸易发展现状，深入分析我国对外直接投资的母国贸易规模效应和贸易结构效应，以期实现如下目标：一是厘清对外直接投资对母国贸易的影响途径与理论机制；二是基于我国对外直接投资和贸易发展现状，探讨我国对外直接投资产生的母国贸易效应，并基于研究结论提出促进贸易投资融合发展、推动我国高水平对外开放的政策建议。

（二）概念界定

对外直接投资（Outward Foreign Direct Investment，OFDI）：我国商务部在《对外直接投资统计制度》中将对外直接投资定义为"境内投资者以控制国（境）外企业的经营管理权为核心的经济活动，体现在一经济体通过投资于另一经济体而实现其持久利益的目标"。本书采用上述商务部对中国对外直接投资概念的基本解释与界定。

对外直接投资的母国贸易效应指一国的境内投资者开展对外直接投资行为对该国对外贸易发展的影响和作用。本书的分析聚焦于货物贸易，重点分析对外直接投资对母国贸易规模、贸易结构和贸易条件的影响。其中，本书研究的贸易结构①主要指对外贸易商品结构，即一国或地区在一定时期内各种类别的进出口商品贸易额占该国或地区总贸易额的比重。

二　研究方法选取

（1）修正的贸易引力模型。利用中国 OFDI 与贸易规模的面板数据，借鉴贸易引力模型，构建 OFDI 贸易规模效应模型和 OFDI 贸易结构效应模型，实证分析中国 OFDI 对进出口规模和结构的影响。

（2）统计分析法。通过对重点进出口商品规模和占比变化的描述性统计，分析中国对外贸易的商品结构变化趋势。通过对投资规模、行业、国别地区、方式等规模和占比变化的描述性统计，分析中国对外直接投资发展趋势。

（3）案例分析法。基于异质性投资动因视角，总结我国市场寻求型、效率寻求型、资源寻求型、创新资产寻求型四类对外直接投资发展现状，选取代表性国家（地区）和代表性企业进行案例分析。

（4）比较分析法。选取东盟和欧盟这两大中国对外直接投资的主要目的地，从中国对东盟和欧盟投资动因，以及中国投资产生的贸易规模效应和贸易结构效应等方面展开比较分析。

三　创新点与不足之处

（一）创新点

本书的创新之处主要体现为三个方面。

一是基于异质性投资动因，分别聚焦中国对东盟和欧盟两大重

---

① 贸易结构（Composition of Trade）：贸易结构描述的是一国某一时期内对外贸易的构成情况，指构成一国对外贸易活动的商品生产要素之间的相互关系及比例关系，主要由对外贸易方式结构、对外贸易区域结构、对外贸易模式结构及对外贸易商品结构等几方面构成（张曙宵，2003）。

点区域的直接投资，探讨了中国 OFDI 对母国贸易的差异性影响。本书基于市场寻求型、效率寻求型、资源寻求型和创新资产寻求型四类对外直接投资，聚焦东盟和欧盟两大对外直接投资重点区域，研究中国对上述区域投资产生的母国贸易规模和结构效应。在贸易结构的考察上，选取 BEC 分类法和技术密集度分类法，探讨中国 OFDI 对母国不同类型商品产生的差异性影响。

二是从贸易规模、贸易结构、贸易条件三个维度，较为全面系统地综合考察了中国对外直接投资与母国贸易之间的关系。本书实证分析了中国 OFDI 的母国贸易规模效应、BEC 和技术密集度分类下的贸易结构效应，并在贸易规模和结构效应的基础上，对中国 OFDI 如何影响母国贸易条件展开分析，全面地考察了中国 OFDI 与母国贸易之间的关系，一定程度上丰富并拓展了相关研究。

三是在研究结论的基础上，提出了新时期中国推进高水平对外开放的政策建议。本书在理论和实证分析结论的基础上，结合中国面临的复杂内外形势、外贸外资发展的新任务和新挑战，以及构建新发展格局的战略需求，从优化对外投资布局、贸易投资融合发展、保护海外利益等方面出发，提出了新时期推进中国高水平开放的政策建议。

（二）不足之处

尽管本书力求揭示中国 OFDI 的母国贸易效应，但囿于数据的可得性和本人的研究水平，尚存两点不足，希望在后续的研究中进一步改进：

一是目前仅从货物贸易维度来衡量对外直接投资的母国贸易效应，未涉及服务贸易领域。若加入服务贸易领域的研究，可以得到更全面的贸易规模和结构视角，相应的研究结论也会更具权威性和影响力。

二是实证研究部分受限于 OFDI 数据的可得性，可能低估 OFDI

对贸易的实际作用。我国发布的《中国对外直接投资统计公报》中，对于投资目的地是以资金流向的首个目的地（而不是以最终目的地）作为判定标准，这导致对中国香港、开曼群岛和英属维尔京群岛等离岸中心的投资占比高，对其他地区 OFDI 统计值低于实际值。本书的实证研究基于《中国对外直接投资统计公报》数据，将中国香港、英属维尔京群岛、开曼群岛等离岸中心排除在外，因而中国 OFDI 对母国贸易的影响可能被低估。

第二章

国内外研究现状

随着国际直接投资的迅速发展，对外直接投资的母国效应日益受到国内外学者的关注。部分学者从贸易、产业结构、就业、技术进步等多个维度出发，分析对外直接投资对母国宏观经济带来的综合效应（Kokko，2006；李京晓，2013；陆书哲，2017），更多的学者则是选择其中一个维度进行深入探讨。本章第一节主要关注对外直接投资的母国就业效应、产业发展效应和技术溢出效应，贸易效应的相关研究将在第二节单独阐述。

第一节　关于对外直接投资的母国综合效应研究

一　就业效应

对外直接投资如何影响母国就业，学术界尚未形成较成熟的理论，但大量实证研究表明：对外直接投资对母国就业可能产生替代效应和促进效应，并影响就业结构。

（一）对外直接投资对母国就业产生替代效应

持替代效应观点的学者普遍认为，对外直接投资带来的出口增加并不足以弥补对国内投资和消费的挤压，进而对母国就业产生替代效应，但这种替代效应并非一成不变。

从时间维度看，对外直接投资在短期内与母国就业是替代关系，而长期则呈互补关系。Slaughter（1995）基于美国1977～1989年32个行业的OFDI数据，在短期内企业资本固定、劳动力需求可变，长期内所有生产要素均可变的假设下，分析东道国工资变化对美国就业的影响，发现对外直接投资在短期内缩小美国就业规模，而长期则扩大了美国就业规模。

从国别差异看，国家间收入水平的差距会影响对外直接投资母国就业效应，部分学者对美国、英国、德国等发达国家OFDI的研究表明，在高收入地区投资对母国就业存在一定替代作用，而在低收入地区投资则不一定对母国就业产生替代。Brainard和Riker（1997）基于美国OFDI现状，围绕工资替代弹性这一指标展开研究，发现在工资替代弹性较小的发达国家投资，对母国就业的替代作用小；而在工资替代弹性较大的新兴国家投资，对母国就业替代作用较大。Braconier和Ekholm（2000）基于欧洲企业的研究发现，在收入水平较高地区的投资对欧洲就业有替代作用，而在收入水平较低地区投资的替代作用不显著。Becker等（2005）基于德国对外直接投资的研究也得到了类似的结论。

（二）对外直接投资对母国就业产生促进效应

有学者基于行业、企业和地域角度的实证分析，得出对外直接投资促进母国就业的结论。从行业角度看，Lipsey等（2000）通过对日本制造业对外直接投资和国内就业关系的考察，发现制造业对外直接投资显著增加了日本的就业岗位。Chen和Ku（2005）对台湾制造业的考察发现，对外直接投资存在两方面相反的就业效应，一方面通过提高生产率减少台湾当地就业，而另一方面通过扩大产出增加对台湾地区劳动力需求，但总体而言，对外直接投资对台湾制造业有显著的促进作用。相反，Braconier和Ekholm（2001）基于美国的研究则发现，制造业对外直接投资减少了母国就业需求，服务业对外直接投资增加了母国就业需求，尤其是提高了科技人员和企业管理人员在就业中的占比。

从微观企业角度看，Harrison 和 Mcmillan（2006）基于美国企业数据的实证分析，发现垂直型对外直接投资缩小了母国就业规模，且与东道国收入水平无关；而水平型对外直接投资扩大了母国就业规模，且与东道国收入水平有关，对低收入国家的水平型投资对母国就业拉动作用显著，对高收入国家的投资则作用不显著。Masso 等（2008）通过对爱沙尼亚企业的考察，发现母国企业与子公司就业存在相互促进关系，且这种促进关系在服务业中更为显著。李磊等（2016）对中资企业的考察发现，不同类型的 OFDI 对母国就业产生了显著但有差异的促进作用，资源寻求型 OFDI 的母国就业效应受行业类别的影响，水平型和垂直型 OFDI 的就业效应则受东道国收入水平和贸易结构的影响。

从地域角度看，对外直接投资对就业结构的影响还与东道国的经济发展水平有关。Head 和 Rise（2002）的研究发现，日本在低收入国家的投资提高了母国劳动技术密集度，但这种正向作用随着日本投资大规模转向高收入国家而逐渐消失。Navaretti 等（2010）对意大利和法国的研究发现，在收入水平相对低的地区投资，短期内对母国的就业效应不显著，但长期来看，将增加母国产出，进而增加就业。

部分国内学者采用省际面板数据展开实证分析，认为对外直接投资对中国就业的创造效应总体上大于替代效应，但存在省际差异。姜亚鹏和王飞（2012）基于省际面板数据开展的实证分析发现，东部地区对外直接投资对地区就业产生一定替代作用，而中西部地区对外直接投资则对本地区就业有较大拉动作用。张建刚等（2013）基于我国 30 个省份 2003～2010 年的面板数据展开实证分析，发现对外直接投资对母国就业的创造效应大于替代效应。廖庆梅（2017）利用 2003～2012 年的省级面板数据，发现 OFDI 对国内就业的促进作用普遍存在，对中西部地区的促进作用最为显著。

（三）对外直接投资影响母国就业结构

对外直接投资不仅影响母国就业规模，也影响母国就业结构。Hanson 等（2003）基于美国的研究发现，对外直接投资减少了美国国内对非熟练劳动力的需求，增加了对熟练劳动力的需求。Hijzen 等（2005）将新古典贸易模型进行扩展，对英国 1982～1996 年对外直接投资数据进行分析，认为对外直接投资减少了国内对非熟练劳动力的需求。Bandick 和 Karpaty（2007）基于瑞典，Chen 和 Ku（2005）基于中国台湾的研究发现，对外直接投资对母国熟练劳动力和非熟练劳动力的需求均有增加效果，但熟练劳动力的增加幅度更大。对外直接投资对就业结构的影响还与东道国的收入水平有关，Elia 等（2009）基于意大利的研究发现，在高收入国家的投资降低了母国国内对熟练劳动力的需求。

二　产业发展效应

对于对外直接投资与母国产业发展之间的关系，学者从正负两方面出发，实证检验了对外直接投资可能导致的母国产业结构升级（正面）效应和母国产业空心化（负面）效应。

（一）关于对外直接投资与母国产业结构升级的研究

大量学者的研究显示，对外直接投资促进了母国产业结构升级。同时，也有部分学者持相反观点，认为对外直接投资对母国产业升级的促进作用并不显著，甚至产生了抑制作用。

欧美发达国家最先关注对外直接投资对于母国产业发展的影响，学者基于对美国、英国等发达国家的实证研究发现，通过对外直接投资转移相对落后的产业，能够促进母国的产业结构升级。Bergsten

等（1978）利用 1965～1971 年美国 75 个行业的数据，研究对外直接投资与国内产业发展的关系，结果表明对外投资对国内产业升级产生了促进作用。Dunning（1981）基于英国的实证分析得出，通过对外直接投资将相对落后的产业转移至境外，有助于英国产业转型升级，进而有助于扩大出口规模。Deschryvere 和 Ali-Yrkkö（2013）基于芬兰的实证分析，验证了企业以绿地方式开展对外投资对母国企业研发成本、研发活动再分配的影响，并验证了对外投资对母国产业结构转型升级的正面作用。

20 世纪 70 年代以来，新兴工业化国家对外直接投资规模迅速扩大，不少学者的研究对象转向日本、韩国等国，认为新兴工业化国家通过对外直接投资获得技术、人才等战略资产，促进母国生产率提高和产业结构升级。Blomstrom 等（2000）验证了日本产业结构的不断优化与本国企业 OFDI 规模的扩大紧密相关，后者是前者的重要驱动力。Liang 和 Bing（2011）基于韩国的研究也证实了对外直接投资规模的扩大促进了国内产业结构的优化升级，从而间接带动母国产业升级。Amighini 和 Rabellotti（2010）的研究发现，发展中国家通过对外直接投资获得新技术进而带动母国产业升级，OFDI 的逆向技术溢出效应是发展中国家缩小同发达国家技术差距的渠道之一。

随着中国对外直接投资的高速增长，学者开始关注对外直接投资对中国产业发展产生的影响，部分学者首先从宏观层面证实了对外直接投资的母国产业结构升级效应。郑磊（2012）基于 2005～2009 年中国对东盟十国的 OFDI 数据，采用灰色关联法分析中国在东盟投资对国内产业结构的影响，发现中国对东盟技术寻求型和市场寻求型投资促进了国内产业优化升级。潘素昆和袁然（2014）基于 2003～2012 年中国对 58 个国家 OFDI 的实证分析表明，对外直接投资对我国产业升级作用存在滞后性，技术寻求型投资的产业升级效应最明显。

也有学者从微观（企业）层面验证了对外直接投资的产业结构升级效应，以及对异质性企业的差异化影响。袁东等（2015）基于中国 2002～2008 年制造业企业 OFDI 数据进行实证分析，发现企业的对外投资行为促进其生产率的提高，且这种促进作用在非国有企业上表现得更为明显；戴翔（2016）基于 2005～2009 年中国工业企业 OFDI 数据的实证研究也得出了类似结论。贾妮莎和申晨（2016）从企业异质性和国别异质性角度展开研究，发现 OFDI 对企业生产率的促进作用因企业类型而异，对于中高端技术制造业企业的促进作用显著，而对低端技术制造业企业的作用则不显著；企业对发达国家投资的产业升级作用较为显著，而对发展中国家投资则不显著。

对外直接投资的母国产业升级作用虽得到大多数学者的认同，但也有部分学者持相反观点，认为产业升级作用并不显著。国际研究方面，Braconier 和 Ekholm（2001）基于瑞典企业和产业层面数据，分析得出对外直接投资并未显著地带动母国企业生产率的提高。Hijzen 等（2006）基于日本 1995～2002 年制造业对外直接投资数据，认为日本制造业对外投资并未对母国产业生产率的提高产生显著促进作用。张远鹏和李玉杰（2014）基于中国 2003～2011 年宏观数据的研究发现，全行业 OFDI 带来的母国产业升级效应不显著，尽管部分高技术产业 OFDI 促进了母国产业升级。赵伟和江东（2010）、朱彤和崔昊（2012）、尹东东和张建清（2016）基于我国不同时期省级层面数据的研究，也得到了类似的结论。

（二）关于对外直接投资与产业空心化的研究

对外直接投资是否会导致母国产业空心化，学术界存在着争议。部分学者认为对外直接投资造成了母国的产业空心化。Hewings 等（1998）运用投入产出法，基于美国芝加哥九大经济部门的数据展开实证分析，发现该地区服务业发展逐步替代了实体产业，物质产品的供给的外部依赖显著增加，即经济结构进入了"空心化进程"。Minoru（2006）通过比较日本制造业就业人数与典型出口导向型行业就业人数之间的关系后发现，生产基地的境外转移形成了对国内制造业生产的替代。Cowling 和 Tomlinson（2011）通过对日本机械产业 OFDI 的数据分析发现，二战后日本大规模的海外投资抑制了本土生产，使得相关行业的投资、就业和产出均出现了明显下降，制造业"离本土化"问题凸显。李磊等（2008）通过对日本土地资源的研究发现，以土地为代表的自然资源长期紧缺和价格泡沫化，使得生产成本不断上升，造成日本经济的长期不景气，也间接引起了日本国内产业空心化。

也有学者对上述观点持否定态度，认为对外直接投资不必然导致母国产业空心化，不同的产业空心化判断依据会产生不同的研究结果。Lin（2004）基于台湾制造业的研究显示，若以制造业占 GDP 的比重衡量，对外直接投资会导致母国产业空心化；而如果将产业结构、出口结构等因素纳入考量，则产业空心化的结论不成立。Kim（2007）也持类似观点，当采用对外直接投资净额、失业率、制造业产值占 GDP 比重等指标来衡量产业空心化时，对外直接投资并未导致台湾地区的产业空心化。

国内部分学者基于我国对外直接投资和产业发展相关数据进行实证分析，认为对外直接投资尚未引起我国产业规模空心化和效率空心化问题，但随着投资规模的不断扩大，不排除空心化的可能。石柳和张捷（2013）运用灰色关联分析法对 2004～2011 年广东省产业发展的研究发现，OFDI 存量与衡量效率空心化的指标间灰色关联度较高，未来随着 OFDI 存量的不断扩大可能导致空心化。林建勇（2018）基于主要成分分析法构建了产业空心化指数，运用我国 29 个省份的面板数据进行实证检验，发现我国对外直接投资行为整体上不会导致产业空心化，但随着东部地区 OFDI 的不断发展，该地区可能出现局部产业空心化。

三 技术溢出效应

随着对外直接投资日益显现出技术寻求型特征，大量学者开展了关于对外直接投资逆向技术溢出效应的研究，包括逆向技术溢出效应是否存在、作用机理、影响因素等多方面内容。

（一）对外直接投资是否产生了逆向技术溢出效应

国外学者最先对对外直接投资的逆向技术溢出效应展开研究。Lichtenberg 和 Pottelsberghe（1998）创立 L-P 模型，将通过对外直接投资渠道获取的国外研发溢出纳入国际 R&D 溢出模型（C-H 模型）中，发现通过对外直接投资渠道获得的国外研发溢出显著提升了母国的全要素生产率（TFP）。

而后，国内外学者在 L-P 模型的基础上进一步探索和研究，基于英国、日本、印度、中国等不同国家的相关数据展开实证分析，同样证实了对外直接投资的逆向技术溢出效应（Branstetter，2006；Driffield et al.，2009；Pradhan and Singh，2009；Behera et al.，2012）。陈强等（2016）对中国制造业、科学研究和技术服务业等行业的研究发现，2003～2014 年中国对美国、欧盟等 36 个发达经济体的技术寻求型投资对国内 TFP 产生积极影响，但由于中国对外直接投资起步晚、技术寻求型投资占比小等客观因素制约，逆向技术溢出效应尚未充分显现。

在技术溢出的作用机理上，学者从不同角度探究对外直接投资的影响路径。梁文化和刘宏（2017）认为对外直接投资通过研发费用分摊、研发成果反馈、产业集聚效应和人才流动效应的复合作用，实现母国技术水平提升。杨连星和罗玉辉（2017）认为对外直接投资可通过学习和赶超效应促进母国技术进步，学习效应推动企业由模仿创新向自主创新发展，赶超效应助力企业提升核心竞争力。尹东东和张建清（2016）认为，对外直接投资促进技术进步的渠道还包括共享研发平台、利用境外研发设施和成果等。赵宸宇和李雪松（2017）从理论上归纳出对外直接投资技术进步效应的四点作用机理，即投资收益机制、逆向技术溢出效应、海外市场竞争机制和非技术渠道。

相反，也有部分学者的实证研究表明，对外直接投资的逆向技术溢出效应不显著。如 Bitzer 和 Kerekes（2008）基于 17 个 OECD 经济体 1973～2000 年产业层面数据的研究、Dhyne 和 Guerin（2012）对比利时跨国公司的研究、白洁（2009）基于中国 1985～2006 年对 14 个主要国家投资的研究，均得出对外直接投资未对技术进步产生显著促进作用的结论。刘明霞（2010）利用 2002～2007 年中国省际面板数据，将专利数量作为衡量创新能力的代理变量，发现在短期内对外直接投资对各类专利数量都有积极影响，但长期来看，对外直接投资仅对技术含量较低的外观设计专利数有逆向技术溢出效应。付海燕（2014）基于 10 个典型发展中国家的研究发现，印度和俄罗斯对发达国家直接投资的逆向技术溢出效应明显，而包括中国在内的其他国家对外直接投资的逆向技术溢出效应甚微。

（二）对外直接投资逆向技术溢出效应的影响因素

对外直接投资的逆向技术溢出受多种因素影响而存在差异。综合技术吸收能力是重要的影响因素之一，学者通常用研发强度、人力资本、金融发展、技术差距和对外开放程度等指标来衡量。李梅和柳士昌（2012）基于 2003～2009 年我国省级面板数据，发现上述指标均对对外直接投资的逆向技术溢出产生正影响，且存在显著的门槛效应。杜金涛和滕飞（2015）在 L-P 模型的基础上加入吸收能力的考量，利用 1985～2013 年中国 OFDI 的时间序列数据进行分析，发现人力资本、研发强度和技术差距等导致吸收能力存在差异，上述差异会对 OFDI 的逆向技术溢出产生影响。

我国不同地区经济发展水平、人力资本、制度环境等方面的差异，导致了 OFDI 逆向技术溢出效应的差异。吴书胜和李斌（2015）

采用面板平滑转换模型（PSTR）展开研究，发现东部地区在经济发展水平、研发强度、人力资本等方面具有优势，更容易从对外直接投资中获得逆向技术溢出效应，而中西部地区对外直接投资的逆向技术溢出效应则不明显。李梅等（2014）运用2003～2011年中国对外直接投资省际面板数据，发现东中西部地区的制度环境差异影响了逆向技术溢出效应的发挥，相较于中西部地区，东部地区良好的制度环境更有利于该区域企业逆向技术溢出的实现。

融资约束和金融发展水平是影响对外直接投资逆向技术溢出的重要因素。罗军（2017）基于企业微观数据和门槛回归模型，以融资约束为门槛变量，发现当企业受到融资约束压力较小时，对外直接投资对企业技术创新有明显促进作用，融资约束较大时则不显著。殷朝华等（2017）利用2004～2014年省际面板数据，基于门槛回归模型发现，中国对外直接投资对自主创新的影响存在基于金融发展的双门槛效应，当区域金融发展水平高于较低门槛值时，对外直接投资对自主创新存在正向影响，当金融发展水平高于较高门槛值时，正向促进作用更加显著。

东道国差异也是影响对外直接投资逆向技术溢出效应的重要因素。沙文兵（2014）基于2004～2010年美国、澳大利亚等12个国家和地区的研究显示，逆向技术溢出与东道国创新水平、知识产权保护力度正相关，与文化差异负相关。蔡冬青和刘厚俊（2012）侧重于东道国制度环境，认为东道国严格的知识产权保护、高效的公共治理和完善的技术市场体制能显著促进逆向技术溢出。

第二节　关于对外直接投资的母国贸易效应研究

投资与贸易的关系是世界经济领域的经典问题，自20世纪60年代以来，国内外学者从投资对贸易的规模效应、结构效应、条件效应等角度出发，不断对两者关系进行探讨，取得了丰富的研究成果。

一　关于对外直接投资与贸易规模效应的研究

学者最早关注对外直接投资对贸易规模的影响，对外直接投资与贸易规模两者之间大体可分为替代关系、互补关系及关系不确定。

（一）对外直接投资与对外贸易是替代关系

对外直接投资与对外贸易的替代关系是指，增加贸易障碍会引发资本要素的流动，而限制资本流动则会促进贸易的发展。早期学者从不同理论出发，得出投资与贸易的替代关系结论。

完全替代理论强调资本的跨国流动将消除国家间的要素禀赋差异，导致国际贸易和国际资本流动相互替代。Mundell（1957）最早研究投资与贸易之间的关系，他放松了 H-O 定理中要素不可流动的假设，指出存在关税壁垒的情况下，如果两国的生产函数相同，对外直接投资与贸易是相互替代的关系。

产品生命周期理论认为对外投资和国际贸易是企业在不同阶段所采取的不同战略决策，且投资是比贸易更高阶段的企业行为。Vernon（1966）从比较优势的动态转移角度对美国对外直接投资进行研究，指出在产品创新期、成长期、标准化时期的阶段性发展过程中，长期对外直接投资会逐渐替代原有的货物贸易出口。

国际生产折衷理论同样支持对外直接投资与国际贸易是替代关系，认为企业对外投资存在内部化优势，在东道国生产和销售替代了原本母国的出口。Dunning（1988）将所有权优势、内部化优势及区位优势纳入统一框架下研究企业的对外直接投资行为，指出随着企业跨国经营规模的不断扩大，各方面优势不断积累，对外直接投资会逐渐替代一国的货物出口。

也有国内外学者通过实证研究，进一步考察对外直接投资与国际贸易的替代关系。Horst（1972）从宏观视角出发，以美国、加拿大双边贸易投资为研究对象，指出在关税影响下，美国对加拿大的对外直接投资会替代美加贸易发展。Helpman 等（2004）将分析视角拓展至多国，利用 38 个国家对外直接投资与出口数据进行分析，提出一国的对外直接投资会替代该国的出口贸易。Belderbosa 和 Sleuwaegen（1998）从微观企业视角出发，利用 500 余家日本企业的对外直接投资和贸易数据进行分析，指出在贸易壁垒限制情况下，对外直接投资对出口有替代效应。Gopinath 等（1999）从行业视角出发，通过分析 1982～1994 年美国食品加工业企业对外直接投资额与其出口额的关系，指出对外直接投资与出口呈负相关（即替代）的关系。

（二）对外直接投资与对外贸易是互补关系

对外直接投资与对外贸易的互补关系主要指，对外直接投资能够在母国和东道国之间创造新的贸易机会，从而扩大两国的贸易规模。有关投资对贸易的创造效应的研究以 Kojima（1978）的边际产业扩张理论为发端。该理论放松了两国生产函数相同的假设，认为一国对另一国进行对外直接投资时，不仅仅是资本的国际转移，还包括技术、管理经验等无形资产的整体转移。因而，对外投资可以重塑母国与东道国的比较优势，从而带动两国贸易量的增加。

随着跨国公司的蓬勃发展，以 Helpman 和 Krugman（1985）为代表的新贸易理论应运而生。该理论从中间品贸易的角度出发，强调跨国公司按照成本优化的原则进行全球生产布局，可以增加中间产品的企业内贸易，体现出投资对贸易的创造效应。

在实证分析方面，自 20 世纪 80 年代以来，先后有学者基于美国、奥地利、瑞典、日本、韩国、中国等经济体的贸易投资数据，从宏观、微观、产业等角度出发，证实了对外直接投资能够显著促进母国对外贸易的发展。

一是从宏观角度出发，采用国别贸易投资数据进行研究。Lipsey

和 Weiss（1981）将东道国分为发达国家和发展中国家，研究美国对这两类国家直接投资的贸易效应，指出对上述两类国家投资，均能对母国贸易产生促进效应。Eaton 和 Tamura（1996）利用 1985～1990 年日本对美国的 OFDI 与贸易数据进行实证分析，发现日本的对外直接投资与贸易呈现相互促进的关系。项本武（2006）研究中国对外直接投资对贸易的影响，指出我国的对外直接投资是带动货物贸易出口、绕开东道国贸易壁垒的重要途径。边婧和张曙霄（2019）基于 2003～2016 年中国在"一带一路"沿线国家投资展开研究，发现总体上 OFDI 的贸易进口效应和出口效应均为正，但存在国别差异，对新兴经济体投资的出口促进作用更显著，对非新兴经济体投资的进口促进作用更显著。

二是从微观视角出发，采用企业层面的贸易投资数据进行研究。Lim 和 Moon（2001）以对外直接投资的韩国企业为研究对象，指出在发展中国家建立子公司会显著带动韩国产品出口。蒋冠宏和蒋殿春（2014）利用 2005～2007 年中国对外直接投资企业数据，运用倾向值匹配法和倍差法进行实证分析，指出中国企业的对外直接投资总体上促进了企业出口，其中商贸服务类投资的促进作用最为明显。毛其淋和许家云（2014）基于中国工业企业数据库对中国企业对外直接投资的出口效应进行实证分析，指出对外直接投资具有显著的出口创造效应，不仅显著提高了企业出口占销售的比例，还提高了企业出口的概率。

三是选取中观产业层面的投资和贸易数据进行求证。Pfaffermayr（1994）基于奥地利制造业对外直接投资和贸易数据进行分析，指出奥地利制造业的对外直接投资能够显著促进其对外贸易的发展。任丽丽（2013）基于中国制造业对外直接投资和贸易的面板数据，发现制造业对外直接投资对制造业进口和出口都有积极影响，且对中国初级产品和制成品的产业内贸易指数的影响均为反向。韩家彬和贺洋

(2019) 探讨了农业对外直接投资的母国出口效应，基于 2003～2017
年全球 30 个国家的面板数据，以系统 GMM 估计和门槛回归的方法，
发现农业对外直接投资总体上具有贸易创造效应，且不同国家的贸
易效应具有异质性，经济发展对农业对外直接投资的出口效应存在
单一门槛，呈现倒"U"形特征。

（三）对外直接投资与对外贸易关系不确定

随着对投资与贸易关系研究的深入，越来越多的研究显示，对
外直接投资对母国对外贸易的影响既不是单纯的替代效应，也不是
简单的互补效应，而是两者的综合效果，也与研究方法和角度有关。

一是从投资动机角度出发，资源寻求型、市场寻求型、效率寻
求型对外直接投资会产生不同贸易效应，既可能产生替代，也可能
产生互补。Patrie（1994）通过研究发现，投资动因的差异可能带来
OFDI 母国贸易规模效应的差异，比如效率寻求型投资对贸易的互补
效应比市场寻求型投资更强。陈培如和冼国明（2018）采用 GMM
方法，利用 2007～2015 年 184 个东道国的非平衡面板数据的实证结
果表明，对外直接投资的出口替代效应和互补效应共存，且出口效
应存在明显的投资动机异质性特点。

二是从投资类型出发，认为对外直接投资对母国贸易效应的影
响取决于投资类型，水平型对外直接投资对母国贸易产生替代效应，
而垂直型投资则产生互补效应。Blonigen（2001）利用日本汽车的制
造业、零部件业对外直接投资和贸易数据，研究垂直型与水平型对
外直接投资对贸易的影响，指出垂直型对外直接投资具有贸易创造
效应，而水平型则对贸易产生替代效应。

三是从产业结构角度出发，顾雪松等（2016）通过 2003～2011
年 108 个东道国的面板数据，发现中国对东道国的对外直接投资对
出口具有创造效应，随着母国与东道国产业结构差异的扩大，对外
直接投资对母国出口的创造效应增强。

四是从东道国经济发展水平出发，对资源丰裕型、发达经济体、发展中国家投资产生的母国贸易效应不尽相同。柴庆春和胡添雨（2012）指出，中国对发展中国家的对外直接投资显著促进了出口规模的扩大。张春萍（2012）根据资源丰裕度和经济发展程度差异将东道国划分为三类，基于 1996～2010 年中国 OFDI 数据进行实证分析，发现中国对外直接投资存在贸易创造效应，且当东道国为资源丰裕的国家时，创造效应最为明显。

二 关于对外直接投资与贸易结构效应的研究

随着研究的深入，学者在关心对外直接投资对贸易规模效应的同时，开始关注投资对贸易结构等产生的影响，选取了投资与贸易结构优化的关系、异质性投资动因、中间产品、价值链等多个视角，阐释对外直接投资可能产生的贸易结构效应。

（一）贸易结构优化视角

学者主要从对外直接投资对产业升级和技术进步产生影响，从而引发贸易结构转变的角度展开研究。部分学者认为对外直接投资有助于提高母国高技术产品的进出口比重，促进贸易结构优化。唐心智（2009）对 1982～2006 年中国对外直接投资及贸易结构的数据进行实证分析，结果表明中国对外直接投资对出口商品结构具有明显的改善和促进作用。隋月红和赵振华（2012）基于 2003～2009 年中国与 46 个国家的贸易投资情况展开研究，发现顺梯度和逆梯度对外直接投资均有助于提升我国高技术产品的进出口比重，促进贸易结构升级。

从投资动因差异看，资源获取型与技术获取型投资产生的贸易结构效应不同。刘海云和聂飞（2015）基于 2003～2012 年我国 OFDI 数据展开研究，发现以获取资源为投资目标的 OFDI 会减少母国初级产业产品的出口，并增加其进口量；而以获取研发技术资源为投资目标的 OFDI 则会导致制造业产品进出口的双增加，即促进制造业内贸易规模的扩张。刘新宇（2016）发现技术获取型对外直接投资对中国出口商品结构优化升级的正向作用最大，其显著提高了中国高技术附加值商品的出口规模和比重。

从国别差异看，对发达国家投资和对发展中国家投资产生的贸易结构优化效应存在差异。李杨和车丽波（2019）采用 2003～2016 年中国对 49 个国家贸易和投资的面板数据，回归分析结果显示，中国对发达国家的对外直接投资显著降低资本品和技术品的出口比重，提升初级品和劳动密集型产品出口比重；而对发展中国家投资则显著提升资本品和技术品的出口比重，对初级品和劳动密集型产品无显著影响。

从我国地区差异看，东部地区对外直接投资的贸易结构改善效应最为明显。李夏玲和王志华（2015）利用 2003～2013 年我国 25 个省份面板数据，对全国和东部、中部、西部地区对外直接投资的母国贸易结构效应进行了分析。结果表明，对外直接投资对于母国贸易结构改善具有显著促进作用，但由于当时我国对外直接投资规模尚小，促进作用相对较弱，且从区域差异看，东部地区对外直接投资对贸易结构改善的效应最为明显。

（二）中间产品视角

有学者认为对外直接投资对于最终产品的贸易具有替代作用，而对于中间产品的贸易则具有促进作用。Head 和 Rise（2001）通过对日本制造业企业对外直接投资与贸易关系的研究发现，对外直接投资对贸易的影响要根据产品的不同形式来分析，对外直接投资与最终产品出口是替代关系，但对外直接投资会促进中间品出口。

陈俊聪和黄繁华（2014）基于 2003～2011 年我国对 40 个国家投资和贸易数据的实证分析发现，对外直接投资可以显著带动我国零部件、机械设备等中间产品出口，无论是对发达国家还是发展中国家，这种出口带动作用都比较明显。

（三）价值链视角

随着我国参与全球价值链（GVC）的程度不断深化，一些学者开始从价值链的视角出发，关注对外直接投资通过提升母国在全球价值分工体系中的地位，进而影响贸易商品结构。张宏和王建（2013）通过分析跨国企业的直接投资进入模式和企业价值链升级的作用，指出我国的对外直接投资具有逆向技术溢出效应，跨国企业通过对外直接投资可以促进国内技术进步。

刘斌等（2015）运用我国对外直接投资和世界投入产出表等数据，从企业和行业两个层面分析对外直接投资的价值链升级效应，指出对外直接投资能够提升跨国企业在 GVC 体系中的分工地位，促进跨国企业的产品升级和功能升级；多分支机构和研发加工型对外直接投资更有利于企业价值链升级，投资发达国家有利于企业产品升级，而投资发展中国家更有利于企业功能升级。

聂明华和徐英杰（2016）通过梳理 GVC 理论及对外直接投资逆向技术溢出的机理与存在性方面的文献，指出技术寻求型对外直接投资可以通过逆向技术溢出效应实现全球价值链升级。

杨连星和罗玉辉（2017）利用我国 2003～2013 年对外直接投资的相关数据，从国家和行业两个层面分析了对外直接投资对我国价值链升级的影响，指出我国对外直接投资的逆向技术溢出效应能够显著提升我国在 GVC 中的地位，但高新技术密集型行业的对外直接投资对价值链升级的促进作用不显著。

三 关于对外直接投资与贸易条件效应的研究

除贸易规模和贸易结构外，贸易条件效应也是学者在研究对外直接投资的母国贸易效应时关注的问题。相较于规模效应和结构效应，对外直接投资对于贸易条件的改变相对复杂，其影响是间接的、局部的和阶段性的。学者更多聚焦于 OFDI 对东道国贸易条件的影响，研究 OFDI 母国贸易条件效应的较少。

陈愉瑜（2012）基于 2006～2010 年我国 7 个细分行业的对外直接投资和贸易数据进行研究，发现对外直接投资存量一定程度上有助于贸易条件改善，而流量则加速了贸易条件恶化；但从对贸易条件的影响程度看，OFDI 存量和流量都不是最主要的因素，世界市场需求变化才是影响中国贸易条件指数变化的重要原因。

曹玲（2013）研究 2001～2011 年韩国对外直接投资和贸易条件的变动，发现：一是随着投资额的上升，韩国价格贸易条件略显恶化，但出口物量指数大幅上升，进而改善了韩国的收入贸易条件；二是对外直接投资促进了韩国出口商品的劳动生产率的提高，从而提高了韩国单要素贸易条件指数；三是进出口商品价格指数以及出口物量指数的变化，使韩国获得的静态贸易利益的效率不高。

第三节　文献简评

已有文献从贸易、就业、产业发展、技术溢出等多方面探讨了对外直接投资的母国综合效应，研究成果丰硕。有关对外直接投资母国贸易效应的研究既有理论探索，也有基于全球主要经济体贸易投资数据的大量实证研究。早期的实证研究主要利用发达国家跨国公司的数据进行，以研究跨国公司对外直接投资与母国对外贸易之间的关系为主。自 20 世纪 70 年代起，联合国贸易和发展会议（UNCTAD）的数据逐步成为实证分析的重要数据来源，对外直接投资与母国贸易关系的实证检验也逐步扩展到发展中经济体和新兴经济体。

总体上，对外直接投资产生的母国贸易效应在一定程度上与母国的经济发展阶段、对外直接投资的发展阶段、对外直接投资的类型有关。有两方面内容值得关注：一是投资对贸易产生的替代效应或互补效应并非一成不变，而是会随着时间的推移发生动态变化；二是投资的母国贸易效应存在传导机制，从长期趋势看，贸易结构变化是表象，其背后是母国的技术进步、产业结构调整、就业和收入水平的变化。

上述研究为本书进一步探讨中国对外直接投资的母国贸易效应奠定了分析基础，提供了有益思路。但已有研究存在如下两点不足。一是整体研究仍待丰富，探讨对外直接投资贸易规模效应的文献多，探讨贸易结构效应、贸易条件效应的文献较少；基于发达经济体对外直接投资现象的理论研究多，基于新兴经济体及发展中经济体对外直接投资现象的理论研究少。二是基于中国国情的现实研究仍显不足，特别是近年我国对外直接投资活跃，流量和存量稳居全球前三，海外资产和利益遍布全球，基于上述对外投资发展新特点研究母国贸易效应的文献较少。

第三章

中国对外直接投资与贸易发展现状

改革开放以来，我国对外贸易和对外直接投资高速发展，多年蝉联全球货物贸易第一大国，对外直接投资流量和存量均已跻身全球前列。本章回顾中国对外直接投资和对外贸易的发展历程，从规模、主体、国别结构、行业结构等角度总结贸易和投资发展特点，列举典型案例，并归纳 SITC、BEC 和技术密集度分类视角下我国货物贸易商品结构特征。

第一节　中国对外直接投资发展概况

对外直接投资是中国"走出去"主动融入世界的重要途径，是建设开放型经济的重要组成部分。实施"走出去"战略以来，一批中资企业通过多种方式走出国门，积极参与到国际竞争与合作中。对外直接投资服务于国内经济高质量发展和经济外交战略部署，在拓展外部发展空间、获取关键战略能源资源和高端生产要素、培育世界级跨国企业、深化中国与世界各国的互利合作等方面发挥了重要作用。

一 发展历程

中国对外直接投资与改革开放相伴发展，先后经历了早期探索、初步发展、加速发展和高质量发展四个阶段，对外投资管理和服务体系也不断调整演变，以满足对外投资发展需要。

（一）早期探索阶段（1978～1992年）

中国企业"走出去"发展道路始于改革开放初期。1979年8月，国务院颁布《关于经济改革的十五项措施》，首次提出"出国办企业、发展对外投资"的方针政策。1984年，党的十二届三中全会通过《中共中央关于经济体制改革的决定》，重申了"对内搞活、对外开放"的方针政策，加速生产力发展。1985年，原外经贸部颁发了《关于在国外开设非贸易性合资经营企业的审批程序和管理办法》，扩大了投资主体范围，明确了审批程序，是我国对外投资管理的初步探索。

这一阶段，中资企业缺乏资金和经验，经营自主权十分有限，绝大多数对外直接投资项目和决策都是政府行为。对外投资多是政府为了拓展经济贸易活动而设立的国有企业海外分支机构和代表处。在规模上，这一时期对外直接投资流量、存量都较小。

（二）初步发展阶段（1993～2001年）

随着中国对外开放程度的不断加深，1998年党的十五届二中全会明确指出，为更好地利用国内国外两个市场、两种资源，在积极扩大出口的同时，要有一批有实力、有优势的企业"走出去"。2001年，对外投资被写入《中华人民共和国国民经济和社会发展第十个五年计划纲要》，提出"鼓励能够发挥我国比较优势的对外投资，扩大经济技术合作的领域、途径和方式，支持有竞争力的企业跨国经营"。

这一阶段，随着中资企业的不断发展壮大，越来越多的企业（特别是制造业和矿业企业）开始走出国门。以中国五矿进出口总公司、宝山钢铁股份有限公司、中国石油天然气集团有限公司、中国海洋石油集团有限公司等为代表的大型国有企业迅速发展壮大，成为中国对外投资的主要力量；以华为技术有限公司（以下简称华为）、中兴通讯股份有限公司为代表的民营企业也开始对外投资探索。在规模上，这一时期中国对外直接投资流量快速增长，但也呈现出波动特征，反映出这一阶段的对外投资受偶然因素和项目规模的影响较大，稳定的增长机制尚未形成。

（三）加速发展阶段（2002～2016年）

2002年，党的十六大报告提出，坚持"走出去"与"引进来"相结合的方针，全面提高对外开放水平。2005年，党的十六届五中全会再次明确，支持有条件的国内企业依照国际通行的规则到国外进行直接投资，鼓励和支持境外承包工程和劳务输出等经济活动。2012年，党的十八大再次提出，要进一步加快"走出去"步伐，并努力提高企业核心竞争力和国际化经营能力。2013年，"一带一路"倡议的提出更是为企业对外投资合作发展注入了新动力。2015年，《中共中央国务院关于构建开放型经济新体制的若干意见》提出，建立促进"走出去"战略的新体制，确立企业和个人对外投资主体地位，努力提高对外投资质量和效率。

这一阶段，伴随中国经济实力和综合国力的增强，中国对外直接投资进入了发展快车道。从规模上看，2005年中国对外直接投资流量首次突破100亿美元，2013年首次突破1000亿美元，2016年更是创下了1961.5亿美元的新高。从增速上看，2008～2016年，在全球经济增长乏力的背景下，中国对外直接投资逆势增长，创下了年均增长25.76%的佳绩。[1] 从主体上看，一大批国有和民营企业通过"走出去"全球配置资源和生产服务网络，朝着世界级跨国公司稳步

---

[1] 中国对外直接投资流量数据来自2005～2016年《中国对外直接投资统计公报》，增速数据由相关流量数据计算得到。

迈进。然而，中国对外投资在高速发展的同时，也存在着非理性、低效率、高风险、不合规的投资行为，亟须提质增效。

与对外投资高速发展相伴，中国对外投资管理体系也不断调整和完善，管理模式经历了由核准制向备案制为主的转变。2004 年，国家发展改革委、商务部相继发布《境外投资项目核准暂行管理办法》（国家发展改革委令第 21 号）、《关于境外投资开办企业核准事项的规定》（商务部令 2004 年第 16 号），初步确立了对外投资核准管理模式。2009 年，商务部发布《境外投资管理办法》（商务部令 2009 年第 5 号），建立"境外投资管理系统"，颁发《企业境外投资证书》，进一步完善核准管理模式。为提高对外投资便利化水平，促进对外投资发展，2014 年，国家发展改革委、商务部相继发布《境外投资项目核准和备案管理办法》（国家发展改革委令第 9 号）和《境外投资管理办法》（商务部令 2014 年第 3 号），确立了"备案制为主、核准制为辅"的对外投资管理模式①。

（四）高质量发展阶段（2017 年至今）

2017 年 8 月，国务院办公厅转发国家发展改革委、商务部、人民银行、外交部《关于进一步引导和规范境外投资方向的指导意见》（国办发〔2017〕74 号）指出，"要进一步引导和规范企业对外投资方向，促进企业合理有序开展对外投资活动，防范和应对境外投资风险，推动境外投资持续健康发展"。2017 年 10 月，党的十九大报告指出，"创新对外投资方式，促进国际产能合作，形成面向全球的贸易、投融资、生产、服务网络，加快培育国际经济合作和竞争新优势"。2020 年，面对错综复杂的国内外形势，党中央做出"构建以国内大循环为主体、国内国际双循环相互促进的新发展格局"的

---

① 国家发展改革委于 2004 年 10 月颁布的《境外投资项目核准暂行管理办法》（国家发展改革委令第 21 号）、商务部于 2009 年发布的《境外投资管理办法》（商务部令 2009 年第 5 号）相应废止。

战略部署，并强调要塑造我国参与国际合作竞争新优势，重视以国际循环提升国内大循环效率和水平，改善我国生产要素质量和配置水平，推动我国产业转型升级。

这一阶段的对外投资在保持稳健发展的同时，更强调提升质量和效益、防控风险，投资更趋于理性。从规模上看，中国对外直接投资流量始终位列全球前三，已形成较大规模优势，海外利益遍布全球，与国际市场"你中有我、我中有你"的利益融合格局初步形成。从主体上看，中资企业积极探索对外投资合作模式，努力提升国际竞争力，在创新对外投资合作方式上开展了大量有益实践，积累了一些成功经验。

这一阶段的对外投资管理呈现出两大特点：一是不断提升对外投资的便利化水平，二是对企业投资行为进行规范和引导。2017 年 12 月，国家发展改革委审议通过《企业境外投资管理办法》（国家发展改革委令第 11 号），同步废除第 9 号令，明确规定除敏感类投资项目实施核准审批，其他均为备案制，取消投资限额的审批，取消项目信息报告制度和地方初审、转报环节，进一步便利企业海外投资。2018 年 1 月，商务部联合人民银行、国资委等七部门发布《对外投资备案（核准）报告暂行办法》（商合发〔2018〕24 号），明确对外投资备案（核准）按照"鼓励发展＋负面清单"进行管理，负面清单明确限制类、禁止类对外投资行业领域和方向，引导境内投资主体预期和行为。

二 发展现状与特点

自我国对外直接投资进入加速发展阶段以来，投资规模不断扩大，行业覆盖广泛且集中度高，亚洲等周边地区始终是主要流向地，跨境并购日渐活跃，民营企业发挥了越来越大的作用。

（一）对外投资大国地位稳固

自 2002 年我国建立"对外直接投资统计制度"以来，对外直接投资流量整体高速稳定增长，自 2002 年的 27 亿美元增长至 2020 年的 1537.1 亿美元，年均增速高达 25.2%。截至 2020 年末，我国对外直接投资累计 2.58 万亿美元（见图 3 - 1），4.5 万家中资企业遍及全球 189 个国家和地区，境外中资企业资产总额达 7.9 万亿美元。作为建设开放型经济的重要组成部分，对外投资服务于国内经济高质量发展和经济外交战略部署，在拓展外部发展空间、获取关键战略能源资源和高端生产要素、助力国内产业结构转型升级、培育世界级跨国企业、深化我国与世界各国的互利合作、倡议"一带一路"建设等方面发挥了重要作用。

图 3 - 1 2002～2020 年中国对外直接投资流量和存量统计

资料来源：2020 年度《中国对外直接投资统计公报》。

我国对外直接投资流量和存量规模均已跻身全球前列。自 2012 年起，我国对外投资流量已连续九年稳居全球前三，对全球经济的贡献日益凸显。2020 年更是在全球外国直接投资低迷的背景下逆势增长，我国对外直接投资流量达 1537.1 亿美元，首次跃居全球第一，占全球份额达 20.2%。截至 2020 年末，我国对外直接投资存量规模达 2.58 万亿美元，仅次于美国（8.13 万亿美元）和荷兰（3.8 万亿美元），位居全球第三，占全球外国直接投资流出量的份额由 2002 年的 0.4% 提升至 6.6%（详见表 3 - 1）。需要指出的是，我国在存量规模上仍与对外投资第一大国美国有较大差距，截至 2020 年末我国对外直接投资存量仅占美国的 31.7% 。

表 3 - 1　2002 ~ 2020 年中国对外直接投资流量、存量及在全球位次

年份	流量			存量		
	金额（亿美元）	全球位次	同比（%）	金额（亿美元）	全球位次	全球占比（%）
2002	27.0	26	—	299.0	25	0.4
2003	28.5	21	5.6	332.2	25	0.4
2004	55.0	20	93.0	447.8	27	0.4
2005	122.6	17	122.9	572.1	24	0.5
2006	211.6	13	72.6	906.3	23	0.6
2007	265.1	17	25.3	1179.1	22	0.6
2008	559.1	12	110.9	1839.7	18	1.2
2009	565.3	5	1.1	2457.6	16	1.3
2010	688.1	5	21.7	3172.1	17	1.5
2011	746.5	6	8.5	4247.8	13	2.0
2012	878.0	3	17.6	5319.4	13	2.3
2013	1078.4	3	22.8	6604.8	11	2.6
2014	1231.2	3	14.2	8826.4	8	3.4
2015	1456.7	2	18.3	10978.6	8	4.1
2016	1961.1	2	34.7	13573.9	6	4.8
2017	1582.9	3	-19.3	18090.4	2	5.5
2018	1430.4	2	-9.6	19822.7	3	6.3
2019	1369.1	2	-4.3	21988.8	3	6.4
2020	1537.1	1	12.3	25806.6	3	6.6

资料来源：中国对外直接投资数据来自 2020 年度《中国对外直接投资统计公报》，全球投资数据来自联合国贸易和发展会议（UNCTAD）数据库。

（二）行业覆盖广且集中度高

截至 2020 年末，我国对外直接投资已覆盖国民经济分类所有行业类别，存量规模超过 1000 亿美元的行业共有 6 个（详见图 3 - 2）。其中，租赁和商务服务业以 8316.4 亿美元排在第一位，占我国对外

直接投资存量的 32.2%，主要分布在中国香港、英属维尔京群岛、美国、新加坡、德国、澳大利亚、日本等国家和地区。批发和零售业以 3453.2 亿美元排在第二位，占我国对外直接投资存量的 13.4%；信息传输、软件和信息技术服务业以 2979.1 亿美元位居第三，占比 11.5%；制造业以 2778.7 亿美元排在第四位，占比 10.8%，主要分布在计算机/通信及其他电子设备制造、汽车制造、专用设备制造、食品制造、化学原料及化学品制造等领域；金融业以 2700.6 亿美元位列第五，占比 10.5%，以货币金融服务为主；采矿业以 1758.8 亿美元位列第六，占比 6.8%，主要分布在石油和天然气开采、有色金属矿采选、黑色金属矿采选、煤炭开采等领域。上述六大行业对外直接投资存量合计 21986.8 亿美元，合计占比 85.2%，体现出我国对外直接投资行业分布较为集中的特点。

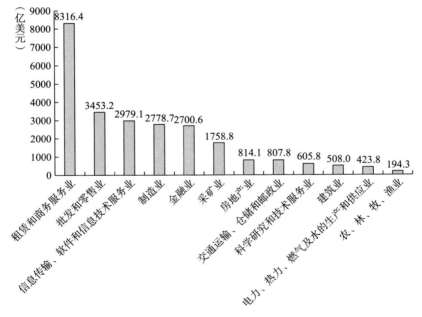

图 3-2 2020 年中国重点行业对外直接投资存量统计

资料来源：2020 年度《中国对外直接投资统计公报》。

　　从流量上看，租赁和商务服务业、批发和零售业、金融业对外直接投资流量近年变化不大，每年均保持在 100 亿美元以上，制造业对外直接投资流量近年迅猛增长，采矿业则整体呈下降趋势。制造业对外直接投资自 2011 年起迅速增长，2011 年首次突破 50 亿美元，2014 年逼近 100 亿美元，2015 年较上年翻一番至 199.8 亿美元，并在之后的年份始终保持在 200 亿美元左右（详见图 3 - 3）。

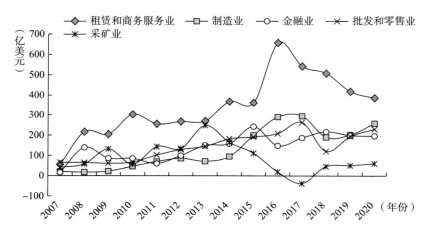

图 3 - 3　2007～2020 年中国重点行业对外直接投资流量统计
资料来源：根据 2007～2020 年度《中国对外直接投资统计公报》整理。

　　制造业对外投资的高速增长与我国产业链向境外延伸和国内产业转型升级的强烈需求密切相关。一方面，在国内土地、劳动力、资本等要素禀赋优势发生改变的背景下，企业在以东南亚、南亚为主的周边国家配置产能，利用当地相对廉价的土地、劳动力等要素资源，降低生产成本。另一方面，企业在欧美、日韩等发达国家开展以并购为主要形式的对外直接投资，获取技术、人才、品牌等高端生产要素和创新要素，以期实现对国内的技术反哺，推动国内产业转型升级。

（三）亚洲等周边地区是主要流向地

随着我国经济发展和综合国力的提升，中资企业参与国际竞争的实力逐渐增强，我国对外直接投资的国别流向也日趋多元化，投资目的地从亚洲、非洲、拉丁美洲等资源富集地区逐步扩展至美国、欧盟、日韩等发达经济体。截至 2020 年末，我国对外直接投资已遍布全球 189 个国家和地区，覆盖全球超过 80% 的国家和地区。亚洲等周边地区（含中国香港）是我国对外直接投资的主要目的地，历年对亚洲投资占我国对外直接投资流量的比重始终超过一半（详见表 3 - 2）。

表 3 - 2　2007～2020 年中国对外直接投资流量地区分布情况

单位：亿美元

地区	2007 年	2010 年	2015 年	2016 年	2017 年	2018 年	2019 年	2020 年
亚洲	165.9	448.9	1083.7	1302.7	1100.4	1055.0	1108.4	1123.4
拉丁美洲	15.7	21.1	29.8	24.0	41.1	53.9	27.0	166.6
欧洲	15.4	67.6	71.2	106.9	184.6	65.9	105.2	126.9
北美洲	49.0	105.4	126.1	272.3	140.8	146.1	63.9	63.4
非洲	11.3	26.2	107.2	203.5	65.0	87.2	43.7	42.3
大洋洲	7.7	18.9	38.7	52.1	51.1	22.2	20.8	14.5

资料来源：根据 2007～2020 年度《中国对外直接投资统计公报》整理。

对中国香港、开曼群岛和英属维尔京群岛等离岸中心的投资占比高。截至 2020 年末，我国在中国香港投资存量为 14385.3 亿美元，占我国在亚洲投资存量的 87.5%，占我国对外直接投资存量的55.7%；在开曼群岛和英属维尔京群岛投资存量合计 3897.2 亿美元，占对拉美地区投资存量的 97.3%，占我国对外直接投资存量的23.7%。我国在上述三大离岸中心投资占我国对外直接投资存量的比重接近 80%，离岸中心税收政策优惠、资金跨境流动管理宽松、企业注册服务便捷等特点是造成上述现象的主要原因。

若将中国香港、开曼群岛和英属维尔京群岛排除在外，则中国对外直接投资以东盟、欧盟、美国、澳大利亚等为主要投资目的地。截至 2020 年末，我国在东盟地区投资存量达 1276.1 亿美元，主要流向新加坡、印度尼西亚、马来西亚、老挝、泰国、越南等国；我国在欧盟地区投资存量为 830.2 亿美元，主要流向荷兰、英国、卢森堡、德国、瑞典等国；我国在美国投资存量为 800.5 亿美元，在澳大利亚投资存量为 344.4 亿美元（详见表 3 - 3）。

表 3 - 3　2020 年末中国对外直接投资存量前 15 位的国家

序号	国家	存量（亿美元）	占比（%）
1	美国	800.5	3.1
2	新加坡	598.6	2.3
3	澳大利亚	344.4	1.3
4	荷兰	260.4	1.0
5	印度尼西亚	179.4	0.7
6	英国	176.5	0.7
7	卢森堡	160.0	0.6
8	德国	145.5	0.6
9	加拿大	124.9	0.5
10	俄罗斯联邦	120.7	0.5
11	瑞典	106.0	0.4
12	马来西亚	102.1	0.4
13	老挝	102.0	0.4
14	阿拉伯联合酋长国	92.8	0.4
15	泰国	88.3	0.3

注：不包含中国香港、开曼群岛、英属维尔京群岛等主要离岸中心。

资料来源：2020 年度《中国对外直接投资统计公报》。

（四）对外投资并购由活跃转向审慎

根据联合国贸易和发展会议（UNCTAD）的划分，全球对外直

接投资分为绿地投资和跨境并购两种方式。我国对外直接投资发展
经历了由绿地投资为主,逐渐向绿地投资和跨境并购并重转变的过
程。2003 年以后,随着我国企业跨国经营经验的不断积累和国家外
汇管制的适当放松,越来越多的企业尝试以跨境并购的方式对外投
资。2008 年的国际金融危机为中资企业跨境并购提供了难得的发展
机遇,在全球并购金额下降 34.7% 的情况下,中资企业跨境并购逆
势上扬,同比增长 379.4%。2016 年和 2017 年是中资企业跨境并购
最为活跃的年份,分别实施完成并购项目 756 起和 431 起,实际交
易总额分别为 1353.3 亿美元和 1196.2 亿美元。2017 年中国化工集
团以 496.2 亿美元收购瑞士先正达公司 100% 的股权是中国企业实施
的最大海外并购项目,同时也是当年全球跨境并购第二大项目。

2018 年以来,全球贸易和投资保护主义沉渣泛起,美国、欧盟、
日本等主要发达经济体扩大外商投资审查范围,降低审查门槛,并
严格投后审查,我国企业在发达经济体的跨境并购受到阻碍,并购
金额大幅减少,并购行为日渐审慎。2020 年,保护主义叠加全球疫
情影响,我国企业共实施对外投资并购项目 513 起,实际交易总额
为 282 亿美元,同比下降 17.7%。其中,直接投资[①] 164.8 亿美元,
占当年我国对外直接投资总额的 10.7%(见表 3-4)。

表 3-4　2006~2020 年中国对外直接投资并购情况

年份	并购金额(亿美元)	同比(%)	占流量比重(%)
2006	82.5	26.9	39.0
2007	63.0	-23.6	23.8
2008	302.0	379.4	54.0
2009	192.0	-36.4	34.0

---

① 直接投资指境内投资者或其境外企业收购项目的款项来源于境内投资者的自有资
　金、境内银行贷款,不包括境内投资者担保的境外贷款。

年份	并购金额（亿美元）	同比（%）	占流量比重（%）
2010	297.0	54.7	43.2
2011	272.0	-8.4	36.4
2012	343.0	26.1	31.4
2013	529.0	54.2	31.3
2014	569.0	7.6	26.4
2015	544.4	-4.3	25.6
2016	1353.3	148.6	44.1
2017	1196.2	-11.6	21.1
2018	742.3	-37.9	21.7
2019	342.8	-53.8	12.6
2020	282.0	-17.7	10.7

注：2012~2020 年并购金额包括境外融资部分，"占流量比重"为并购金额中直接投资占当年流量的比重。

资料来源：2020 年度《中国对外直接投资统计公报》。

（五）非国有投资主体发挥越来越大作用

在我国对外投资发展初期，国有企业是对外直接投资的"主力军"。近十年来，随着民营企业实力的不断增强，"走出去"拓展国际市场、全球配置资源的意愿和能力大大提升，民营企业对外直接投资快速发展，在我国对外直接投资存量中所占比重持续增长。2006 年，国有企业在对外直接投资中的存量占比高达 81%；而到了 2017 年，非国有企业（其中主要为民营企业）对外直接投资存量占比首次超过国有企业。截至 2020 年末，我国对外直接投资存量中，非国有企业占比 53.7%，国有企业占比 46.3%（详见图 3-4）。相较于国有企业，民营企业具有决策高效、经营灵活、市场嗅觉敏锐等优势，是我国对外投资发展中活跃且重要的投资主体，将发挥越来越大的作用。

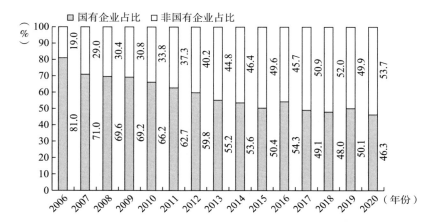

图 3 – 4　2006～2020 年中国国有企业和非国有企业对外直接投资存量占比
资料来源：2020 年度《中国对外直接投资统计公报》。

三　主要投资类型

对外直接投资是企业发展到一定阶段的客观需要，也是培育一批具有较强竞争力的世界级跨国企业的必由之路。近年来，中资企业积极探索对外投资合作有效模式，努力提升国际竞争力，在创新对外投资合作方式方面开展了大量有益实践。

（一）市场寻求型对外直接投资

全球竞争是企业的基本生存环境。在我国企业实力和竞争力不断增强、国内市场趋于饱和的背景下，主动"走出去"拓展海外市场，高效利用内外两个市场、两种资源成为我国企业不断发展壮大的必要条件。开展市场寻求型对外直接投资的企业往往选择已有一定贸易往来基础的海外市场，通过对外投资设厂或建立营销网络，更好掌握当地消费者需求和市场动向，推出更加契合当地市场的产品，不断扩大市场份额。

【案例 1】唯美陶瓷在美国投资设厂

广东唯美陶瓷有限公司是中国建筑陶瓷制造龙头企业，拥有

"马可波罗瓷砖"和"L&D陶瓷"等主打品牌，产品畅销60多个国家和地区。近年来，美国消费者理念发生变化，认识到陶瓷清洁、卫生、防潮防虫的优势，在室内装修中越来越多地使用陶瓷替代木材或地毯，中国对美国的陶瓷产品出口快速增长。唯美陶瓷抓住美国市场这一发展机遇，出于贴近消费市场的考量，自2015年4月起在美国田纳西州投资建设瓷砖生产基地。该项目总投资额为1.72亿美元，唯美陶瓷结合国内及欧美先进生产设备，打造制造业高端自动化生产线4条，年产量约为1100万平方米。赴美国投资设厂也是唯美陶瓷打造世界品牌、全球布局的重要一环。虽然美国并非全球最大的陶瓷市场，但对于品牌价值的提升至关重要，若能在美国市场占有一定份额，将大大提升唯美陶瓷在全球其他市场（特别是拉丁美洲市场）的议价能力。

【案例2】 传音控股深耕非洲市场

深圳传音控股股份有限公司是以手机为核心产品的智能终端产品制造商和服务提供商。自2007年起，传音控股通过实施本土化战略，专注和深耕非洲市场，坚持贸易、生产、技术、服务"同步走"进军非洲，取得较大成效。传音控股在埃塞俄比亚设立了生产制造中心，建立了覆盖全非洲的营销网络体系和本地化雇员策略，为其深度洞察非洲消费者需求、准确把握市场动向提供了有力支撑，使其产品契合非洲市场。例如，传音控股根据非洲消费者在肤色、排汗等方面的特征，开发出了特种美颜、防汗、防摔等特定产品功能，深受非洲消费者喜爱。传音控股旗下手机品牌在非洲市场份额牢牢占据第一位，2015年其手机出货量超过5000万台，2020年其智能手机在非洲市场占有率超过40%。

（二）效率寻求型对外直接投资

随着我国经济的不断发展和工业化进程的推进，国内要素禀赋发生深刻变化。一方面，人口红利弱化成为不可逆转趋势，自然资源要素的短缺更加凸显；另一方面，资本成为相对富裕要素，投资意愿和能力持续快速增长。在上述背景下，效率寻求型对外直接投资快速发展。中资企业（特别是制造业企业）在全球范围内重新配置生产能力，通过对外转移中低端加工制造环节，充分利用东道国相对低廉的劳动力、资源能源、土地等生产要素，降低生产成本，有效规避贸易壁垒。

需要指出的是，效率寻求型对外投资并不必然导致产业空心化。伴随效率寻求型对外直接投资发生的产业外移是企业主动利用两个市场、两种资源，提高自身国际竞争力而开展的主动转移，是产业结构转型升级的必然，并未撼动国内产业发展的根基。对外直接投资并不必然导致我国产业空心化，反而可能加速国内产业结构优化升级，关键在于我国能否将研发、设计、高端制造等核心环节留在国内，能否在资源、技术、人才等方面发挥国外对国内的反哺作用。

【案例3】加工制造型境外经贸合作区在东南亚广泛建立

境外经贸合作区是中资企业抱团"走出去"的重要平台和载体。近年来，随着越来越多的中资企业开展效率寻求型对外直接投资，加工制造型境外经贸合作区在东南亚落地生根，蓬勃发展。截至2020年末，我国已在东南亚地区建成18个初具规模的加工制造型境外经贸合作区，分布在越南、泰国、印度尼西亚、柬埔寨等6个国家，吸引了400余家中资控股企业入驻，初步形成了中资企业在境外的产业集聚。例如，越南铃中出口加工区形成了包括服装服饰、家具、汽车配件等在内的轻工产品和机电产品生产集聚，其平均每公顷土地吸引投资额和创造出口皆在越南工业区中名列前茅；泰中罗勇工业园已吸引超过100家中资制造业企业入驻，形成了以汽摩配件、电子电器、新能源、新材料为主的产业集聚，成为泰国产业集群中心与制造出口基地。

【案例4】申洲集团在柬埔寨和越南设立生产基地

宁波申洲国际集团控股有限公司是我国最大的针织服装代工企

业，主要客户为阿迪达斯、耐克、彪马、优衣库等知名品牌，产品出口欧盟、美国和日本市场。自 2005 年起，为规避欧美对我国纺织业发起的贸易制裁，申洲集团陆续在柬埔寨投资设立三家工厂，成为在柬投资金额最大的中资纺织企业。在柬工厂生产所需面料主要来自该企业在宁波的生产基地（2013 年后部分来自越南基地），在柬完成印花、绣花、制衣和水洗等环节，成衣主要出口至欧盟市场。自 2013 年起，申洲集团赴越南投资设立面料工厂和成衣厂，产品主要出口至日本和美国市场。申洲集团的海外布局充分发挥了越南、柬埔寨两国资源、劳动力和贸易政策优势，有效降低成本，保住了企业在欧美市场的份额，企业也在对外直接投资的进程中不断发展壮大。

（三）资源寻求型对外直接投资

伴随我国经济的高速发展和全球资源能源格局的不断变化，资源能源短缺成为制约我国经济发展的重要瓶颈之一。因而，通过对外直接投资的方式获取海外能源资源，缓解国内供需矛盾，破解我国经济发展的资源制约，成为我国资源寻求型对外直接投资发展的主要动力。截至 2020 年末，我国农林牧渔业和采矿业对外直接投资存量分别为 194.3 亿美元和 1758.8 亿美元，分别占我国对外直接投资存量的 0.8% 和 6.8%。与仅依靠贸易渠道相比，通过对外直接投资，我国可加强对关键粮农产品、矿产及油气资源的掌控力度，建立相对稳定的资源供应渠道。同时，也可降低资源性产品进口受国际市场价格波动冲击的不利影响，在保障我国能源安全、获得国际资源定价权上起到了积极作用。

【案例 5】中石油的海外油气投资

中国石油天然气集团有限公司的国际化发展起步于 20 世纪 90 年代，21 世纪初进入规模化发展阶段，2014 年以来进入优化发展阶段。截至 2020 年末，中石油已在全球 33 个国家开展油气投资业务，管理运作 90 个海外油气项目。基于全球油气资源分布及发展潜力，中石油逐步建成了中亚—俄罗斯、中东、非洲、美洲、亚太五大油气合作区，构建完成了横跨我国西北、东北、西南和东部海上的四大油气战略通道。其中，陆上三大油气战略通道原油管输能力 6300 万吨/年、天然气 652 亿米^3/年，促进了国内油气供应的多元化，为我国能源安全提供了重要保障。中石油在亚洲、欧洲和美洲建设了三大油气运营中心，贸易能力、交易水平得到全方位提升。2020 年，中石油国际油气贸易量达 4.94 亿吨，规模实力位居国际同行前列，为国内油气供应和油气产业链平稳顺畅运行提供有力保障。

【案例 6】 中粮集团投资布局海外关键物流节点

中粮集团有限公司围绕海外主要出口国的关键物流节点，在境外粮食仓储、物流、加工等领域加快投资布局，强化粮源掌控能力。截至 2020 年，中粮集团海外粮食加工能力约为 800 万吨，内陆静态库容为 250 万吨，码头年中转能力为 3300 万吨，码头静态库容为 270 万吨。粮食生产环节的对外投资成本高、见效慢、波动大，且各国政府对土地较为敏感，易引发矛盾。与投资生产环节相比，布局仓储、物流、加工等环节，可以有效连接上游农业生产和下游客户需求，政治敏感度低，实现以相对较小的投资掌控更多的资源，稳定国内市场供应，有助于保障国家粮食安全。

（四） 创新资产寻求型对外直接投资

近年来，通过对外直接投资合作，获取核心关键技术、领军人才、管理经验等高端生产要素和创新要素成为我国企业"走出去"的重要动力。企业通过对外投资在全球范围内整合技术与创新资源，并通过逆向技术溢出效应促进国内技术进步和产业结构升级。高科技行业的跨国并购和全球研发是近年我国对外直接投资的亮点，欧洲、美国、日韩等成熟和发达市场是并购的重点区域。

【案例7】 中国化工集团①以跨国并购实现企业做优做强

中国化工集团有限公司基于对中国化学工业大而不强现状的认识，结合对全球化工行业发展态势的把握，确定了以跨国并购为主要方式的国际化经营战略。自 2006 年以来相继全资收购了 10 余家海外企业，填补了国内产业空白，带动了企业自身和行业发展。中国化工集团通过收购法国安迪苏获得了国内尚属空白的蛋氨酸制造技术及生产装置，使中国在蛋氨酸生产领域跃居世界第二位；收购法国罗地亚、挪威埃肯和新加坡 REC 太阳能，使中国有机硅行业从无到有，单体生产规模一跃达到世界第三位；收购以色列农化企业安道麦及瑞士农化巨头先正达，使我国农化产业跻身全球第一梯队。

中国化工集团在并购完成后，注重业务协同整合，以更好发挥逆向技术溢出作用。一是通过新建生产项目实现协同。法国安迪苏被收购后在南京投建新厂，经过技术改造，南京工厂运行成本比欧洲工厂低 10% ~20%，成为安迪苏全球成本最优工厂。二是通过生产技术合作实现协同。收购法国罗地亚之前，旗下星火厂有机硅单体技术和下游处理技术分别比法国罗地亚落后 5 年和 20 年。收购后，以罗地亚技术在星火厂建设年产 40 万吨有机硅装置。目前，星火厂有机硅单体产量为亚洲最大、世界第三，主要经济指标已达到或接近世界先进水平。

【案例8】 华为开展全球研发网络建设

作为我国领军民营企业，华为近年来在核心技术上的突破很大程度上得益于其全球研发网络的构建。华为先后在美国、英国、德国、以色列、印度等多地设立研发中心，共同服务于总部研发。以英国研发中心为例，华为英国公司在剑桥、布里斯托、伊普斯威奇、伦敦、爱丁堡设有 5 个研发中心，与英国电信运营商 Vodafone 和 BT

---

① 2021 年 3 月，经报国务院批准，中国化工集团有限公司与中国中化集团有限公司实施联合重组，2021 年 5 月 8 日，中国中化控股有限责任公司正式揭牌成立。

分别在纽伯里和伊普斯威奇建立联合创新中心，并与包括剑桥大学、帝国理工学院在内的 35 所英国大学开展研发合作。如，华为与萨里大学合作开展用于支撑 5G 创新中心的移动与互联网接入技术研究，投资剑桥大学计算机实验室和先进光技术研究中心（CAPE）项目，与帝国理工学院合作成立数据科学创新实验室等。华为在英国研发活动服从于深圳总部的统一部署，研发成果在华为内部共享，使英国研发中心的战略协同作用充分发挥，也实现了对国内的技术反哺。

第二节 中国对外贸易发展概况

对外贸易是中国与世界经济联系的重要桥梁。改革开放以来，我国抓住全球化迅猛发展的历史机遇，持续实施了一系列促进外贸发展的政策措施，充分调动广大企业的积极性和创造性，对外贸易持续高速发展，结构不断优化，质量效益稳步提升。对外贸易成为我国国民经济的重要组成部分，在拉动经济增长、重塑产业国际竞争力、增加国家税收、扩大社会就业和增加外汇储备等方面做出了巨大贡献。

一 发展历程

我国对外贸易与改革开放相伴，历经起步发展、快速发展、跨越式发展和巩固大国地位四个发展阶段，成功跃居世界货物贸易第一大国，深度融入全球生产分工网络。对外贸易管理体制改革经历了从无到有、先易后难的渐进过程，最终确立了市场化且与国际接轨的贸易管理体制。

（一）起步发展阶段（1978～1992 年）

1978 年，党的十一届三中全会做出了改革开放的重大决策。对外贸易成为改革开放的重要组成部分，自上而下的外贸体制改革贯穿整个 20 世纪 80 年代。外贸体制改革有三方面突出特点：一是改革高度集中的计划体制，通过不断下放外贸经营权激发地方和私营部门的活力；二是形成了经济特区—沿海开放城市—沿海经济开放区的渐次开放格局；三是顺应全球产业转移趋势，创新贸易方式，鼓励发展加工贸易。

这一阶段，我国对外贸易规模不断扩大，货物贸易总额自 1978 年的 206 亿美元增至 1992 年的 1655.3 亿美元，年均增速达 16.9%；出口规模自 95.5 亿美元增至 849.4 亿美元，年均增速达 16.9%。加工贸易发展顺势起步，带动贸易方式发生结构性调整，加工贸易比重自 1982 年的 6.8% 升至 1992 年的 46.6%，而一般贸易比重则相应地从 92.6% 降至 51.4%。伴随加工贸易的发展，出口商品结构实现了由初级产品为主向工业制成品为主的转变，工业制成品占出口的比重在 1992 年已达 80%。[①]

（二）快速发展阶段（1993~2001 年）

党的十四大明确提出在中国建立社会主义市场经济体制，1993 年党的十四届三中全会通过了《中共中央关于建立社会主义市场经济体制若干问题的决定》。1994 年，我国首部《对外贸易法》正式颁布，规定了对外贸易经营许可证制度、配额关税、海关关税壁垒、检验制度等，标志着我国开始效仿国际通行做法管理对外贸易事宜。同年，以汇率并轨为核心内容的外汇体制改革对外贸产生了深刻影响。此后，我国对外贸易以市场经济为基础，通过放开经营、平等竞争、工贸结合、推行代理制等改革措施，逐步建立起一套与国际接轨的管理和运行机制。

这一阶段，我国对外贸易规模呈高速增长态势。1993~1997 年，

---

① 本节的中国货物贸易数据来自国家统计局和历年海关统计，增速及占比由相关贸易数据计算得到。

货物贸易总额实现了年均 13.5% 的增长，并于 1997 年突破 3000 亿美元。1998 年虽受亚洲金融危机影响，国际市场需求萎缩，出口大幅下降，但自 1999 年起重回高速增长轨道，贸易总额于 2001 年突破 5000 亿美元大关。出口产品的附加值和技术含量不断提升，机电产品逐渐超过轻纺制品，成为我国工业产品出口第一大商品类型。伴随外商直接投资的大量涌入，外资企业成为加工贸易的重要主体，1994 年外资企业在加工贸易的比重首次超过内资企业，达 56.1%，并在之后的年份始终保持领先。

（三）跨越式发展阶段（2002~2012 年）

2001 年底，我国在历经 15 年的谈判后正式加入世界贸易组织（WTO）。入世为我国创造了相对公平和稳定的贸易环境，也加速了我国贸易管理体制改革和对接国际规则的进程。为履行入世承诺，2004 年《对外贸易法》将外贸经营权由审批改为备案制，首次以法律的形式明确规定自然人也属于对外贸易的经营主体，彻底下放了外贸经营权。商务部随后制定发布了《对外贸易经营者备案登记办法》，企业只需提供合格材料备案，即可享有外贸经营权。

这一阶段，我国深度融入国际分工体系，贸易大国地位逐步确立。2002~2012 年，我国货物贸易总额增长 6 倍，2012 年达到 38671.2 亿美元，年均增速超 20%，其中出口年均增速为 20.2%，进口年均增速为 19.9%，是改革开放以来增长周期最长、速度最快、增速最稳定的时期。我国在世界货物贸易中的比重也大幅上升，2009 年成为全球第一大货物贸易出口国，2012 年成为全球第二大（仅次于美国）货物贸易进口国。我国积极推动自主品牌和高附加值产品出口，加大对国内急需的能源资源、先进技术设备和日用消费品进口鼓励力度，进出口商品结构进一步优化。伴随外贸经营权由审批转备案制改革，民营企业出口占比迅速提升，贸易经营领域的市场化程度不断提高。

（四）巩固大国地位阶段（2013 年至今）

党的十八大以来，我国面临的内外形势发生深刻变化。从外部看，世界经济在 2008 年进入危机后进入深度调整期，需求疲软，贸易低迷，单边主义和贸易保护主义抬头，中美贸易摩擦升级。从内部看，我国外贸面临的传统要素优势弱化，国内经济社会发展步入新阶段，外贸转型升级压力加大。应对形势变化，我国外贸政策以"稳增长、调结构、促平衡"为重点，积极培育外贸竞争新优势，努力提高外贸发展的质量和效益，开启由贸易大国向贸易强国的转变。

这一阶段，我国外贸发展进入增速换挡期，从高速增长转至中低速增长阶段。2013～2020 年，我国货物贸易出口额年均增速达 2.3%，货物贸易进口额年均增速达 0.8%。我国进出口商品不断向"优进优出"转变，出口产品的技术含量和附加值进一步提升，高附加值机械、大型成套设备、高新技术产品成为出口新增长点；进口商品效益进一步提升，先进技术设备、关键零部件、资源能源和优质消费品进口快速增长，满足国内经济发展和人民日益增长的美好生活需求。我国外贸动力转换加快，民营企业出口比重持续增长，成为我国出口的主力军；跨境电商、市场采购贸易等新业态、新模式快速发展，成为外贸发展的新动能。

二 发展现状与特点

进入 21 世纪以来，我国对外贸易高速发展，自 2013 年起连续八年蝉联全球货物贸易第一大国，主要货物贸易伙伴稳定，市场布局更趋多元，贸易方式结构不断调整优化，私营企业成为带动出口的主力军。

（一）货物贸易大国地位稳固

加入世贸组织的 20 余年来，我国货物贸易规模扩大 8 倍，自

2001 年的 5096.5 亿美元增至 2020 年的 46470.6 亿美元，年均增速为 12.3%。自 2013 年起，我国已连续八年蝉联全球货物贸易第一大国。随着我国深度融入全球产业链和供应链，我国在全球货物贸易中的比重不断提升，自 2001 年的 8.2% 上升至 2020 年的 26.4%，成为全球贸易的重要参与者和贡献者（详见表 3 - 5、图 3 - 5）。货物贸易成为拉动我国和世界经济发展的重要力量，在畅通国内国际要素流通、推动中国制造和中国品牌走向世界、深化国际经贸合作、服务国家政治大局等方面发挥了重要作用。

表 3 - 5　2001 ~ 2020 年中国货物贸易进出口统计

单位：亿美元，%

年份	货物贸易进出口		货物贸易出口		货物贸易进口		占全球货物贸易比重
	规模	增速	规模	增速	规模	增速	
2001	5096.5	7.5	2661.0	6.8	2435.5	8.2	8.2
2002	6207.7	21.8	3256.0	22.4	2951.7	21.2	9.5
2003	8509.9	37.1	4382.3	34.6	4127.6	39.8	11.2
2004	11545.6	35.7	5933.3	35.4	5612.3	36.0	12.5
2005	14219.1	23.2	7619.5	28.4	6599.5	17.6	13.5
2006	17604.4	23.8	9689.8	27.2	7914.6	19.9	14.5
2007	21761.8	23.6	12200.6	25.9	9561.2	20.8	15.5
2008	25632.6	17.8	14306.9	17.3	11325.6	18.5	15.9
2009	22075.4	- 13.9	12016.1	- 16.0	10059.2	- 11.2	17.6
2010	29740.0	34.7	15777.5	31.3	13962.5	38.8	19.4
2011	36418.7	22.5	18983.8	20.3	17434.8	24.9	19.9
2012	38671.2	6.2	20487.1	7.9	18184.1	4.3	20.9
2013	41589.9	7.5	22090.0	7.8	19499.9	7.2	21.9
2014	43015.3	3.4	23422.9	6.0	19592.3	0.5	22.6
2015	39530.3	- 8.1	22734.7	- 2.9	16795.6	- 14.3	23.9

年份	货物贸易进出口		货物贸易出口		货物贸易进口		占全球货物贸易比重
	规模	增速	规模	增速	规模	增速	
2016	36855.6	-6.8	20976.3	-7.7	15879.3	-5.5	23.0
2017	41071.4	11.4	22633.4	7.9	18437.9	16.1	23.1
2018	46224.4	12.5	24867.0	9.9	21357.5	15.8	23.6
2019	45778.9	-1.0	24994.8	0.5	20784.1	-2.7	24.1
2020	46470.6	1.5	25903.9	3.6	20566.8	-1.0	26.4

资料来源：中国贸易数据来自中国海关，全球贸易数据来自 WTO 数据库。

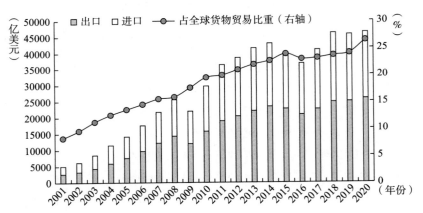

图 3 - 5　2001 ~ 2020 年中国货物贸易规模和全球占比统计

资料来源：中国贸易数据来自中国海关，全球贸易数据来自 WTO 数据库。

（二）主要货物贸易伙伴稳定且市场布局多元

我国主要货物贸易伙伴格局基本稳定，前五大货物贸易伙伴分别为东盟、欧盟、美国、日本和韩国。2020 年，我国与上述五大贸易伙伴的货物贸易额分别为 6845.9 亿美元、6495.3 亿美元、5867.2 亿美元、3175.4 亿美元和 2852.6 亿美元，分别占我国同期货物贸易总额的 14.7%、14.0%、12.6%、6.8% 和 6.2%，合计占比达 54.3%（详见表 3 - 6）。从出口看，我国前三大出口目的地分别为美国、欧盟和东盟；从进口看，我国前三大进口来源地分别为东盟、欧盟和中国台湾。

我国与新兴市场的贸易规模不断扩大，国际市场布局更趋多元。2020年，中国—非洲货物贸易额为1869.7亿美元，占我国货物贸易总额的比例由2001年的2.1%增至2020年的4.0%；中国—拉美货物贸易额为3166.4亿美元，占比自2001年的2.4%增至2020年的5.5%。

表3-6 2020年中国货物贸易进出口主要地区统计

单位：亿美元，%

国家或地区	进出口			出口		进口	
	规模	增速	占比	规模	增速	规模	增速
东盟	6845.9	6.7	14.7	3837.2	6.7	3008.8	6.6
欧盟	6495.3	4.9	14.0	3909.8	6.7	2585.5	2.3
美国	5867.2	8.3	12.6	4518.1	7.9	1349.1	9.8
日本	3175.4	0.8	6.8	1426.6	-0.4	1748.7	1.8
韩国	2852.6	0.3	6.2	1125.0	1.4	1727.6	-0.5
中国香港	2796.4	-3	6.1	2726.6	-2.3	69.8	-23.0
中国台湾	2608.1	14.3	5.6	601.4	9.1	2006.6	16.0
非洲	1869.7	-10.5	4.0	1142.2	0.9	727.5	-24.1
拉丁美洲	3166.4	-0.3	5.5	1507.6	-0.8	1658.8	0.1

资料来源：中国海关。

入世20年来，随着我国参与全球生产分工方式和供应链的变化，货物贸易的国别和地区结构动态变化。中国—东盟货物贸易额占比由2001年的8.2%增至2020年的14.7%，东盟由第四大货物贸易伙伴跃居为第一大货物贸易伙伴；中日货物贸易额占比则由2001年的17.2%降至2020年的6.8%，日本由第一大货物贸易伙伴降至第四大货物贸易伙伴。美国、欧盟始终在我国前三大货物贸易伙伴之列，中美、中欧货物贸易额占我国货物贸易总额的比例也始终保持在10%以上（详见图3-6）。

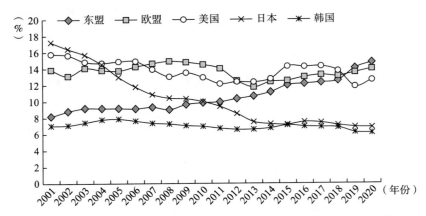

图 3 - 6　2001 ~ 2020 年中国货物贸易地区结构变化 （前五大贸易伙伴）
资料来源：中国海关。

（三）贸易方式结构不断调整优化

一般贸易出口比重提升，贸易方式结构不断调整优化。近年，我国外贸企业实现了从代工生产、贴牌出口，向自主品牌、自主设计研发出口的转变，努力提升我国在全球价值链中的地位，贸易方式结构不断优化。自 2014 年起，我国一般贸易出口占比恢复至 50%以上，再次成为推动外贸发展的主要动力。2020 年，我国一般贸易出口额为 15373.7 亿美元，占我国出口总额的 59.3%，一般贸易进口额为 12422.9 亿美元，占我国进口总额的 60.4%。

加工贸易出口比重下降趋势明显。随着我国劳动力、土地等传统要素优势削弱，国内企业综合成本上升，劳动密集型产业和产品订单向东南亚、南亚等区域转移，加工贸易出口比重自峰值时的 55% 不断下降，2008 年降至 50% 以下，2013 年降至 40% 以下，2019 年更是降至 30% 以下。2020 年，我国加工贸易出口额为 7024.8 亿美元，占我国出口总额的 27.1%（见表 3 - 7、图 3 -7）。需要指出的是，加工贸易在特定历史阶段所做贡献突出，是我国融入国际产业分工体系的重要方式，也是加速我国工业化进程的重要推动力量，更是我国成为贸易大国的重要支撑。

表 3 - 7 2011 ~ 2020 年中国货物贸易出口按贸易方式统计

单位：亿美元，%

年份	一般贸易		加工贸易		其他	
	规模	占比	规模	占比	规模	占比
2011	9170.3	48.4	8352.8	44.1	1415.7	7.5
2012	9879.0	47.4	8626.8	41.4	2341.3	11.2
2013	10875.3	49.2	8608.2	39.0	2606.5	11.8
2014	12036.8	51.4	8843.6	37.7	2547.1	10.9
2015	12157.0	53.4	7977.9	35.1	2614.6	11.5
2016	11310.4	53.9	7156.0	34.1	2515.1	12.0
2017	12300.9	54.3	7588.3	33.5	2746.0	12.1
2018	14009.9	56.3	7971.7	32.0	2892.4	11.6
2019	14439.5	57.8	7354.7	29.4	3196.0	12.8
2020	15373.7	59.3	7024.8	27.1	3508.0	13.5

资料来源：中国海关。

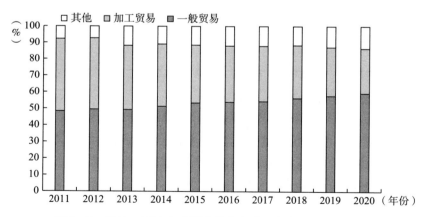

图 3 - 7 2011 ~ 2020 年中国货物贸易出口各类贸易方式占比

资料来源：中国海关。

跨境电商、市场采购贸易方式等新业态、新模式蓬勃发展。随着一批批跨境电子商务综合试验区建设、市场采购贸易方式试点、外贸综合服务企业试点的开展，外贸新业态新模式快速发展，已形成了一定产业集群和交易规模，成为带动我国贸易发展的新增长点。2020 年，跨境电商进出口额为 1.69 万亿元，增长 31.1%；市场采购贸易出口额为 7045.4 亿元，增长 25.2%。

（四）私营企业成为带动出口的主力军

私营企业出口比重持续增长，成为带动我国出口的主要力量。随着我国进出口经营权全部放开，外贸经营领域的市场化程度日益提高。私营企业具有走向国际化经营、不断开拓国际市场的强烈诉求和动力，其出口比重迅速提升。自 2002 年起，私营企业出口占我国货物贸易出口总额的比重持续增长；2017 年，私营企业出口金额占比达 44.4%，首次超过外商投资企业；2020 年，私营企业出口金额占比达 54.1%，首次超过我国货物贸易出口总额的一半（详见表3 - 8、图 3 - 8）。在国有企业和外商投资企业外贸表现欠佳的情况下，私营企业活力凸显，成为拉动我国外贸出口的主力军。

表 3 - 8　2014~2020 年中国货物贸易出口金额按企业性质统计

单位：亿美元，%

年份	国有企业		外商投资企业		私营企业		其他	
	出口金额	占比	出口金额	占比	出口金额	占比	出口金额	占比
2014	2564.9	11.0	10747.3	45.9	9546.7	40.7	564.0	2.4
2015	2423.9	10.7	10047.3	44.2	9737.7	42.8	525.8	2.3
2016	2156.1	10.3	9169.5	43.7	9147.9	43.6	502.8	2.4
2017	2312.3	10.2	9775.6	43.2	10043.6	44.4	501.9	2.2
2018	2572.6	10.3	10360.2	41.7	11405.3	45.9	528.9	2.1
2019	2536.1	10.1	9660.6	38.7	12415.1	49.7	383.0	1.5
2020	2074.8	8.0	9322.7	36.0	14008.9	54.1	497.5	1.9

资料来源：中国海关。

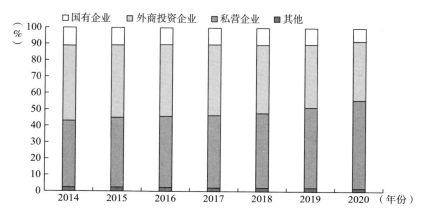

图 3 - 8　2014～2020 年各贸易经营主体出口金额占比统计

资料来源：中国海关。

三　不同分类视角下的贸易商品结构

贸易商品结构反映了一国的经济发展和技术进步路径，是判定一国国际分工地位的重要指标。此部分选取国际贸易标准分类（SITC）、广泛经济类别分类（BEC）和技术密集度分类三种不同分类视角，分析每一种分类视角下我国贸易商品结构的发展趋势和特点。

（一）SITC 分类视角下的贸易商品结构

根据联合国统计署制定的"国际贸易标准分类"（Standard International Trade Classification，SITC），国际货物贸易商品可划分为 10 大类，其中 0～4 类商品为初级产品，5～9 类商品为工业制成品（详见表 3 - 9）。

表 3 - 9　国际贸易标准分类（SITC）1 位数分类

SITC	商品类别	
0 类	食品、主要供食用的活动物	初级产品
1 类	饮料及烟类	

续表

SITC	商品类别	
2 类	非食用原料	初级产品
3 类	矿物燃料、润滑油及相关原料	
4 类	动植物油脂及蜡	
5 类	化学品及相关产品	工业制成品
6 类	按原料分类的制成品	
7 类	机械及运输设备	
8 类	杂项制品	
9 类	未分类的其他商品	

资料来源：世界贸易组织网站。

从出口看，工业制成品比重呈不断上升趋势，机械及运输设备出口占比接近一半。随着我国参与国际生产分工的不断深入，工业制成品出口额在我国出口总额中的占比呈不断上升趋势，自 2001 年的 90.1% 扩大至 2020 年的 95.6%；相应地，初级产品出口占比则呈下降趋势，自 2001 年的 9.9% 降至 2020 年的 4.5%。在工业制成品中，机械及运输设备（SITC 第 7 类）出口占比上升最为明显，2020 年占比升至 48.6%，较 2001 年提升 12.9 个百分点，占据我国出口的半壁江山（详见表 3-10）。工业制成品出口比重上升的背后是我国产业结构的不断调整升级，也与我国成为世界制造大国的发展历程一致。

表 3-10　2001~2020 年中国各类出口货物金额占比（按 SITC 分类）

单位：%

年份	初级产品					工业制成品				
	0 类	1 类	2 类	3 类	4 类	5 类	6 类	7 类	8 类	9 类
2001	4.8	0.3	1.6	3.2	0.0	5.0	16.5	35.7	32.7	0.2
2002	4.5	0.3	1.4	2.6	0.0	4.7	16.3	39.0	31.1	0.2
2003	4.0	0.2	1.1	2.5	0.0	4.5	15.7	42.8	28.8	0.2
2004	3.2	0.2	1.0	2.4	0.0	4.4	17.0	45.2	26.4	0.2

年份	初级产品					工业制成品				
	0类	1类	2类	3类	4类	5类	6类	7类	8类	9类
2005	3.0	0.2	1.0	2.3	0.0	4.7	16.9	46.2	25.5	0.2
2006	2.7	0.1	0.8	1.8	0.0	4.6	18.0	47.1	24.6	0.2
2007	2.5	0.1	0.7	1.6	0.0	4.9	18.0	47.3	24.3	0.2
2008	2.3	0.1	0.8	2.2	0.0	5.5	18.3	47.1	23.5	0.1
2009	2.7	0.1	0.7	1.7	0.0	5.2	15.4	49.1	24.9	0.1
2010	2.6	0.1	0.7	1.7	0.0	5.6	15.8	49.5	23.9	0.1
2011	2.7	0.1	0.8	1.7	0.0	6.0	16.8	47.5	24.2	0.1
2012	2.5	0.1	0.7	1.5	0.0	5.5	16.3	47.1	26.1	0.1
2013	2.5	0.1	0.7	1.5	0.0	5.4	16.3	47.0	26.3	0.1
2014	2.5	0.1	0.7	1.5	0.0	5.7	17.1	45.7	26.6	0.1
2015	2.6	0.1	0.6	1.2	0.0	5.7	17.2	46.6	25.8	0.1
2016	2.9	0.2	0.6	1.3	0.0	5.8	16.7	46.9	25.2	0.3
2017	2.8	0.2	0.7	1.6	0.0	6.2	16.3	47.8	24.2	0.3
2018	2.6	0.1	0.7	1.9	0.0	6.7	16.3	48.6	22.7	0.2
2019	2.6	0.1	0.7	1.9	0.0	6.5	16.3	47.8	23.3	0.7
2020	2.5	0.1	0.6	1.2	0.1	6.5	16.8	48.6	22.6	1.1

资料来源：中国海关。

从进口看，能源资源产品进口快速增长带动初级产品进口比重上升。初级产品进口额占我国进口总额的比重自2001年的18.8%上升至2020年的32.9%，相应地，工业制成品进口占比自2001年的81.2%降至2020年的67.1%。非食用原料（SITC第2类）、矿物燃料/润滑油及有关原料（SITC第3类）是我国初级产品进口的主要商品类型，2020年上述两类产品进口占比分别为14.3%和13.0%，分别较2001年增长5.2个和5.8个百分点（详见表3－11）。能源资源产品进口的增长凸显出我国工业化进程和制造业发展对此类产品需求的增长，同时也反映了我国国民经济发展受国内资源约束的潜在特征。

表 3 - 11　2001～2020 年中国各类进口货物金额占比（按 SITC 分类）

单位：%

年份	初级产品					工业制成品				
	0 类	1 类	2 类	3 类	4 类	5 类	6 类	7 类	8 类	9 类
2001	2.0	0.2	9.1	7.2	0.3	13.2	17.2	43.9	6.2	0.7
2002	1.8	0.1	7.7	6.5	0.6	13.2	16.4	46.4	6.7	0.5
2003	1.4	0.1	8.3	7.1	0.7	11.9	15.5	46.7	8.0	0.3
2004	1.6	0.1	9.9	8.6	0.8	11.7	13.2	45.0	8.9	0.3
2005	1.4	0.1	10.6	9.7	0.5	11.8	12.3	44.0	9.2	0.3
2006	1.3	0.1	10.5	11.2	0.5	11.0	11.0	45.1	9.0	0.3
2007	1.2	0.1	12.3	11.0	0.5	11.2	10.8	43.1	9.2	0.3
2008	1.2	0.2	14.7	14.9	0.9	10.5	9.5	39.0	8.6	0.4
2009	1.5	0.2	14.1	12.3	0.8	11.1	10.7	40.5	8.5	0.3
2010	1.5	0.2	15.2	13.5	0.6	10.7	9.4	39.3	8.1	1.3
2011	1.7	0.2	16.3	15.8	0.6	10.4	8.6	36.2	7.3	2.8
2012	1.9	0.2	14.8	17.2	0.7	9.9	8.0	35.9	7.5	3.8
2013	2.1	0.2	14.7	16.2	0.5	9.8	7.6	36.4	7.1	5.4
2014	2.4	0.3	13.8	16.2	0.4	9.9	8.8	37.0	7.1	4.2
2015	3.0	0.3	12.5	11.8	0.4	10.2	7.9	40.6	8.0	5.1
2016	3.1	0.4	12.8	11.1	0.4	10.3	7.7	41.4	7.9	4.8
2017	2.9	0.4	14.2	13.5	0.4	10.5	7.3	39.9	7.3	3.6
2018	3.0	0.4	12.7	16.4	0.4	10.5	7.1	39.3	6.7	3.5
2019	3.9	0.4	13.7	16.7	0.5	10.5	6.7	37.8	6.9	2.8
2020	4.8	0.3	14.3	13.0	0.5	10.4	8.2	40.3	7.1	1.1

资料来源：中国海关。

（二）BEC 分类视角下的贸易商品结构

"广泛经济类别分类"（Classification by Broad Economic Categories，BEC）由联合国统计局制定，按照国际贸易商品的最终用途或经济类别对国际贸易 SITC 数据的基本项目编号进行汇总而成。BEC 分类采用 3 位数编码结构，目前数据分析常采用第二次修订标准① (SITC Rev. 2)，将商品按照最终用途分为消费品（Consumption Goods）、中间品（Intermediate Goods）和资本品（Capital Goods）三个门类。消费品、中间品和资本品分类视角体现了一国融入全球产业链供应链体系的程度，是对一国贸易商品结构较为直观的反映和描述。

从出口看，我国消费品出口比重下降，中间品比重上升。我国消费品出口自 2012 年以来基本稳定在 6000 亿美元上下，但出口占比自 2017 年开始明显下降，由 2016 年的 29.4% 降至 2019 年的 25.0%。与之相对应，中间品出口占比则自 2012 年以来呈逐年上升趋势，由 2012 年的 40.9% 升至 2019 年的 46.1%（详见表 3 - 12）。2020 年，受境外新冠肺炎疫情导致的订单回流影响，消费品出口占比小幅上升，中间品出口占比小幅下降，但两者的长期变化趋势难以改变（见图 3 - 9）。消费品和中间品占比的一升一降反映了我国产业链和供应链分布的变化，伴随对外直接投资，部分生产加工环节转移至境外，而境外生产所需的中间品供应仍很大程度上依赖国内。

表 3 - 12　2007～2020 年中国对外贸易出口按 BEC 分类统计

单位：亿美元，%

年份	出口消费品		出口中间品		出口资本品	
	金额	占比	金额	占比	金额	占比
2007	3593.4	29.8	5060.1	42.0	3407.4	28.3
2008	3968.4	28.1	6164.2	43.6	3990.8	28.3
2009	3601.6	30.4	4655.3	39.3	3596.3	30.3
2010	4527.3	29.1	6354.7	40.8	4680.7	30.1

① 在 SITC 分类标准中有第二次修订标准（SITC Rev. 2）、第三次修订标准（SITC Rev. 3）和第四次修订标准（SITC Rev. 4）供选择。

续表

年份	出口消费品		出口中间品		出口资本品	
	金额	占比	金额	占比	金额	占比
2011	5362.9	28.7	7819.9	41.8	5529.1	29.5
2012	5871.9	29.1	8266.7	40.9	6069.6	30.0
2013	6422.7	29.5	9166.5	42.1	6190.3	28.4
2014	6936.8	30.0	9699.8	42.0	6460.1	28.0
2015	6565.9	29.2	9648.1	42.9	6281.1	27.9
2016	6080.0	29.4	8885.0	43.0	5719.5	27.7
2017	5759.3	25.9	9821.5	44.2	6618.0	29.8
2018	6049.2	24.8	11115.1	45.6	7228.4	29.6
2019	6096.8	25.0	11228.3	46.1	7028.9	28.9
2020	6539.0	25.9	11281.9	44.7	7441.8	29.5

资料来源：联合国商品贸易统计数据库（UN Comtrade）。

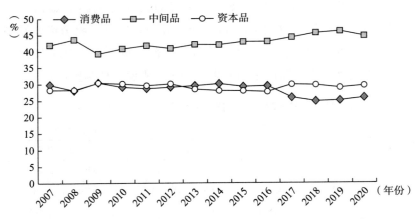

图 3 – 9　2007～2020 年中国出口各类商品占比（按 BEC 分类）
资料来源：联合国商品贸易统计数据库（UN Comtrade）。

　　从进口看，消费品进口比重上升，资本品比重下降。近年来，我国消费品进口金额和占比均呈提高趋势，金额自 2007 年的 336.3 亿美元增至 2020 年的 1703.6 亿美元，占比从 3.6% 增至 8.6%（详见表 3 - 13）。这反映出随着我国经济发展和居民收入水平的显著提高，居民消费能力和对于全球优质消费品的需求日益增强，我国正在成为全球消费大国。资本品进口占比则呈下降趋势，自2007 年的 18.8% 降至 2020 年的 12.8%，这在一定程度上反映了我国对国外生产设备等资本品的依赖下降，国内工业水平和制造能力不断提升。

中间品进口占比稳定（见图 3 - 10），保持大规模贸易逆差。自加入世贸组织以来，我国货物贸易顺差主要由消费品和资本品贡献，中间品贸易常年保持大规模逆差。2007～2020 年的十余年间，中间品贸易逆差由 2131.0 亿美元增至 4281.4 亿美元，扩大了1 倍。这表明随着我国贸易规模的不断扩大，越来越多的中间品在国内生产环节被消化吸收，带动了我国制造业门类不断完备，规模不断发展壮大。

表 3 - 13　2007～2020 年中国对外贸易进口按 BEC 分类统计

单位：亿美元，%

年份	进口消费品		进口中间品		进口资本品	
	金额	占比	金额	占比	金额	占比
2007	336.3	3.6	7191.1	77.6	1743.1	18.8
2008	388.0	3.6	8533.9	78.7	1915.7	17.7
2009	382.4	3.9	7639.4	78.7	1686.2	17.4
2010	498.6	3.8	10502.1	79.2	2260.8	17.0
2011	671.8	4.1	12917.2	79.7	2610.6	16.1
2012	791.2	4.7	13345.8	79.9	2570.0	15.4
2013	901.6	5.1	14184.9	80.3	2567.8	14.5
2014	984.3	5.5	14296.9	79.8	2640.3	14.7
2015	1031.8	6.4	12709.7	78.8	2393.0	14.8
2016	1059.4	7.0	11912.9	78.4	2219.8	14.6
2017	1052.3	6.0	14023.2	79.6	2533.9	14.4

续表

年份	进口消费品		进口中间品		进口资本品	
	金额	占比	金额	占比	金额	占比
2018	1261.7	6.2	16132.2	79.5	2902.7	14.3
2019	1504.7	7.6	15753.9	79.3	2595.2	13.1
2020	1703.6	8.6	15563.3	78.6	2540.5	12.8

资料来源：联合国商品贸易统计数据库（UN Comtrade）。

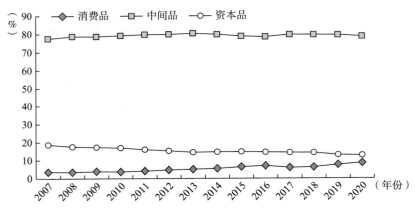

图 3－10　2007～2020 年中国进口各类商品占比（按 BEC 分类）
资料来源：联合国商品贸易统计数据库（UN Comtrade）。

（三）技术密集度分类视角下的贸易商品结构

为更好体现各类贸易商品之间技术含量的差异，Lall（2000）基于 Pavitt（1984）和 OECD（1994）提出的商品分类标准，并结合发展中国家的贸易特点，提出了出口商品技术密集度分类方法。这一分类方法基于 SITC Rev. 2 的三位数分类框架，将产品按照科技含量分成 5 大类——初级产品（PM）、资源性制成品（RB）、低技术含量制成品（LT）、中技术含量制成品（MT）和高技术含量制成品（HT），除初级产品外，后四类产品又可细分为 9 小类（详见表 3－14）。

表 3 – 14 技术密集度分类视角下贸易产品分类及其代表性产品

贸易产品分类	代表性产品
初级产品 PM	农产品、原油、天然气、有色金属
资源性制成品 RB	
农业型制成品 RB1	饮料、木制品、食用油
其他资源性制成品 RB2	石油/橡胶类制品、水泥、宝石、玻璃
低技术含量制成品 LT	
纺织、服装、鞋类 LT1	纺织品、衣服、帽子、皮革
其他低技术含量制成品 LT2	瓷器、简单金属零件、玩具、塑料用品
中技术含量制成品 MT	
自动化设备 MT1	客运汽车、货车和特殊用途车辆、汽车零配件
加工类制成品 MT2	合成纤维、化学品及燃料、化肥、钢/铁管
工程类制成品 MT3	发动机、工业机械、船只、抽水机、钟表
高技术含量制成品 HT	
电子和电力制成品 HT1	电信设备及零部件、晶体管、电气机械及器材
其他高技术含量制成品 HT2	医药产品、航空类产品、光学/测量设备

资料来源：根据 Lall（2000）相关资料整理。

从出口看，低技术含量制成品出口占比整体先升后降，高技术含量制成品出口占比呈增长趋势。2007 年以来，我国低技术含量制成品出口占比呈增长趋势，并于 2014 年前后达到峰值，随后开始呈下降趋势。2020 年，低技术含量制成品出口占比已由高峰期的32.8% 降至 28.1%（详见表 3 – 15）。与之相反，高技术含量制成品出口占比则自 2014 年以来呈增长趋势，自 2014 年的 32.3% 增至2020 年的 35.9%。低技术含量和高技术含量制成品出口的此消彼长（详见图 3 – 11），反映出我国出口制造业不断向产业链供应链中上游攀升。

表 3 – 15　2007～2020 年中国出口各类商品占比（按技术密集度分类）

单位：%

年份	初级产品	资源性制成品	低技术含量制成品	中技术含量制成品	高技术含量制成品
2007	3.6	8.0	31.3	23.2	33.9
2008	3.4	8.6	30.9	24.5	32.6
2009	3.4	7.9	30.4	23.4	34.9
2010	3.3	8.0	29.6	23.8	35.3
2011	3.4	8.6	30.7	24.2	33.2
2012	3.1	8.2	31.7	23.7	33.3
2013	3.0	8.2	31.9	23.1	33.9
2014	3.0	8.3	32.8	23.6	32.3
2015	3.0	7.9	31.9	24.3	32.9
2016	3.2	8.1	31.3	24.4	33.0
2017	3.0	8.5	28.7	24.8	35.0
2018	2.9	9.1	27.6	25.1	35.2
2019	2.9	9.0	27.9	25.5	34.7
2020	2.7	7.9	28.1	25.4	35.9

资料来源：联合国商品贸易统计数据库（UN Comtrade）。

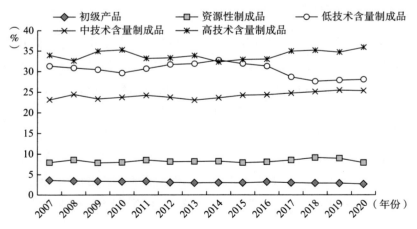

图 3 – 11　2007～2020 年中国出口各类商品占比（按技术密集度分类）

资料来源：联合国商品贸易统计数据库（UN Comtrade）。

从进口看，初级产品进口规模和占比不断扩大。农产品、原油、天然气、有色金属等初级产品进口金额自 2007 年的 1530.4 亿美元增长至 2020 年的 4428.2 亿美元，扩大了近 2 倍。初级产品进口占比自 2010 年突破 20% 以来，基本保持在 23% 上下（详见表 3 - 16、图 3 - 12）。初级产品进口的扩大反映出我国经济发展对于该类产品的需求和依赖程度不断增加，保障关键能源资源和粮农产品供应渠道稳定，维护国家能源安全和粮食安全的迫切性日益凸显。

表 3 - 16　2007～2020 年中国进口各类商品占比（按技术密集度分类）

单位：%

年份	初级产品	资源性制成品	低技术含量制成品	中技术含量制成品	高技术含量制成品
2007	16.3	16.9	6.5	24.8	35.6
2008	19.6	19.4	5.9	23.5	31.6
2009	18.8	18.1	5.8	24.9	32.4
2010	20.2	19.1	5.2	24.6	30.8
2011	22.6	21.0	4.9	23.9	27.6
2012	24.7	19.3	4.7	22.0	29.3
2013	23.7	19.7	4.5	21.1	30.9
2014	23.8	19.6	4.7	22.0	30.0
2015	20.1	17.1	5.3	22.5	34.9
2016	19.5	17.3	5.2	22.6	35.3
2017	21.0	18.9	4.9	21.7	33.6
2018	23.5	18.0	4.5	21.0	33.0
2019	24.3	18.6	4.5	20.4	32.4
2020	22.0	18.6	4.4	20.7	34.3

资料来源：联合国商品贸易统计数据库（UN Comtrade）。

从主要产品看，服装、鞋类、家具、塑料用品等低技术含量制成品中，服装出口的降幅最为明显。2019 年，服装出口为 1206.8 亿美元，较 2014 年峰值时的 1478.9 亿美元下降 18.4%（详见图 3 - 13）。低技术含量制成品出口的下降与我国制造业企业在东南亚、南亚等周边国家投资密切相关。制造业企业将部分中低端生产环节转移至境外，利用当地相对低廉的土地、资源、劳动力优势，降低生

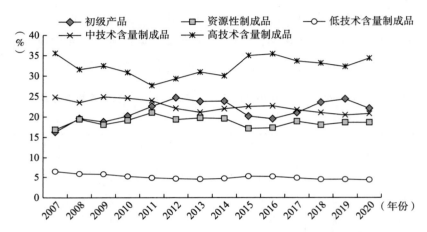

图 3 - 12　2007~2020 年中国进口各类商品占比（按技术密集度分类）

资料来源：联合国商品贸易统计数据库（UN Comtrade）。

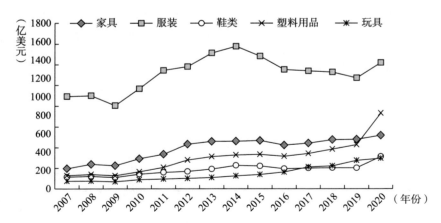

图 3 - 13　2007~2020 年服装、家具、鞋类、玩具等低技术含量制成品出口统计

资料来源：中国海关。

产成本。产能的转移导致了对美国、欧盟、日韩等传统市场出口订单的转移，使得国内纺织、服装等低技术含量制成品出口下降。2020年新冠肺炎疫情冲击导致部分出口订单回流，但从长远看，劳动密集型加工制造向周边转移的趋势并未发生改变。

高新技术产品进出口持续增长。2007～2020年，除个别年份负增长以外，我国生物技术、生命科学技术、光电技术、计算机与通信技术、航空航天技术等九大领域高新技术产品①进出口基本保持了两位数的高速增长。从占比看，高新技术产品出口始终占我国货物贸易出口比重的30%左右；高新技术产品进口占我国货物贸易进口比重自2015年起保持在30%以上，2020年占比最高达33.2%（详见表3-17）。高新技术产品进出口的增长带动我国贸易结构不断优化，其背后更是我国产业结构的不断转型升级。

表3-17　2007～2020年中国高新技术产品进出口规模和占比

单位：亿美元，%

年份	高新技术产品出口			高新技术产品进口		
	规模	增速	占比	规模	增速	占比
2007	3478.3	23.6	28.5	2869.9	16.0	30.0
2008	4156.1	19.5	29.0	3419.4	19.1	30.2
2009	3769.1	-9.3	31.4	3098.4	-9.4	30.8
2010	4924.1	30.6	31.2	4126.7	33.2	29.6
2011	5487.9	11.4	28.9	4629.9	12.2	26.6
2012	6011.6	9.5	29.3	5070.8	9.5	27.9
2013	6600.8	9.8	29.9	5579.4	10.0	28.6
2014	6604.9	0.1	28.2	5512.4	-1.2	28.1

---

① 自2004年起，我国高新技术产品的进出口列入中国海关专项统计范畴，高新技术产品按照如下九大领域统计：生物技术、生命科学技术、光电技术、计算机与通信技术、电子技术、计算机集成制造技术、材料技术、航空航天技术、其他技术。

续表

年份	高新技术产品出口			高新技术产品进口		
	规模	增速	占比	规模	增速	占比
2015	6552.1	-0.8	28.8	5480.6	-0.6	32.6
2016	6035.7	-7.9	28.8	5236.2	-4.5	33.0
2017	6674.4	10.6	29.5	5840.3	11.5	31.7
2018	7468.2	11.9	30.0	6716.6	15.0	31.4
2019	7307.1	-2.2	29.2	6377.9	-5.0	30.7
2020	7766.6	6.3	30.0	6822.2	7.0	33.2

资料来源：中国海关。

第四章

对外直接投资产生母国贸易效应的理论机制

第一节　对外直接投资贸易效应的理论回顾

研究对外直接投资贸易效应的理论可分为三类。第一类是支持对外直接投资与贸易之间是相互替代关系，以蒙代尔（Mundell）的完全替代理论、邓宁（Dunning）的国际生产折衷理论，以及巴克利（Buckley）和卡森（Casson）的内部化理论为代表。第二类是支持对外直接投资与贸易之间是互补关系，以小岛清（Kojima）的边际产业扩张理论、赫尔普曼（Helpman）和克鲁格曼（Krugman）的新贸易理论为代表。第三类是认为在不同的假设条件下，对外直接投资和贸易之间的关系不确定，以弗农（Vernon）的产品生命周期理论，以及马库森（Markuson）和斯文森（Svensson）的要素比例模型为代表。每一种理论在其产生阶段对解释现实经济活动做出了突出贡献，但也存在一定的历史局限性。

一 有关投资与贸易呈替代关系的理论观点

（一）完全替代理论

理论背景：最先对对外直接投资与贸易两者间的替代关系做出解释的学者是罗伯特·蒙代尔（Mundell）。Mundell 在其著作《国际贸易与要素流动》一书中，在传统要素禀赋（H-O）理论的基础上，通过放松要素不可流动的假设，研究了国际资本流动与商品贸易之间的关系。

理论内容：完全替代理论假设世界上仅存在 A 国和 B 国两个国家，仅有劳动和资本两种生产要素，只生产 X 和 Y 两种商品。A 国为资本丰裕国家，生产资本密集型产品 X；B 国为劳动丰裕国家，生产劳动密集型产品 Y。A 国和 B 国具有完全相同的生产函数，且规模报酬不变。依据条件假设，在自由贸易的情况下，A 国将具有比较优势的资本密集型产品 X 出口至 B 国，同时从 B 国进口对方有比较优势的劳动密集型产品 Y。由于此时的自由贸易使两国生产要素均实现了最高利用效率，因而不会引起两国间资本要素的跨国流动。

然而，在自由贸易条件不满足的情况下，则会引起两国间资本的跨国流动。若 B 国对从 A 国进口的商品 X 施加关税，则导致 B 国 X 商品价格上升，B 国国内厂商会出于成本收益的考虑，增加对 X 商品的生产；由于 X 商品为资本密集型商品，增产 X 会使 B 国资本稀缺程度进一步加重，进而导致资本要素在 B 国的边际报酬提高。此时，出于逐利的考量，资本要素会从边际报酬相对低的 A 国流向相对高的 B 国，原本依靠比较优势从 A 国出口至 B 国的商品 X，转为依靠 A 国对 B 国投资而在 B 国生产，这一过程即投资对贸易产生了替代。

Mundell 的完全替代理论阐释了两国间存在贸易壁垒的情况下，出口国为规避贸易壁垒而将原本对进口国的出口转化为投资，并认为如果出口国对进口国的资本流动始终沿着特定轨迹展开，则出口国的对外投资可在相对最佳的生产效率或最低的要素转换成本基础上实现对贸易的完全替代。

理论评价：完全替代理论对第二次世界大战前国际资本流动现象，以及较为普遍的"关税引致型"投资做出了较好的解释。然而，对于东道国而言，并非对所有外来资本持欢迎态度，可能出于保护本国产业发展的目的限制外国投资。二战后，部分国家开始对外国投资实施限制性措施，投资对贸易的替代作用随之降低。此外，一国是否进行对外直接投资取决于投资与贸易两者成本和收益的对比。Mundell 的模型隐含的假设是进口国征收关税后并不会导致该国进口需求量的减少，即征收关税的商品缺乏弹性，而现实情况是该类商品通常富有弹性，征收关税会使需求量下降，这也使模型的解释效力有所降低。

（二）内部化理论

理论背景：20 世纪 30 年代科斯（Coase）提出的交易成本理论是内部化理论的起源。科斯认为，企业和市场是两种不同但又具有可替代性的交易制度，市场的交易由价格机制协调，而企业的存在使原本属于市场的交易"内部化"。英国里丁大学学者巴克利和卡森在 1977 年合著的《跨国公司的未来》中将交易成本理论引入对外直接投资的研究，将其发展为内部化理论，用于解释跨国公司的对外直接投资行为（Buckley and Casson，1977）。加拿大学者拉格曼在其《跨国公司内部：内部市场经济学》中对内部化理论进行了拓展（Rugman，1979）。

理论内容：内部化理论的基本假设包括，在不完全竞争环境中，企业以追求利润最大化为目的；中间品①市场的不完全竞争使企业产

---

① 这里的中间品，即不能直接满足消费者需要的、用来作为生产经营要素制造最终产品的物品。

生出创造内部市场的动力，当企业创造内部市场的行为超越国界时，对外直接投资和跨国公司应运而生。内部化理论认为，中间品市场的不完全竞争使得企业利用市场交易的成本较高，进而产生了通过内部化将中间品市场交易转为企业内部交易的动力，企业选择以对外直接投资的方式替代出口，实现其在不完全竞争市场交易过程中无法获得的经济效益。

内部化理论认为，跨国公司可以从如下四个方面获得内部化收益。一是避免过高的交易成本。当交易双方因信息不对称出现交易成本过高时，可通过一方对另一方的并购或在同一行业内绿地投资，建立子公司来消除市场不完全竞争的不利影响，进而降低交易成本。二是稳定长期供需关系。当交易受到包括垄断在内的外部因素影响而不稳定时，跨国公司可通过建立内部稳定供需关系保障自身经营活动。三是规避政策干预。当存在关税、税收、利润汇回等政策干预时，跨国公司创造了内部市场将各经营活动置于统一的控制下，可通过差别定价、转移定价等策略，避免来自政府的某些干预。四是更好发挥知识产权优势。跨国公司通过内部化更好发挥其拥有的知识产权优势，获得更多的研发报酬，并保护其技术秘密不被泄漏。

理论评价：内部化理论从微观视角出发，将中间产品和最终产品区分开，并把中间产品市场的不完全性摆在突出位置，对于二战后发生的国际资本流动现象具备一定解释力。相较于 Mundell 的一般替代模型，内部化理论不仅可以解释发达国家对发展中国家的投资行为，也可以解释发达国家之间的投资行为。然而，内部化理论也存在着局限性。一是无法解释对外直接投资的流向和区位选择，对于跨国经营网络布局缺乏足够的解释力度。二是该理论仅从跨国公司主观能动性的角度解释其投资动因，忽略了国家政策等外部因素。三是该理论对于市场寻求型、资源寻求型的对外直接投资缺乏解释力度。

（三）国际生产折衷理论

理论背景：1977 年，英国里丁大学学者邓宁在其论文《贸易、经济活动的区位与跨国企业：折衷理论探索》中首次提出国际生产折衷理论（Dunning，1977），1981 年在其论文集《国际生产与跨国公司》中系统阐述了该理论（Dunning，1981）。Dunning 在吸收垄断优势理论、内部化理论、区位理论等前人理论研究成果的基础上，将企业的特定垄断优势与东道国的资源、区位优势结合，解释了跨国公司参与国际生产经营活动时，出于何种考虑选择技术转让、出口贸易或国际直接投资。Dunning 构建了国际直接投资理论的综合研究框架，国际生产折衷理论成为当代对外直接投资理论的主流。

理论内容：国际生产折衷理论认为，多方面因素影响企业的对外直接投资活动，若企业同时具备所有权优势、内部化优势和区位优势三个条件，则会选择对外直接投资。

所有权优势（Ownership Advantage）指针对东道国企业所拥有的优势，主要包括规模优势、商标优势、金融和货币优势、创新能力优势、专业技术优势、组织管理能力优势以及市场销售优势等。企业之所以有意愿对外投资，并最终能够获得超额收益，主要是因为其拥有可在公司内部流动的、东道国本土企业所不具备的比较优势。拥有所有权优势是企业对外投资的必要非充分条件，企业还受其他优势因素影响。

内部化优势（Internationalization Advantage）指企业通过对外直接投资的方式，将其所有权或资产内部化形成的优势。Dunning 认为国际经济活动中存在两大类市场失灵现象——结构性市场失灵和交易性市场失灵。前者是指由不完全竞争导致的市场失灵，具体表现为东道国政府施加关税壁垒、非关税壁垒等限制性措施。后者是指公平交易原则不能有效发挥的情况，具体表现为交易渠道不畅、信息成本高、不履约风险大等。企业为规避上述两类市场失灵现象，往往会选择实行内部化,特别是在技术等无形资产的生产和销售领域、利用自然资源进行生产加工领域,跨国公司的内部化优势尤为突出。内部化优势也是企业对外投资的必要非充分条件,具备内部化优势的企业可以选择先在国内生产,而后再以出口的方式参与国际分工。

区位优势(Location-Specific Advantage)指东道国拥有的要素禀赋优势,具体包括优越的地理位置、丰富的自然资源、充足的劳动力、完善的基础设施、有吸引力的外资政策等。不同于所有权优势和内部化优势取决于企业自身,区位优势是企业无法决定、只能适应并利用的外部因素。区位优势是影响企业选择对外投资目的地乃至全球生产布局的直接因素。

该理论假设利润最大化是企业对外直接投资的最终目标,上述三种优势的不同组合决定了企业参与国际经济活动的方式。当只具备所有权优势时,企业只能选择许可证交易;当具备所有权优势和内部化优势时,企业除了进行许可证交易,还可通过出口贸易方式来参与国际分工;当同时具备所有权优势、内部化优势和区位优势时,企业才会选择对外直接投资。

理论评价:国际生产折衷理论是对已有国际投资理论的归纳与融合,解释了企业在许可证贸易、货物出口和对外直接投资三种国际化模式间转换的原因。该理论涵盖范围广,对市场寻求型、效率寻求型和资源寻求型对外直接投资均有解释力,因其概括性、综合性和应用性强而被称为对外直接投资的"通论"。然而,该理论也存在一定局限性。一是该理论虽指出同时具备所有权、内部化、区位三种优势的企业可以通过对外直接投资的方式开展国际经济活动,但对于不具备三种优势却同样开展对外投资活动并取得成功的现象,特别是发展中国家的对外直接投资行为,该理论无法做出合理解释。二是该理论是静态而非动态的,对于三种优势之间的关系及其随时间变动的情况，该理论并未讨论或阐释。

二 有关投资与贸易呈互补关系的理论观点

（一）边际产业扩张理论

理论背景：20 世纪 60～70 年代，日本对外直接投资发展迅猛，呈现出不同于欧美国家对外直接投资的新特点。然而，当时的对外直接投资主流理论多以美国跨国公司的对外直接投资行为为研究对象，对日本的对外直接投资活动解释力较弱。日本一桥大学学者小岛清（Kojima）针对第二次世界大战至 20 世纪 70 年代日本对外直接投资发展特点，在继承和发展李嘉图传统比较优势学说的基础上，提出了边际产业扩张理论。在 1978 年出版的《对外直接投资》和 1981 年出版的《跨国公司的对外直接投资》两本著作中，小岛清对边际产业扩张理论进行了系统阐述。

理论内容：边际产业扩张理论在赫尔歇克－俄林模型（H-O 模型）的分析框架下做出适当改进，引入经营资源（Managerial Resources）的概念，认为经营资源是一种特殊要素，既包括有形资本，也包括技术、技能等人力资本。假设有 A 国和 B 国两个国家，A 国拥有丰富的经营资源但缺乏劳动力资源，B 国经营资源匮乏但劳动力资源丰富且成本低廉。由于 A 国劳动力成本较高，因而劳动密集型产业在 A 国属于边际产业（或比较劣势产业）；而 B 国经营资源较为昂贵，因而经营资源型产业在 B 国属于边际产业。

根据小岛清的主张，A 国将本国的经营资源直接投资于 B 国的劳动密集型产业，与 B 国丰富的劳动力资源结合后，可改善 B 国生产要素组合，从而提高生产效率。对 A 国而言，对外直接投资同样使其获益。一方面，经营资源以对外直接投资的形式转移至 B 国，与 B 国劳动力优势结合，使经济效率得到提高，利润增加；另一方面，A 国所需的劳动密集型产品将由减产转为从 B 国进口，从而可以集中资源发展其比较优势产业，扩大比较优势产业出口。因此，A国和 B 国都能从国际分工与国际贸易中实现利益的分享。

该理论的核心内容是，一国的对外直接投资应从本国产业中已处于比较劣势的产业（即边际产业）开始进行。此处的边际产业指处于比较劣势的劳动密集型生产部门或劳动密集环节/工序，在投资母国生产经营中面临资源短缺、劳动力成本上涨、市场空间缩小等制约因素，但拥有先进的生产技术和经营管理经验。与之相对，东道国在原材料供给、劳动力充裕性和劳动力价格方面拥有优势，但缺乏资金、技术和管理经验。母国通过对外直接投资，将本国的边际产业转移至东道国，与东道国要素禀赋优势结合扩大生产和出口，又能使母国利用投资收益发展比较优势产业，有利于促进其与其他国家国际贸易的发展。

从贸易的角度看，对外直接投资形成了良性的国际分工，更好地发挥了投资母国和东道国比较优势，从而创造和扩大了国际贸易，国际投资和国际贸易形成了相互补充的关系。

理论评价：在边际产业扩张理论被提出前，对外直接投资理论的研究对象主要是欧美等发达国家的跨国公司，通常用一种商品、一个产业、一家企业来分析。而该理论立足于日本早期对外直接投资行为，更加重视在多种商品、多个产业、多家企业的基础上进行研究，填补了对外直接投资理论体系的空白。该理论还将投资与贸易统一于国际分工框架下，论证了对外直接投资带动母国和东道国间贸易规模不断扩大，即国际投资与国际贸易呈互补关系。

该理论也存在如下两方面局限性。一是理论解释力受时空局限。小岛清的研究区间是 20 世纪 60~70 年代，此时日本的对外直接投资以中小企业为主，投资目的地多分布在东南亚、南亚一带；而 20世纪 80 年代以来，随着日本经济实力的增强和产业结构的变化，其对外直接投资主体和目的地发生了改变，大型跨国公司参与其中，边际产业扩张理论对于这些变化难以给出合理解释。二是对发展中国家对外投资现象解释力不足。根据小岛清的理论，对外直接投资只能是由技术先进的发达国家向技术相对落后的国家单向进行，反之则无法进行。而进入 21 世纪以来，以中国为代表的发展中国家对外投资高速发展，对美国、欧盟等发达国家和地区的投资屡见不鲜，该理论难以做出合理解释。

（二）新贸易理论

理论背景：随着跨国公司的蓬勃发展，其全球生产网络日益复杂化、多元化，传统贸易投资理论在解释跨国公司行为时表现出明显不足，由此产生了以赫尔普曼、克鲁格曼为代表的新贸易理论学派（Helpman and Krugman，1985）。新贸易理论在传统贸易理论的基础上，将产品异质性、规模经济等非市场因素引入分析框架，解释对外直接投资与贸易两者的关系，以及跨国公司对外直接投资的基本动因。

理论内容：新贸易理论假设世界上既存在同质产品，也存在异质性产品；同质产品的市场属于完全竞争市场，每家生产企业拥有相同的技术；异质性产品的市场属于不完全竞争市场，每家生产企业拥有不同的技术且只生产一种异质性产品；国家之间要素禀赋存在差异，不同产品的生产流程、所需的资本与劳动力的要素比例也存在差异；跨国公司生产分为总部服务和实际生产两部分，总部服务指营销、管理、产品研发等综合体，实际生产包括中间产品和最终产品生产。

该理论从不同国家间要素比例的差异开始研究。若两国间要素比例相同，则对外直接投资和产业间贸易均不会发生，异质性产品的产业内贸易仍将存在。若两国之间存在较大要素禀赋差异，跨国公司出于利润最大化的考虑，势必将总部服务安排在资本丰裕国进行，将生产安排在劳动力丰裕国进行。这种跨国公司利用国家间要素禀赋的差异，将生产的不同阶段配置在生产成本较低的国家的过程即纵向一体化投资。

纵向一体化投资导致的最终结果是，资本充裕国不再生产本身具有比较劣势的同质产品，而改由劳动力充裕国生产，并出口至资本充裕国。同时，资本充裕国仅生产具有比较优势的异质性产品，并出口至劳动力充裕国。国家间要素禀赋的差异使跨国公司通过对外直接投资在全球布局生产，从而催生了大量中间品贸易，引发母国贸易量的增加。从这一角度讲，可以得出对外直接投资与贸易之间存在互补关系的结论。

理论评价：新贸易理论以跨国公司的一体化经营战略为研究对象，突破了传统对外直接投资理论的条件假设，从产品异质性和跨国公司战略行为角度出发，研究对外直接投资的动因，以及由对外投资带来的贸易变化。与传统理论中用产品的相对成本解释对外投资动因相比，该理论更强调产品的异质性以及生产过程中规模报酬的作用，这是该理论较为突出的创新点。

三 有关投资与贸易关系不确定的理论观点

（一）产品生命周期理论

理论背景：美国哈佛大学学者弗农（Vernon）在其1966年发表的《产品生命周期中的国际投资与国际贸易》一文中，首次提出了产品生命周期理论（Vernon，1966）。后经威尔斯等学者的逐步完善，形成了解释制成品贸易和国际直接投资行为的著名理论（Wells，1983）。该理论以美国制造业跨国公司为例，利用产品生命周期的变化，解释了20世纪50~60年代发达国家OFDI的动因和区位选择。

理论内容：产品生命周期是指一个产品从开发、发展直到淘汰的全部过程，弗农将产品生命周期分为产品创新阶段、产品成熟阶段和产品标准化阶段。在每个阶段，生产和销售产品所需的生产要素动态变化，发达国家和发展中国家所具备的比较优势动态变化，从而引发了国家间的贸易和对外直接投资活动。

在产品创新阶段，企业往往将产品生产和销售放在国内，与消费者和原材料供应商保持密切联系，不断根据市场的反馈信息改进产品，以适应消费者偏好需求。这一阶段产品的差异性较强，企业以差异性竞争占领市场并取得垄断优势，而其他国家由于技术上的缺口无法生产该类产品，需要以从创新国进口的方式满足市场需求。因此，创新国在这一阶段仅在国内生产产品，就可以凭借技术方面的垄断优势在国际市场获得丰厚利润，没有通过对外直接投资在境外布局产能的动力。

在产品成熟阶段，国内外市场对产品的需求增加，产品逐渐标准化，生产技术和生产工艺趋于稳定，不再需要过多改动。消费者对于产品价格的敏感度提高，降低成本成为企业的首要考虑。与此同时，随着产品在海外市场大量销售，仿制品逐渐增多，产品创新国的技术优势逐渐弱化，还可能遭遇仿制国为保护本国产业而设置的关税与非关税壁垒。此时，创新国企业为降低运输成本、规避贸易壁垒，会选择对外直接投资，将生产环节转移至消费和收入水平较创新国更低的发达国家，维持并扩大产品的海外市场份额，此时对外直接投资替代了产品创新阶段的出口贸易。

在产品标准化阶段，创新国在技术上的垄断优势不复存在，为进一步降低成本，企业会在全球范围内寻找生产成本更低的发展中国家布局生产，以维持其产品的竞争优势。此时，产品创新国不再生产该产品，转而从发展中国家进口以满足国内市场需求。产品标准化阶段的对外直接投资带动了该产品全球贸易总量的增加，贸易与投资呈互补关系。

该理论描述了跨国公司对外直接投资区位转移的动态过程。随着产品依次经历创新阶段、成熟阶段和标准化阶段，企业对外直投资的区位也由最发达国家（创新国）转移至较发达国家、发展中国家。具体表现：母国生产并出口→在较发达国家布局产能、母国减少生产并进口→在发展中国家布局产能、母国停止生产并进口。贸易与投资会因产品所处阶段的不同，而呈现出不同的关系。

理论评价：产品生命周期理论反映了跨国公司对外直接投资的动态变化过程，突破了古典贸易理论静态分析的局限，使理论解释更具现实意义。该理论将国际贸易理论与国际直接投资理论结合在一起，为分析制造业跨国公司对外直接投资行为提供了有力的理论工具。此外，该理论以美国跨国公司为研究对象，将美国宏观经济结构、微观产品创新取向、跨国公司对外投资动机和区位选择三者有机结合，既系统描述了跨国公司的成长轨迹，又解释了美国对西欧国家投资进而对发展中国家投资的原因。

然而，该理论也存在局限性。一是其适用的行业范围有限。该理论在解释制造业企业对外直接投资行为时具备适用性，但不能解释资源密集型和技术密集型产业企业的对外直接投资行为，因为上述产业不完全符合产品生命周期的特征。二是该理论只以美国跨国公司为研究对象，对于其他不具备技术垄断优势企业的对外直接投资行为，特别是 20 世纪 50 年代后期日本和西欧国家对美国的直接投资行为，解释力不足。三是该理论将产品生命周期的三个阶段割裂开考虑，假定各个阶段依次进行、没有交叉，而事实上跨国公司的产品研发、生产、销售呈高度组织化状态，很可能把三个阶段作为整体统筹考虑，也可能一开始就在海外研发、生产和销售。

（二）要素比例模型

理论背景：随着跨国公司一体化经营的发展，其全球布局生产方式逐渐由垂直一体化向水平一体化发展。无论在中间产品生产，还是在同行业内的最终产品加工或组装上，水平式分工得到了广泛运用。传统的投资理论难以对跨国公司全球布局的新特点做出有力解释。马库森和斯文森等学者在 20 世纪 80 年代提出了要素比例模型（Markuson and Maskus，2001；Svensson，2004）。该模型由蒙代尔的完全替代理论发展而来，以生产要素的视角，对跨国公司全球布局的动因、投资与贸易的关系进行阐释。

理论内容：马库森和斯文森提出的要素比例模型将要素划分为两类，一类是以资本为代表的贸易要素，另一类是以劳动力、土地等生产要素为代表的非贸易要素。该理论假设，发生贸易的两国处于充分就业且具备规模报酬不变的条件，国际市场上既存在商品贸易，也存在要素贸易。对外直接投资与贸易的关系取决于贸易要素与非贸易要素之间的关系，若后两者处于合作关系，则投资与贸易呈互补关系，反之呈替代关系。

为进一步补充其理论，马库森又提出了知识资本模型，将生产要素定义为一般劳动力和专有技术劳动力，从跨国公司的不同动机角度解释了对外直接投资与贸易的关系。当跨国公司开展垂直一体化经营时，其对外直接投资活动将导致其在全球范围内的内部贸易，此时对外直接投资与贸易呈互补关系；当跨国公司开展水平一体化经营时，跨国公司所在国原先对于某一产品的出口将会被国外子公司的生产所替代，此时对外直接投资与贸易呈替代关系。

理论评价：该理论进一步发展了传统要素禀赋理论，通过引入更多要素考察全球投资的动因，以及贸易和投资的动态关系。该理论也存在一定局限性。一是将贸易与国际投资之间的替代或互补关系割裂开，仅在不同假设条件下，得出两者间关系为相互替代、互补或不确定，并没有从贸易与投资相互融合、相互促进的角度考虑。事实上，在世界经济高度一体化的当下，贸易与国际投资更加难以分割。二是该理论对于发达国家跨国公司对发展中国家投资的动因做出合理解释，但对于发展中国家对发达国家的投资解释力不足。

第二节 对外直接投资对母国贸易规模和结构的
影响机制

通过上文的理论回顾分析不难发现，一国对外直接投资的动机多样，且在不同的投资动机下，对外直接投资影响贸易规模和结构的机制不尽相同。此部分引用联合国贸易和发展会议（UNCTAD）于 2006 年发表的《世界投资报告》中对于国际直接投资动机的分类，将其分为市场寻求型（Market-seeking）、效率寻求型（Efficiency-seeking）、资源寻求型（Resource-seeking）、创新资产寻求型（Crea-ted-asset-seeking）四大类，研究每一类动机下对外直接投资可能导致的贸易规模和结构变化。

一 市场寻求型投资对母国贸易规模和结构的影响机制

市场寻求型对外直接投资以对发达经济体投资较为普遍，开拓和巩固国际市场是市场寻求型对外直接投资的主要目的。开拓国际市场，即通过对外直接投资在东道国投资设立分支机构，跨国公司可以在原先没有贸易往来的市场占据一定市场份额。巩固国际市场，即跨国公司在对东道国出口达到一定规模后，出于扩大市场份额或规避贸易壁垒的考量，在东道国投资设厂，实现本地化生产，为扩大销售、巩固市场创造有利条件。如图 4 - 1 所示，市场寻求型投资对母国贸易规模和结构主要存在以下两种影响机制。

一是通过设立分支机构，带动最终产品出口。市场寻求型对外直接投资企业，通过在当地设立销售服务中心、建设营销网络等举措，能够近距离接触当地市场信息，有利于企业的产品进入东道国，扩大销售规模，提高母国产品在东道国市场的占有率，从而带动母国最终产品的出口。

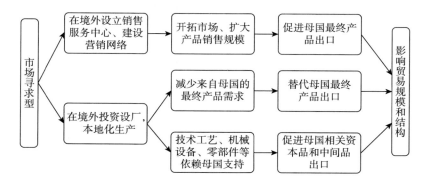

图 4 - 1 市场寻求型投资对母国贸易规模和结构的影响机制

二是通过海外生产，替代最终产品出口，带动中间品和资本品出口。当企业对原有贸易往来的国家投资设厂，在当地进行生产和销售，会减少东道国市场对母国相应产品的需求，即替代了母国的最终产品出口。但与此同时，受企业生产方式、经营习惯、当地配套条件等多重因素影响，企业海外生产的技术工艺、机械设备、零部件等中间品和资本品仍需依赖母公司的支持，从而带动了母国中间品和资本品出口的增加。

二　效率寻求型投资对母国贸易规模和结构的影响机制

降低生产成本是效率寻求型对外直接投资的根本动力。跨国公司将非核心生产加工环节转移至成本更低的国家，利用东道国相对低廉的土地、劳动力、原材料等生产要素，以降低生产成本。当东道国对跨国公司母国的某类产品设置贸易壁垒时，跨国公司通常采取对东道国或第三国投资的方式，规避贸易壁垒，降低生产成本。如图 4 - 2 所示，效率寻求型投资对母国贸易规模和结构主要存在以下四种影响机制。

一是境外生产替代了部分原本属于母国的最终产品出口。效率寻求型企业通过将部分生产加工组装环节转移至境外，使得原本在母国境内生产的出口加工型订单转移至境外，替代了母国最终产品出口。

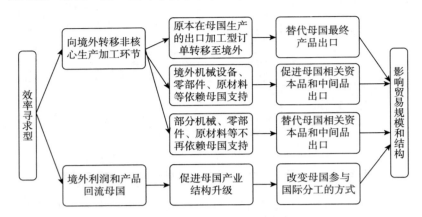

图 4 - 2　效率寻求型投资对母国贸易规模和结构的影响机制

二是境外生产带动了中间品和资本品出口。企业在投资初期，由于东道国配套尚不能满足企业所需，也可能是企业对于母国配套企业的路径依赖和消费偏好，生产所需的机械设备、原材料、零部件等资本品和中间品来自母国，从而带动了母国对东道国资本品和中间品出口的增加。

三是境外生产替代了部分中间品和资本品出口。随着企业在东道国生产规模的不断扩大、技术的不断成熟和当地配套的不断完善，子公司原本需要从东道国进口的中间品或资本品可以部分实现自给或在本地采购，不再需要从母国进口，从而对母国出口贸易产生了替代。

四是境外利润和产品回流，带动母国产业升级，进而改变贸易商品结构。效率寻求型对外直接投资有助于母国利用东道国廉价的生产要素，有效降低生产成本，提高利润率。境外生产所得利润和部分产品回流母国，满足了母国产业发展对于资金和中间品的需求，进而促进产业优化升级。母国产业结构的升级则会改变其参与国际生产分工的方式，提升母国出口产品附加值，进而推动贸易商品结构的改变。

三 资源寻求型投资对母国贸易规模和结构的影响机制

获取海外自然资源和能源是资源寻求型对外直接投资的首要动机。跨国公司通过在东道国开展矿业、农林牧渔业投资并购，获得资源权益以保证母国市场对于自然资源能源的长期稳定供应。如图4-3所示，资源寻求型投资对母国贸易规模和结构主要存在以下两种影响机制。

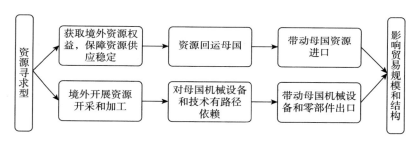

图4-3 资源寻求型投资对母国贸易规模和结构的影响机制

一是境外资源回运，带动母国资源进口。资源寻求型对外直接投资企业在境外开展资源开发、生产加工后回运母国，直接带动母国对相关资源进口的增加，保障母国的资源安全。

二是境外生产加工，带动设备出口。资源寻求型对外直接投资伴随前期境外资源勘探、中期开采、后期加工等系列经营活动，通常境外企业会对母国的机械设备和技术有路径依赖。这势必会带动母国在相关配套设备及零部件等方面的出口。东道国的资源越丰富，经济发展水平越低，对母国相关机械设备和技术出口的需求越大。

四 创新资产寻求型投资对母国贸易规模和结构的影响机制

获取海外技术、人才、品牌等高端生产要素和创新要素是创新资产寻求型对外直接投资的核心目的。该类型对外直接投资最初常见于发达国家之间，近年也出现大量发展中国家企业在发达国家投资并购案例。企业以并购东道国高新技术企业或建立研发中心为主要投资方式，以期实现对外直接投资对母国技术的反哺。如图4-4所示，创新资产寻求型投资对母国贸易规模和结构主要存在以下两种影响机制。

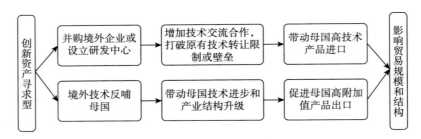

图4-4　创新资产寻求型投资对母国贸易规模和结构的影响机制

一是打破限制和壁垒，带动母国高技术产品进口。创新资产寻求型对外直接投资企业通过在境外设立研发中心或并购当地企业，增加了母国与东道国之间在信息、技术、管理经验等方面的交流与合作，一定程度上打破了东道国原有的技术转让限制或壁垒，能够增加母国自东道国高新技术产品的进口及相关专利技术进口。

二是发挥技术反哺效应，带动母国产业升级。创新资产寻求型投资在增加母国高新技术产品和相关技术专利进口的同时，也能够通过委托研发、联合研发、技术交流等形式，发挥境外企业对母国投资主体的技术反哺作用。有助于带动母国技术进步和产业结构升级，促进高附加值产品的出口。

上述四种类型的投资动机是当前企业国际化进程中最主要的对外直接投资动机。事实上，企业在开展全球布局过程中，可能出于多种动机展开对外直接投资，且在对外投资过程中，动机也可能发生动态变化。

第五章

中国对外直接投资的母国贸易效应分析

前文通过理论研究和机制研究发现，对外直接投资对母国的贸易规模和贸易商品结构均存在影响作用；通过回顾我国对外直接投资和贸易发展历程，发现两者有着相似的发展演进路径，并可能存在互动关系。因此，本章将围绕我国对外直接投资产生的母国贸易规模效应和母国贸易结构效应进行实证研究，并对母国贸易条件效应进行扩展分析。

第一节　对外直接投资的母国贸易规模效应分析

此部分基于 2007～2019 年中国对外直接投资和货物贸易进出口数据，构建贸易引力模型，对近十余年来中国对外直接投资存量与进出口规模之间的相互关系进行检验与判断，得出中国对外直接投资对我国贸易规模的影响效应。

一　模型的设计和建立

贸易引力模型作为经典范式，在国际贸易学术研究领域中被广泛应用。引力模型最早来源于 1687 年牛顿提出的《万有引力定律》，

Tinbergen（1962）将物理学中的引力法则引入贸易领域，构建了贸易引力模型，主要用于分析双边贸易流量变化及其影响因素。经典的贸易引力模型认为，两个经济体间的贸易规模与其自身的经济总量正相关，与两个经济体之间的地理距离负相关。其基本表达式为：

$$X_{ij} = A \ Y_i^{\alpha_1} \cdot Y_j^{\alpha_2} \cdot D_{ij}^{\beta} \qquad (5.1)$$

公式（5.1）中，X_{ij}表示i国与j国间的贸易规模，Y_i与Y_j分别表示i国与j国的 GDP 规模，D_{ij}表示i国与j国之间的地理距离，A、α_1、α_2、β均为常数。根据贸易引力模型的含义，该公式可理解为：i国与j国之间贸易规模与两国的经济总量（GDP 规模）正相关，与两国之间的地理距离负相关。

经过大量学者的研究和应用，贸易引力模型不断得以拓展和完善，更多的控制变量被引入模型中。本书借鉴了顾雪松等（2016）、林创伟等（2019）的研究方法，将对外直接投资、东道国经济发展水平、是否拥有共同语言、是否拥有共同边界等因素引入贸易引力模型中，得到了影响母国贸易规模的贸易引力模型方程：

$$\mathrm{Ln}EXPORT_{ijt} = \alpha_0 + \alpha_1 \mathrm{Ln}OFDI_{ijt} + \alpha_2 \mathrm{Ln}GDPCAP_{jt} + \alpha_3 \mathrm{Ln}TRADE_{jt} +$$
$$\alpha_4 \mathrm{Ln}EXRATE_{jt} + \alpha_5 \mathrm{Ln}INDUSTRY_{jt} + \alpha_6 \mathrm{Ln}DISCAP_{ij} + \alpha_7 FTA_{ijt} +$$
$$\alpha_8 CONTIG_{ijt} + \alpha_9 COMLANG_{ijt} + d_i + v_t + \varepsilon_{ijt}$$
$$(j = 1,2,3,\cdots,N; t = 1,2,3,\cdots,T) \qquad (5.2)$$

$$\mathrm{Ln}IMPORT_{ijt} = \alpha_0 + \alpha_1 \mathrm{Ln}OFDI_{ijt} + \alpha_2 \mathrm{Ln}GDPCAP_{jt} + \alpha_3 \mathrm{Ln}TRADE_{jt} +$$
$$\alpha_4 \mathrm{Ln}EXRATE_{jt} + \alpha_5 \mathrm{Ln}INDUSTRY_{jt} + \alpha_6 \mathrm{Ln}DISCAP_{ij} + \alpha_7 FTA_{ijt} +$$
$$\alpha_8 CONTIG_{ij} + \alpha_9 COMLANG_{ij} + d_i + v_t + \varepsilon_{ijt}$$
$$(j = 1,2,3,\cdots,N; t = 1,2,3,\cdots,T) \qquad (5.3)$$

其中，$EXPORT_{ijt}$表示第t年母国i对东道国j的出口总额，$IMPORT_{ijt}$表示第t年母国i自东道国j的进口总额，是模型的被解释变量。$OFDI_{ijt}$表示第t年母国i对东道国j的对外直接投资存量，是模型的核心解释变量。

控制变量 $GDPCAP_{jt}$ 表示第 t 年东道国 j 的人均国内生产总值，$TRADE_{jt}$ 表示第 t 年东道国 j 的贸易开放度，$EXRATE_{jt}$ 表示第 t 年东道国 j 的实际有效汇率水平，$INDUSTRY_{jt}$ 表示第 t 年东道国 j 的工业生产指数，$DISCAP_{ij}$ 表示母国 i 首都与东道国 j 首都之间的地理距离。

虚拟变量 FTA_{ijt} 表示母国 i 与东道国 j 之间是否已签署自贸协定，$CONTIG_{ij}$ 表示母国 i 与东道国 j 之间是否有共同的地理边界（即接壤），$COMLANG_{ij}$ 表示母国 i 与东道国 j 之间是否有共同的语言。d_i 表示个体效应，v_t 表示时间效应，ε_{ijt} 为扰动项。该模型变量的含义和具体表述详见表 5 - 1。

为降低模型异方差对参数估计产生的影响，对模型中被解释变量 $EXPORT_{ijt}$ 和 $IMPORT_{ijt}$，核心解释变量 $OFDI_{ijt}$，控制变量 $GDPCAP_{jt}$、$TRADE_{jt}$、$INDUSTRY_{jt}$、$EXRATE_{jt}$ 和 $DISCAP_{ij}$ 进行对数变换。

表 5 - 1　中国 OFDI 母国贸易规模效应模型变量选取和描述

变量类型	变量名称	变量含义
被解释变量	货物贸易出口总额（$EXPORT_{ijt}$）	该变量表示第 t 年母国 i 对东道国 j 的货物贸易出口规模
	货物贸易进口总额（$IMPORT_{ijt}$）	该变量表示第 t 年母国 i 对东道国 j 的货物贸易进口规模
核心解释变量	对外直接投资存量（$OFDI_{ijt}$）	该变量表示第 t 年母国 i 对东道国 j 的对外直接投资存量。考虑到历年对外直接投资流量的波动性较大，且投资的母国经济效应可能存在滞后性，故选择对外直接投资存量代替流量，衡量母国对东道国投资规模的变化
控制变量	东道国人均 GDP 水平（$GDPCAP_{jt}$）	该变量表示第 t 年东道国 j 的人均 GDP 水平，作为衡量经济发展水平的指标。一般而言，经济发展水平越高，需求和供给能力越强，且经济发展水平不同，则对低、中、高技术产品的需求程度和供给能力不同
	东道国贸易开放度（$TRADE_{jt}$）	该变量表示第 t 年东道国 j 的贸易开放度，根据贸易开放度的含义，用东道国货物和服务贸易进出口总额占 GDP 的比重衡量。东道国国际贸易的开放程度越高，则开展贸易面临的壁垒越小，该指标对母国贸易规模的预期影响为正

续表

变量类型	变量名称	变量含义
控制变量	东道国工业生产指数（$INDUSTRY_{jt}$）	该变量表示第 t 年东道国 j 的工业生产指数（Industrial Production Index），该指标是衡量制造业、矿业与公共事业实质产出的重要经济指标，是反映经济周期变化的重要标志，可用该指数上升或者下降的幅度来衡量经济复苏或衰退的强度，该指标对母国贸易规模的预期影响为正
	东道国汇率水平（$EXRATE_{jt}$）	该变量表示第 t 年东道国 j 货币相对于美元的实际有效汇率水平（Real Effective Exchange Rate），衡量汇率因素对国际贸易规模的影响[1]。在其他条件不变的情况下，汇率水平的改变影响贸易成本，母国 i 对东道国货币贬值将促进其对东道国出口，反之则促进其自东道国进口
	国家首都间的地理距离（$DISCAP_{ij}$）	该变量表示母国 i 和东道国 j 两国首都之间的地理距离，用于衡量贸易运输成本。一般而言，两国之间的地理距离越远，贸易成本越高，对贸易的抑制作用越明显，该指标对母国贸易规模的预期影响为负
虚拟变量	是否签订自由贸易协定（FTA_{ijt}）	该变量表示第 t 年母国 i 和东道国 j 是否签订了自由贸易协定，用来反映两国之间的经济开放和贸易便利化程度，衡量制度因素对两国贸易规模的影响，预期影响为正。若协定第 t 年生效，则第 t 年及之后年份取值为 1，之前的年份取值为 0
	是否拥有共同语言[2]（$COMLANG_{ij}$）	该变量表示母国 i 和东道国 j 是否拥有共同语言，拥有时取 1，反之取 0。该指标反映了文化因素对双边贸易的影响，当两国使用共同语言时，贸易成本下降
	是否拥有共同边界（$CONTIG_{ij}$）	该变量表示母国 i 和东道国 j 是否拥有共同边界，拥有时取 1，反之取 0。该变量用来描述相对地理位置因素对两国间贸易规模的影响，拥有共同边界时，贸易成本下降

[1]实际有效汇率水平表示 1 美元兑换东道国货币的数量，故变量 $EXRATE_{jt}$ 上升，表明东道国货币相对于美元贬值。由于中国对外贸易多以美元结算，且本书模型中被解释变量单位均为美元，故选择以美元衡量的实际有效汇率水平。

[2]对于是否拥有共同语言，国际通行的判断标准为：如果两国国民使用一种共同语言，且两国国内说这种语言的人口比例均超过 9%，则判定两国拥有共同语言。

二　数据来源与数据处理

在数据来源上，中国对东道国的货物贸易出口和进口数据来自中国海关统计，中国对东道国的对外直接投资存量数据来源于历年《中国对外直接投资统计公报》，东道国人均 GDP 水平、贸易开放度、工业生产指数的数据来自世界银行统计数据库，东道国汇率水平的数据来自牛津经济全球经济数据库，国家首都间的地理距离、是否拥有共同语言、是否拥有共同边界的数据均来自法国世界经济研究统计数据库，是否签订自由贸易协定来自商务部中国自由贸易区服务网（详见表 5 – 2）。

表 5 – 2　中国 OFDI 母国贸易规模效应模型变量选取和数据来源

序号	变量名称	单位	数据来源
1	货物贸易出口总额（$EXPORT_{ijt}$）	千美元	中国海关统计
2	货物贸易进口总额（$IMPORT_{ijt}$）	千美元	中国海关统计
3	对外直接投资存量（$OFDI_{ijt}$）	千美元	《中国对外直接投资统计公报》
4	东道国人均 GDP 水平（$GDPCAP_{jt}$）	千美元	世界银行统计数据库（World Bank Open Data）
5	东道国贸易开放度（$TRADE_{jt}$）	Index	世界银行统计数据库（World Bank Open Data）
6	东道国工业生产指数（$INDUSTRY_{jt}$）	Index	世界银行统计数据库（World Bank Open Data）
7	东道国汇率水平（$EXRATE_{jt}$）	Index	牛津经济全球经济数据库（Oxford Economics Global Economic Databank）
8	国家首都间的地理距离（$DISCAP_{ij}$）	千米	法国世界经济研究统计数据库（CEPII Database）
9	是否签订自由贸易协定（FTA_{ijt}）	—	商务部中国自由贸易区服务网 http://fta. mofcom. gov. cn/
10	是否拥有共同语言（$COMLANG_{ij}$）	—	法国世界经济研究统计数据库（CEPII Database）
11	是否拥有共同边界（$CONTIG_{ij}$）	—	法国世界经济研究统计数据库（CEPII Database）

在数据处理上，货物贸易出口总额、货物贸易进口总额与对外直接投资存量是本模型研究的主要变量，因而为保证数据的完整性，对数据做如下处理：

一是根据核心解释变量确定样本时间跨度。在数据覆盖的时间和国别样本选择上均以 OFDI 存量数据的可获得性和实际经济意义作为重要考量。2007 年，我国 OFDI 存量首次突破 1000 亿美元，无论从历年增速还是国别覆盖的广度上看，2007 年后的对外直接投资进入发展快车道，探讨其母国效应更具现实意义。因此，在时间跨度上，选择 2007~2019 年共计 13 年的数据。

二是获取原始样本数据。根据中国海关统计，本书共获取了中国对全球 223 个国家（地区）2007~2019 年货物进出口的面板数据；根据《中国对外直接投资统计公报》，得到了 2007~2019 年中国对全球 191 个国家（地区）的 OFDI 存量的面板数据。其他解释变量均为 2007~2019 年中国与全球 191 个国家（地区）各类指标的面板数据。

三是剔除主要研究变量的样本缺失值或异常值。为保证货物贸易出口额、货物贸易进口额、对外直接投资存量及主要控制变量数据的完整性，首先将对外直接投资存量指标中的缺失值和极低的异常值，以及中国香港、开曼群岛、英属维尔京群岛等全球离岸中心样本①剔除；其次，在剩余样本中将货物贸易出口额、进口额指标中存在缺失值的样本剔除；最后，将东道国工业生产指数、东道国汇

---

① 我国官方公布的 OFDI 统计，对于投资国别（地区）的判定是以资金流向的首个目的地，而不是以最终目的地作为判定标准。企业在实际开展对外直接投资活动中，由于离岸中心具有税收政策优惠、资本跨境流动管理宽松、企业注册服务便捷等特点，更倾向于首先投向中国香港、开曼群岛、英属维尔京群岛等全球离岸中心，而后再投向最终目的地。截至 2019 年，我国在上述三大离岸中心投资占我国对外直接投资存量的比重近 80%，我国在部分国别（地区）的实际投资存量一定程度上被低估了。为最大限度规避上述问题对模型造成的影响，在国别（地区）选取上，将中国香港、开曼群岛、英属维尔京群岛等全球离岸中心排除在外。

率水平等控制变量指标中存在多个缺失值的样本剔除，处理后剩余样本数为 91 个。

四是补充其他控制变量的缺失值。在确定了样本个数后，由于 91 个国家（地区）的其他控制变量指标仍存在个别缺失值的情况，本书采用外推法和内插法对样本缺失值进行合理补充，以保障样本总体的完整性。

五是对主要变量进行对数变换。为降低模型异方差对参数估计产生的影响，对模型中被解释变量 $EXPORT_{ijt}$ 和 $IMPORT_{ijt}$，核心解释变量 $OFDI_{ijt}$，控制变量 $GDPCAP_{jt}$、$TRADE_{jt}$、$INDUSTRY_{jt}$、$EXRATE_{jt}$ 和 $DISCAP_{ij}$ 进行对数变换。

最终，经上述一系列数据处理后，OFDI 的母国贸易规模效应模型采用 2007～2019 年中国与全球 91 个国家（地区）之间 11 个变量指标的面板数据，样本容量为 13013 个。

三 实证研究方法的选取

本书选择面板回归模型开展实证分析，相较于时间序列模型和截面回归模型，面板回归模型可以同时反映变量在截面和时间二维空间上的变化特征，可更好地保障估计的准确性。此部分首先对面板数据进行平稳性检验和协整检验，随后选择混合回归模型（Pooled OLS）、固定效应模型（Fixed Effects）和随机效应模型（Random Effects）进行估计，并通过 F 检验、LM 检验和 Hausman 检验判定上述三类模型中更为有效的估计结果。

（一）平稳性检验

回归模型建立在平稳数据变量的基础上，非平稳变量可能导致"伪回归"等诸多问题。面板数据同时反映了时间与截面两个维度的信息，也可能存在单位根导致的数据非平稳，进而产生"伪回归"现象。因此，在进行面板回归分析前，需要对面板数据进行平稳性检验，即通过单位根检验来判定数据是否平稳。本书同时采用针对同质面板的 LLC 检验和针对异质面板的 IPS 检验方法，若两种检验均拒绝存在单位根的原假设，则面板数据是平稳的，反之则不平稳。

由 OFDI 母国贸易规模效应模型主要变量数据序列单位根检验结果可知，被解释变量 $LnEXPORT_{ijt}$ 和 $LnIMPORT_{ijt}$，核心解释变量 $LnOFDI_{ijt}$，控制变量 $LnGDPCAP_{jt}$、$LnINDUSTRY_{jt}$、$LnEXRATE_{jt}$ 均通过了平稳性检验。上述变量 LLC 检验和 IPS 检验统计量的伴随概率值（P 值）均在 1% 的显著性水平下显著，拒绝了"各截面序列具有相同单位根"或"所有截面序列都有单位根"的原假设，即认为上述变量的原始序列是平稳的。控制变量 $LnTRADE_{jt}$ 数据序列未能通过平稳性检验，在对其进行一阶差分处理后，一阶差分序列通过了平稳性检验（详见表 5-3）。国家首都间的地理距离、是否拥有共同语言、是否拥有共同边界等短期内不随时间改变的变量无须进行平稳性检验。

表 5-3　中国 OFDI 母国贸易规模效应模型面板数据的平稳性检验结果

变量	差分阶数	同质面板的单位根检验		异质面板的单位根检验		结论
		LLC 检验	P 值	IPS 检验	P 值	
$LnOFDI_{ijt}$	0	-16.4700	0.0000	-14.0791	0.0000	平稳
$LnGDPCAP_{jt}$	0	-9.9757	0.0000	-3.9073	0.0000	平稳
$LnTRADE_{jt}$	0	-8.6856	0.0000	-1.0634	0.1438	非平稳
	1	-32.2349	0.0000	-13.1037	0.0000	平稳
$LnINDUSTRY_{jt}$	1	-2.1680	0.0151	-3.3566	0.0004	平稳
$LnEXRATE_{jt}$	1	-11.9410	0.0000	-15.0819	0.0000	平稳
$LnEXPORT_{ijt}$	0	-23.6641	0.0000	-8.1239	0.0000	平稳
$LnIMPORT_{ijt}$	0	-17.9947	0.0000	-18.4214	0.0000	平稳

（二）协整检验

为避免传统计量回归方法可能存在的"伪回归"问题，除对变量数据序列进行平稳性检验外，也须进行协整检验。协整检验的思想是：如果两个或多个同阶的时间序列变量在某种线性组合的情况下能够组成一个相对平稳的误差序列，则说明它们之间存在长期均衡的协整关系。Kao（1999）利用推广的 DF 和 ADF 提出了检验面板数据协整关系的方法，利用静态面板回归的残差来构建统计量；Pedroni（2004）在动态多元面板回归中没有协整关系的假设下构建了七种基于残差的面板协整检验方法，且适用于异质面板检验。

本书基于面板数据的特点，采用 Kao 检验和 Pedroni 检验两种检验方式，考察模型的被解释变量 $LnEXPORT_{ijt}$ 和 $LnIMPORT_{ijt}$，与主要解释变量 $LnOFDI_{ijt}$、$LnGDPCAP_{jt}$、$LnTRADE_{jt}$、$LnINDUSTRY_{jt}$ 和 $LnEXRATE_{jt}$ 之间是否存在长期稳定的协整关系。由表 5-4 的检验结果可知，上述变量 Kao 检验下五种检验统计量中至少有三种对应的 P 值小于 0.05，Pedroni 检验下三种检验统计量对应的 P 值均小于 0.05，遵循多数原则，可在 5% 的水平上拒绝"不存在协整关系"的原假设。因此，模型的主要变量之间存在长期稳定的均衡关系，在此基础上得到的面板回归结果是合理、有效的。

表 5-4　中国 OFDI 母国贸易规模效应模型面板数据的协整检验结果

被解释变量	检验类型	统计量	数值	P 值	结论
$LnEXPORT_{ijt}$	Kao 检验	Modified Dickey-Fuller t	-1.2961	0.0975	存在协整关系
		Dickey-Fuller t	-3.7942	0.0001	
		Augmented Dickey-Fuller t	-6.2012	0.0000	
		Unadjusted Modified Dickey-Fuller t	-2.2993	0.0107	
		Unadjusted Dickey-Fuller t	-4.4036	0.0000	
	Pedroni 检验	Modified Phillips-Perron t	12.2846	0.0000	存在协整关系
		Philips-Perron t	-9.0209	0.0000	
		Augmented Dickey-Fuller t	-9.8598	0.0000	

被解释变量	检验类型	统计量	数值	P 值	结论
$\text{Ln}IMPORT_{ijt}$	Kao 检验	Modified Dickey-Fuller t	−2.0764	0.0189	存在协整关系
		Dickey-Fuller t	−5.8037	0.0000	
		Augmented Dickey-Fuller t	−4.8550	0.0000	
		Unadjusted Modified Dickey-Fuller t	−5.7646	0.0000	
		Unadjusted Dickey-Fuller t	−7.8381	0.0000	
	Pedroni 检验	Modified Phillips-Perron t	12.4460	0.0000	存在协整关系
		Philips-Perron t	−9.2366	0.0000	
		Augmented Dickey-Fuller t	−10.0080	0.0000	

（三）面板回归模型选择

此部分对 OFDI 母国贸易规模效应模型进行了三类面板回归估计，分别为混合回归模型（Pooled OLS）、固定效应模型（Fixed Effects）和随机效应模型（Random Effects）。首先对上述三类模型进行回归估计（估计结果详见附录 C），随后进行 F 检验、LM 检验和 Hausman 检验，判定上述三类模型哪一种更为有效，并根据检验结果确定采用的回归估计结果。具体而言，通过基于固定效应模型的 F 检验结果，判定混合回归模型与固定效应模型哪种更有效；通过基于随机效应模型的 LM 检验结果，判定混合回归模型与随机效应模型哪种更有效；通过 Hausman 检验结果，判定固定效应模型与随机效应模型是否存在系统性差异，即是否选取固定效应模型。

四 实证结果分析

（一）出口效应

首先对 OFDI 出口规模效应的引力模型进行混合回归、固定效应、随机效应三类估计（回归结果见表 5 - 5），随后根据检验判定三类结果中哪类更为有效。F 检验的统计量为 208.93，P 值小于 0.05，因而拒绝混合回归模型比固定效应模型更有效的假设，固定效应模型优于混合回归模型；LM 检验的统计量为 4362.16，P 值小于 0.05，因而拒绝混合回归模型比随机效应模型更有效的假设，随机效应模型优于混合回归模型；Hausman 检验的统计量为 33.69，P 值小于 0.05，拒绝固定效应模型与随机效应模型不存在系统性差异的原假设，固定效应模型优于随机效应模型。因此，最终选取固定效应模型的估计结果。

从模型参数估计量看，核心解释变量 $LnOFDI_{ijt}$ 的回归系数为 0.109，在 1% 的显著性水平下通过 t 检验，这表明在其他解释变量不变时，中国 OFDI 存量每增加 1%，货物贸易出口总额增加 0.109%。上述结果表明，2007～2019 年，中国 OFDI 存量与货物贸易出口之间呈互补关系，对外直接投资产生了出口引致效应。从主要控制变量看，东道国人均 GDP 水平、东道国贸易开放度、东道国工业生产指数均对母国货物贸易出口产生了正向影响，多数变量符号与预期一致。

表 5 - 5　中国 OFDI 出口规模效应的估计结果

变量	被解释变量：出口总额（$LnEXPORT_{ijt}$）		
	混合回归模型	固定效应模型	随机效应模型
$LnOFDI_{ijt}$	0.373 *** (0.0185)	0.109 *** (0.00789)	0.115 *** (0.00797)
$LnGDPCAP_{jt}$	0.248 *** (0.0278)	0.575 *** (0.0616)	0.528 *** (0.0488)
$LnTRADE_{jt}$	0.434 (0.358)	0.183 ** (0.0913)	0.181 * (0.0927)
$LnINDUSTRY_{jt}$	- 0.0964 (0.0987)	0.668 *** (0.0592)	0.674 *** (0.0550)

续表

变量	被解释变量、出口总额（$\text{Ln}EXPORT_{ijt}$）		
	混合回归模型	固定效应模型	随机效应模型
$\text{Ln}EXRATE_{jt}$	-0.751^{***} （0.0899）	-0.0123 （0.0519）	-0.0239 （0.0508）
$\text{Ln}DISCAP_{ij}$	-0.763^{***} （0.0759）	—	-0.700^{***} （0.244）
$CONTIG_{ij}$	0.472^{***} （0.162）	—	1.309^{**} （0.514）
$COMLANG_{ij}$	0.421 （0.260）	—	1.158 （0.810）
FTA_{ijt}	-0.0284 （0.111）	-0.00069 （0.0835）	0.00937 （0.0829）
常数项	20.83^{***} （1.020）	9.631^{***} （0.331）	15.83^{***} （2.228）
观测值 N	1092	1092	1092
R^2	0.508	0.499	
F 检验	208.93 （0.0000）		
LM 检验			4362.16 （0.0000）
Hausman 检验		33.69 （0.0000）	

注：$*p<0.1$，$**p<0.05$，$***p<0.01$，分别表示统计量在 10%、5% 和 1% 的显著性水平上显著，回归系数下方括号内为标准误。Hausman 检验和 LM 检验均以 x^2 值为统计量，括号内为相应的伴随概率 P 值。由于变量 $\text{Ln}DISCAP$、$CONTIG$、$COMLANG$ 可能存在多重共线性，故将其从固定效应模型中略去，下同。

（二）进口效应

首先对 OFDI 进口规模效应的引力模型进行混合回归、固定效应、随机效应三类估计，回归结果见表 5 - 6，随后根据检验判定三类结果中哪类更为有效。F 检验的统计量为 141.93，伴随概率 P 值小于 0.05，固定效应模型优于混合回归模型；LM 检验的统计量为

4463.94，P 值小于 0.05，随机效应模型优于混合回归模型；Hausman 检验的统计量为 24.36，P 值小于 0.05，固定效应模型优于随机效应模型。因此，最终选取固定效应模型的估计结果。

从模型参数估计量看，核心解释变量 $\mathrm{Ln}OFDI_{ijt}$ 的回归系数为 0.162，在 1% 的显著性水平下通过 t 检验，这表明在其他解释变量不变时，中国 OFDI 存量每增加 1%，货物贸易进口总额增加 0.162%。上述结果表明，2007 ~ 2019 年，中国 OFDI 存量与货物贸易进口之间呈互补关系，对外直接投资产生了反向进口效应。从主要控制变量看，东道国人均 GDP 水平、东道国贸易开放度、东道国工业生产指数均对中国货物贸易进口产生了正向影响，多数变量符号与预期一致，模型总体通过经济意义检验。

最后，通过比较中国 OFDI 出口规模效应（表 5 - 5）和进口规模效应（表 5 - 6）的回归系数可发现，在控制了其他因素后，中国 OFDI 对于母国贸易的反向进口效应要大于出口引致效应。

表 5 - 6　中国 OFDI 进口规模效应的估计结果

变量	被解释变量：进口总额（$\mathrm{Ln}IMPORT_{ijt}$）		
	混合回归模型	固定效应模型	随机效应模型
$\mathrm{Ln}OFDI_{ijt}$	0.437 *** (0.0244)	0.162 *** (0.0119)	0.168 *** (0.0120)
$\mathrm{Ln}GDPCAP_{jt}$	0.527 *** (0.0367)	0.786 *** (0.0933)	0.756 *** (0.0696)
$\mathrm{Ln}TRADE_{jt}$	0.282 (0.472)	0.504 *** (0.138)	0.499 *** (0.139)
$\mathrm{Ln}INDUSTRY_{jt}$	0.0206 (0.130)	0.782 *** (0.0895)	0.771 *** (0.0814)
$\mathrm{Ln}EXRATE_{jt}$	- 0.812 *** (0.119)	- 0.0336 (0.0785)	- 0.0598 (0.0758)
$\mathrm{Ln}DISCAP_{ij}$	- 0.511 *** (0.100)	—	- 0.557 * (0.325)

续表

变量	被解释变量：进口总额（$\mathrm{Ln}IMPORT_{ijt}$）		
	混合回归模型	固定效应模型	随机效应模型
$CONTIG_{ij}$	0.467 ** (0.213)	—	1.397 ** (0.684)
$COMLANG_{ij}$	0.324 (0.342)	—	1.587 (1.078)
FTA_{ijt}	0.390 *** (0.147)	−0.197 (0.126)	−0.149 (0.124)
常数项	16.26 *** (1.345)	7.539 *** (0.500)	12.54 *** (2.970)
观测值 N	1092	1092	1092
R^2	0.488	0.436	
F 检验	141.93 (0.0000)		
LM 检验			4463.94 (0.0000)
Hausman 检验		24.36 (0.0010)	

注：* $p < 0.1$，** $p < 0.05$，*** $p < 0.01$，分别表示统计量在 10%、5% 和 1% 的显著性水平上显著，回归系数下方括号内为标准误。Hausman 检验和 LM 检验均以 x^2 值为统计量，括号内为相应的伴随概率 P 值。

五　稳健性检验

此部分选取变量 $\mathrm{Ln}OFDI_{ijt}$ 的滞后一期和滞后二期作为核心解释变量，对引力模型进行估计。考虑到企业的生命周期，中资企业在东道国投资可能在当年尚不具备生产能力，需要经过一至两年才能投产并开展国际贸易，因此，部分当年投资可能不会立即对贸易产生影响或影响较小。选择 $\mathrm{Ln}OFDI_{ijt}$ 的滞后一期和滞后二期进行估计，既可以控制可能的内生性问题，也可以兼顾对外直接投资转化为实际生产能力所需的时间滞后问题（林志帆，2016），更全面地反映OFDI 对母国贸易的影响。

由表 5 - 7 的回归结果可知，滞后期的 OFDI 对货物贸易出口和进口的影响仍然是显著的，核心解释变量 $LnOFDI_{ijt}$ 的回归系数符号与前文表 5 - 5、表 5 - 6 中的一致，东道国人均 GDP 水平（$GDPCAP_{jt}$）、东道国贸易开放度（$TRADE_{jt}$）、东道国汇率水平（$EXRATE_{jt}$）等控制变量的符号也与前文表 5 - 5、表 5 - 6 中的基本一致。因此，中国 OFDI 母国贸易规模效应的估计结果是相对稳健的。此外，通过观察核心解释变量 $LnOFDI_{ijt}$ 的回归系数，可以发现滞后一期和滞后二期的 $LnOFDI_{ijt}$ 对母国出口和进口的带动作用仅略小于当期 $LnOFDI_{ijt}$，说明对外直接投资对母国贸易的带动作用是持续的。

表 5 - 7　中国 OFDI 母国贸易规模效应估计结果（加入滞后期）

变量	出口总额（$LnEXPORT_{ijt}$）		进口总额（$LnIMPORT_{ijt}$）	
$LnOFDI_{ijt}$滞后一期	0.0996 *** （0.00734）		0.162 *** （0.0109）	
$LnOFDI_{ijt}$滞后二期		0.0836 *** （0.00744）		0.122 *** （0.0106）
$LnGDPCAP_{jt}$	0.594 *** （0.0618）	0.655 *** （0.0632）	0.807 *** （0.0917）	0.898 *** （0.0900）
$LnTRADE_{jt}$	0.188 ** （0.0916）	0.264 *** （0.0899）	0.510 *** （0.136）	0.550 *** （0.128）
$LnINDUSTRY_{jt}$	0.646 *** （0.0598）	0.649 *** （0.0620）	0.721 *** （0.0887）	0.648 *** （0.0882）
$LnEXRATE_{jt}$	- 0.0183 （0.0522）	- 0.0570 （0.0529）	- 0.0590 （0.0774）	- 0.0976 （0.0753）
FTA_{ijt}	- 0.000927 （0.0838）	0.00186 （0.0868）	- 0.222 * （0.124）	- 0.171 （0.124）
常数项	9.878 *** （0.332）	10.16 *** （0.347）	7.943 *** （0.493）	8.848 *** （0.494）

变量	出口总额（$LnEXPORT_{ijt}$）		进口总额（$LnIMPORT_{ijt}$）	
观测值 N	1092	1001	1092	1001
R^2	0.496	0.486	0.454	0.430
面板回归类型	固定效应模型	固定效应模型	固定效应模型	固定效应模型

注：$*p<0.1$，$**p<0.05$，$***p<0.01$，分别表示统计量在10%、5%和1%的显著性水平上显著，回归系数下方括号内为标准误。

六　主要结论

本节以出口规模效应和进口规模效应为切入点，通过建立引力模型，实证分析了2007～2019年我国对外直接投资对母国货物贸易规模的影响。通过本节的研究可以得到以下结论。

（1）我国OFDI对母国货物贸易出口和进口规模均产生了正向促进作用，OFDI存量与货物贸易进出口之间呈现互补效应的影响关系。

（2）从影响程度看，通过比较回归系数，我国OFDI对母国货物贸易进口的促进效应大于出口的促进效应。

根据我国OFDI与货物贸易规模成互补关系的研究结论，开展对外直接投资，在拓展全球纵深的发展空间，推动深度参与全球化进程的同时，也将成为扩大我国货物贸易进出口规模、巩固贸易大国地位的重要路径之一。

第二节　对外直接投资的母国贸易结构效应
分析：按 BEC 分类

本章第一节的分析表明，2007～2019年我国OFDI与货物贸易进出口规模之间表现为互补关系。OFDI对不同种类商品的贸易规模效应存在差异，将导致贸易商品结构随之改变。本节将聚焦

BEC 分类下的贸易商品结构，采用 2007～2019 年中国与 86 个国家投资和贸易的面板数据，探讨对外直接投资对我国贸易结构的影响效应。

一　模型的设计与建立

参照本章第一节对外直接投资母国贸易规模效应模型的设计思路，本节仍借鉴引力模型的研究方法，将被解释变量由进出口规模替换为进出口商品结构，核心解释变量、控制变量、虚拟变量均保持不变。贸易商品结构采用"广泛经济类别分类"，将 262 种产品按照最终用途分为消费品（Consumption Goods）、中间品（Intermediate Goods）和资本品（Capital Goods）三个门类。这一分类视角可以体现一国融入全球产业链和供应链体系的情况，实现对一国贸易商品结构较为直观的反映和描述。

根据本章第一节的表述，可将对外直接投资母国贸易结构效应模型方程按照消费品、中间品、资本品类别逐一表示，从而得到中国 OFDI 与上述三类商品进口和出口规模的贸易引力模型方程，其余变量及其含义、取值方法与前文 OFDI 母国贸易规模效应模型相同，在此不做赘述。方程的具体表示如下。

（1）OFDI 与消费品（$EXPCON_{ijt}$）、中间品（$EXPINT_{ijt}$）和资本品（$EXPCAP_{ijt}$）出口的贸易引力模型方程

$$\mathrm{Ln}EXPCON_{ijt} = \alpha_0 + \alpha_1 \mathrm{Ln}OFDI_{ijt} + \alpha_2 \mathrm{Ln}GDPCAP_{jt} + \alpha_3 \mathrm{Ln}TRADE_{jt} +$$
$$\alpha_4 \mathrm{Ln}EXRATE_{jt} + \alpha_5 \mathrm{Ln}INDUSTRY_{jt} + \alpha_6 \mathrm{Ln}DISCAP_{ij} + \alpha_7 FTA_{ijt} +$$
$$\alpha_8 CONTIG_{ij} + \alpha_9 COMLANG_{ij} + d_i + v_t + \varepsilon_{ijt}$$
$$(j = 1,2,3,\cdots,N; t = 1,2,3,\cdots,T) \quad\quad (5.4)$$

$$\mathrm{Ln}EXPINT_{ijt} = \alpha_0 + \alpha_1 \mathrm{Ln}OFDI_{ijt} + \alpha_2 \mathrm{Ln}GDPCAP_{jt} + \alpha_3 \mathrm{Ln}TRADE_{jt} +$$
$$\alpha_4 \mathrm{Ln}EXRATE_{jt} + \alpha_5 \mathrm{Ln}INDUSTRY_{jt} + \alpha_6 \mathrm{Ln}DISCAP_{ij} + \alpha_7 FTA_{ijt} +$$
$$\alpha_8 CONTIG_{ij} + \alpha_9 COMLANG_{ij} + d_i + v_t + \varepsilon_{ijt}$$
$$(j = 1,2,3,\cdots,N; t = 1,2,3,\cdots,T) \quad\quad (5.5)$$

$$\mathrm{Ln}EXPCAP_{ijt} = \alpha_0 + \alpha_1 \mathrm{Ln}OFDI_{ijt} + \alpha_2 \mathrm{Ln}GDPCAP_{jt} + \alpha_3 \mathrm{Ln}TRADE_{jt} +$$
$$\alpha_4 \mathrm{Ln}EXRATE_{jt} + \alpha_5 \mathrm{Ln}INDUSTRY_{jt} + \alpha_6 \mathrm{Ln}DISCAP_{ij} + \alpha_7 FTA_{ijt} +$$
$$\alpha_8 CONTIG_{ij} + \alpha_9 COMLANG_{ij} + d_i + v_t + \varepsilon_{ijt}$$
$$(j = 1,2,3,\cdots,N; t = 1,2,3,\cdots,T) \qquad (5.6)$$

（2）OFDI 与消费品（$IMPCON_{ijt}$）、中间品（$IMPINT_{ijt}$）、资本品（$IMPCAP_{ijt}$）进口的贸易引力模型方程

$$\mathrm{Ln}IMPCON_{ijt} = \alpha_0 + \alpha_1 \mathrm{Ln}OFDI_{ijt} + \alpha_2 \mathrm{Ln}GDPCAP_{jt} + \alpha_3 \mathrm{Ln}TRADE_{jt} +$$
$$\alpha_4 \mathrm{Ln}EXRATE_{jt} + \alpha_5 \mathrm{Ln}INDUSTRY_{jt} + \alpha_6 \mathrm{Ln}DISCAP_{ij} + \alpha_7 FTA_{ijt} +$$
$$\alpha_8 CONTIG_{ij} + \alpha_9 COMLANG_{ij} + d_i + v_t + \varepsilon_{ijt}$$
$$(j = 1,2,3,\cdots,N; t = 1,2,3,\cdots,T) \qquad (5.7)$$

$$\mathrm{Ln}IMPINT_{ijt} = \alpha_0 + \alpha_1 \mathrm{Ln}OFDI_{ijt} + \alpha_2 \mathrm{Ln}GDPCAP_{jt} + \alpha_3 \mathrm{Ln}TRADE_{jt} +$$
$$\alpha_4 \mathrm{Ln}EXRATE_{jt} + \alpha_5 \mathrm{Ln}INDUSTRY_{jt} + \alpha_6 \mathrm{Ln}DISCAP_{ij} + \alpha_7 FTA_{ijt} +$$
$$\alpha_8 CONTIG_{ij} + \alpha_9 COMLANG_{ij} + d_i + v_t + \varepsilon_{ijt}$$
$$(j = 1,2,3,\cdots,N; t = 1,2,3,\cdots,T) \qquad (5.8)$$

$$\mathrm{Ln}IMPCAP_{ijt} = \alpha_0 + \alpha_1 \mathrm{Ln}OFDI_{ijt} + \alpha_2 \mathrm{Ln}GDPCAP_{jt} + \alpha_3 \mathrm{Ln}TRADE_{jt} +$$
$$\alpha_4 \mathrm{Ln}EXRATE_{jt} + \alpha_5 \mathrm{Ln}INDUSTRY_{jt} + \alpha_6 \mathrm{Ln}DISCAP_{ij} + \alpha_7 FTA_{ijt} +$$
$$\alpha_8 CONTIG_{ij} + \alpha_9 COMLANG_{ij} + d_i + v_t + \varepsilon_{ijt}$$
$$(j = 1,2,3,\cdots,N; t = 1,2,3,\cdots,T) \qquad (5.9)$$

二　数据来源与数据处理

在数据来源上，中国对东道国的消费品、中间品、资本品出口和进口数据均来自联合国商品贸易统计数据库（UN Comtrade），单位为千美元。对外直接投资存量、东道国人均 GDP 水平、东道国贸易开放度、东道国工业生产指数、国家首都间的地理距离、是否拥有共同语言、是否拥有共同边界等 9 个变量的数据来源均与前文 OF-DI 母国贸易规模效应模型相同。在实证分析前对数据进行以下处理：

一是对出口和进口商品进行合并分类。根据联合国商品贸易统计数据库（Rev. 2）中的 BEC 分类法，基于 SITC 3 位数商品分类标

准，将 17 大类商品根据属性和最终用途分为消费品、中间品和资本品三类，同类商品贸易金额相加。获取了 2007～2019 年中国对全球 223 个国家（地区）的三类商品出口和进口数据。

二是剔除主要研究变量的样本缺失值和异常值。为保证出口、进口和对外直接投资存量等指标数据的完整性，首先剔除了对外直接投资存量指标中的缺失值和极低的异常值，以及中国香港、开曼群岛、英属维尔京群岛等全球离岸中心样本；其次，在剩余样本中将 BEC 分类下三类商品出口额、进口额指标中存在缺失值的样本剔除；最后，将东道国工业生产指数、东道国汇率水平等控制变量指标中存在多个缺失值的样本剔除，处理后剩余样本数为 86 个。

三是补充其他解释变量的缺失值，并对主要变量进行对数变换。在确定了样本个数后，由于 86 个国家（地区）的其他解释变量指标存在个别缺失值的情况，本书采用外推法和内插法对样本缺失值进行合理补充，以保障样本总体的完整性。为降低模型异方差对参数估计产生的影响，对模型中主要变量进行对数变换。

最终，经上述一系列数据处理后，本模型获得的样本数据为 2007～2019 年中国与全球 86 个国家（地区）之间 15 个变量指标的面板数据，样本容量为 16770 个。

三　实证研究方法的选取

与前文一致，为反映变量在截面和时间二维空间上的变化特征，保障估计的准确性，此部分首先对面板数据进行平稳性检验和协整检验，进而选择混合回归模型、固定效应模型和随机效应模型进行估计。

（一）平稳性检验

本节同时采用针对同质面板的 LLC 检验和针对异质面板的 IPS 检验方法，若两种检验均拒绝存在单位根的原假设，则面板数据是平稳的，反之则不平稳。中国 OFDI 母国贸易结构效应模型中，被解释变量 $LnEXPCON_{ijt}$、$LnEXPINT_{ijt}$、$LnEXPCAP_{ijt}$、$LnIMPCON_{ijt}$、$LnIMPINT_{ijt}$ 和 $LnIMPCAP_{ijt}$ 均通过了平稳性检验（检验结果见表 5 - 8）。由第一节的检验结果可知，变量 $LnOFDI_{ijt}$、$LnGDPCAP_{jt}$、$LnINDUSTRY_{jt}$、$LnEXRATE_{jt}$ 在 91 个国家（地区）样本下是平稳的，在本节 86 个国家（地区）样本下依然平稳。$LnTRADE_{jt}$ 在 91 个国家（地区）样本下未能通过平稳性检验，在 86 个样本下同样未能通过检验，在对其进行一阶差分处理后，一阶差分序列通过了平稳性检验。

表 5 - 8　中国 OFDI 母国贸易结构效应模型变量平稳性检验结果（BEC 分类）

变量	差分阶数	同质面板的单位根检验		异质面板的单位根检验		结论
		LLC 检验	P 值	IPS 检验	P 值	
$LnEXPCON_{ijt}$	0	- 23.7971	0.0000	- 9.0428	0.0000	平稳
$LnEXPINT_{ijt}$	0	- 25.4773	0.0000	- 5.4988	0.0000	平稳
$LnEXPCAP_{ijt}$	0	- 10.2000	0.0000	- 4.3847	0.0000	平稳
$LnIMPCON_{ijt}$	0	- 17.3522	0.0000	- 7.2841	0.0000	平稳
$LnIMPINT_{ijt}$	0	- 19.1882	0.0000	- 13.8484	0.0000	平稳
$LnIMPCAP_{ijt}$	0	- 7.9096	0.0000	- 9.6714	0.0000	平稳
$LnTRADE_{jt}$	0	- 8.6018	0.0000	- 0.5436	0.2933	非平稳
	1	- 31.3825	0.0000	- 12.5889	0.0000	平稳

（二）协整检验

与前文中检验方法一致，本节采用 Kao 检验和 Pedroni 检验两种检验方式，考察模型的被解释变量 $LnEXPCON_{ijt}$、$LnEXPINT_{ijt}$、$LnEXFCAP_{ijt}$、$LnIMPCON_{ijt}$、$LnIMPINT_{ijt}$ 和 $LnIMPCAP_{ijt}$，与主要解释变量 $LnOFDI_{ijt}$、$LnGDPCAP_{jt}$、$LnTRADE_{jt}$、$LnINDUSTRY_{jt}$、$LnEXRATE_{jt}$ 之间是否存在长期稳定的协整关系。由检验结果可知，上述变量 Kao 检验下五种检验统计量中至少有三种对应的 P 值小于 0.05，Pedroni

检验下三种检验统计量对应的 P 值均小于 0.05，遵循多数原则，可在 5% 的水平上拒绝 "不存在协整关系" 的原假设（检验结果略）。因此，模型的主要变量之间存在长期稳定的均衡关系，在此基础上得到的面板回归结果是合理、有效的。

（三）面板回归模型选择

与前文一致，本节对 OFDI 母国贸易结构效应模型进行了三类面板回归估计，分别为混合回归模型、固定效应模型和随机效应模型。首先对上述三类模型进行回归估计（估计结果详见附录 C），随后进行 F 检验、LM 检验和 Hausman 检验，判定上述三类模型中哪一种更为有效，并根据检验结果确定采用的回归估计结果。

四 实证结果分析

（一）对出口结构的影响分析

表 5-9 分别给出了中国 OFDI 对消费品、中间品、资本品出口规模效应的估计结果。由 F 检验、LM 检验和 Hausman 检验的结果可知（判断方法同本章第一节模型），应选择固定效应模型的形式进行估计。

从模型参数估计量看，核心解释变量 $LnOFDI_{ijt}$ 对母国消费品、中间品、资本品出口均产生了正向影响，回归系数分别为 0.111、0.146 和 0.0737，在 1% 的显著性水平下通过 t 检验。这表明在其他因素不变的情况下，中国 OFDI 存量每增加 1%，带动消费品、中间品、资本品出口额分别增加 0.111%、0.146% 和 0.074%。主要控制变量东道国人均 GDP 水平、东道国贸易开放度、东道国工业生产指数等对母国三类商品出口产生了一定影响。

上述结果表明，2007~2019 年，中国 OFDI 与母国消费品、中间品、资本品出口之间呈现互补关系，OFDI 有效带动了上述三类商品出口。比较模型的回归系数可知，在控制了其他因素后，中国

OFDI 对于中间品出口的带动作用最突出。上述结果在一定程度上印证了，对外直接投资（特别是效率寻求型和市场寻求型）能够有效带动母国的原材料、零部件等中间品及机械设备等资本品出口，也印证了我国的对外直接投资布局与国内的联动关系显著，即通过在境外布局生产加工环节，带动国内产业链和供应链向境外延伸，也带动我国贸易结构转型升级。

表 5-9   中国 OFDI 母国出口结构效应的估计结果 （BEC 分类）

变量	出口结构		
	消费品 （$\text{Ln}EXPCON_{ijt}$）	中间品 （$\text{Ln}EXPINT_{ijt}$）	资本品 （$\text{Ln}EXPCAP_{ijt}$）
$\text{Ln}OFDI_{ijt}$	0.111 *** (0.0104)	0.146 *** (0.00816)	0.0737 *** (0.00986)
$\text{Ln}GDPCAP_{jt}$	0.729 *** (0.0836)	0.636 *** (0.0654)	0.658 *** (0.0789)
$\text{Ln}TRADE_{jt}$	−0.0825 (0.122)	0.321 *** (0.0954)	0.217 * (0.115)
$\text{Ln}INDUSTRY_{jt}$	0.687 *** (0.0788)	0.612 *** (0.0616)	0.687 *** (0.0744)
$\text{Ln}EXRATE_{jt}$	−0.0334 (0.0695)	−0.0480 (0.0543)	−0.158 ** (0.0656)
FTA_{ijt}	−0.0590 (0.103)	−0.0223 (0.0801)	0.0145 (0.0968)
常数项	8.035 *** (0.432)	8.676 *** (0.338)	9.234 *** (0.408)
观测值 N	1032	1032	1032
面板回归类型	固定效应模型	固定效应模型	固定效应模型

注： * $p < 0.1$， ** $p < 0.05$， *** $p < 0.01$，分别表示统计量在 10%、5% 和 1% 的显著性水平上显著，回归系数下方括号内为标准误。由于变量 $\text{Ln}DISCAP$、$CONTIG$、$COM\text{-}LANG$ 可能存在多重共线性，故将其从固定效应模型中略去。

（二）对进口结构的影响分析

表 5－10 分别给出了中国 OFDI 对母国对消费品、中间品、资本品进口规模效应的估计结果。由 F 检验、LM 检验和 Hausman 检验的结果可知（判断方法详见本章第一节模型），应选择固定效应模型的形式进行估计。

从模型参数估计看，核心解释变量 $LnOFDI_{ijt}$ 对母国消费品、中间品、资本品进口均产生了正向影响，回归系数分别为 0.322、0.143 和 0.149，在 1% 的显著性水平下通过 t 检验。这表明在其他因素不变的情况下，中国 OFDI 存量每增加 1%，带动国内消费品、中间品、资本品进口额分别增加 0.322%、0.143% 和 0.149%。主要控制变量东道国人均 GDP 水平、东道国贸易开放度、东道国工业生产指数等对母国三类商品进口也产生了一定影响。

上述结果表明，2007～2019 年，中国 OFDI 与母国消费品、中间品、资本品进口之间呈互补关系，OFDI 有效带动了国内对上述三类商品的进口。比较模型的回归系数可知，在控制了其他因素后，中国 OFDI 对于消费品进口的带动作用最为突出。上述结果在一定程度上印证了，对外直接投资在促进产品、资源和生产要素回流方面发挥了积极作用。与传统的贸易方式相比，对外直接投资通过主动"走出去"建立合作关系，保障供应渠道稳定，通过扩大进口满足国内企业生产和居民生活的需要。

表 5－10　中国 OFDI 母国进口结构效应的估计结果　（BEC 分类）

变量	进口结构		
	消费品（$LnIMPCON_{ijt}$）	中间品（$LnIMPINT_{ijt}$）	资本品（$LnIMPCAP_{ijt}$）
$LnOFDI_{ijt}$	0.322 *** （0.0247）	0.143 *** （0.0130）	0.149 *** （0.0390）
$LnGDPCAP_{jt}$	0.661 *** （0.198）	0.964 *** （0.104）	1.229 *** （0.312）

续表

变量	进口结构		
	消费品（$\text{Ln}IMPCON_{ijt}$）	中间品（$\text{Ln}IMPINT_{ijt}$）	资本品（$\text{Ln}IMPCAP_{ijt}$）
$\text{Ln}TRADE_{jt}$	-0.131 (0.289)	0.545 *** (0.152)	-0.378 (0.456)
$\text{Ln}INDUSTRY_{jt}$	1.053 *** (0.186)	0.650 *** (0.0981)	0.927 *** (0.294)
$\text{Ln}EXRATE_{jt}$	0.111 (0.164)	-0.148 * (0.0865)	-0.392 (0.259)
FTA_{ijt}	-0.0793 (0.242)	0.168 (0.128)	-0.684 * (0.383)
常数项	-0.737 (1.022)	8.278 *** (0.538)	1.497 (1.612)
观测值 N	1032	1032	1032
面板回归类型	固定效应模型	固定效应模型	固定效应模型

注：$* p < 0.1$，$** p < 0.05$，$*** p < 0.01$，分别表示统计量在 10%、5% 和 1% 的显著性水平上显著，回归系数下方括号内为标准误。由于变量 $\text{Ln}DISCAP$、$CONTIG$、$COMLANG$ 可能存在多重共线性，故将其从固定效应模型中略去。

五 稳健性检验

与前文一致，此部分选取变量 $\text{Ln}OFDI_{ijt}$ 的滞后一期和滞后二期作为核心解释变量，对引力模型进行估计。由表 5 – 11、表 5 – 12 的回归结果可知，滞后期的 $\text{Ln}OFDI_{ijt}$ 对母国消费品、中间品、资本品进出口的影响仍然是显著的，东道国人均 GDP 水平、东道国贸易开放度、东道国工业生产指数等控制变量的符号也与前文估计结果中的符号基本一致。因此，中国 OFDI 母国出口和进口结构效应的估计结果是相对稳健的。此外，通过观察核心解释变量 $\text{Ln}OFDI_{ijt}$ 的回归系数，可以发现滞后一期和滞后二期的 $\text{Ln}OFDI_{ijt}$ 对母国出口和进口的带动作用仅略小于当期 $\text{Ln}OFDI_{ijt}$，说明对外直接投资对母国贸易的影响是持续的。

表 5 – 11　中国 OFDI 母国出口结构效应估计结果（BEC 分类，加入滞后期）

变量	出口结构					
	消费品（Ln$EXPCON_{ijt}$）		中间品（Ln$EXPINT_{ijt}$）		资本品（Ln$EXPCAP_{ijt}$）	
Ln$OFDI_{ijt}$ 滞后一期	0. 101 *** (0. 00959)		0. 136 *** (0. 00746)		0. 0640 *** (0. 00907)	
Ln$OFDI_{ijt}$ 滞后二期		0. 0793 *** (0. 00978)		0. 127 *** (0. 00772)		0. 0457 *** (0. 00934)
Ln$GDPCAP_{jt}$	0. 748 *** (0. 0835)	0. 785 *** (0. 0849)	0. 660 *** (0. 0649)	0. 707 *** (0. 0670)	0. 673 *** (0. 0790)	0. 701 *** (0. 0810)
Ln$TRADE_{jt}$	– 0. 0645 (0. 122)	0. 0570 (0. 120)	0. 344 *** (0. 0950)	0. 397 *** (0. 0947)	0. 230 ** (0. 116)	0. 310 *** (0. 115)
Ln$INDUSTRY_{jt}$	0. 667 *** (0. 0794)	0. 666 *** (0. 0836)	0. 580 *** (0. 0617)	0. 570 *** (0. 0659)	0. 682 *** (0. 0751)	0. 740 *** (0. 0798)
Ln$EXRATE_{jt}$	– 0. 0408 (0. 0696)	– 0. 0588 (0. 0709)	– 0. 0590 (0. 0541)	– 0. 112 ** (0. 0559)	– 0. 161 ** (0. 0659)	– 0. 189 *** (0. 0676)
FTA_{ijt}	– 0. 0606 (0. 103)	– 0. 0808 (0. 107)	– 0. 0282 (0. 0798)	– 0. 00765 (0. 0841)	0. 0184 (0. 0971)	0. 0138 (0. 102)
常数项	8. 278 *** (0. 433)	8. 614 *** (0. 456)	9. 001 *** (0. 336)	9. 346 *** (0. 360)	9. 388 *** (0. 410)	9. 437 *** (0. 435)
观测值 N	1032	946	1032	946	1032	946
面板回归类型	固定效应模型		固定效应模型		固定效应模型	

注：＊p < 0. 1，＊＊p < 0. 05，＊＊＊p < 0. 01，分别表示统计量在 10%、5% 和 1% 的显著性水平上显著，回归系数下方括号内为标准误。由于变量 Ln$DISCAP$、$CONTIG$、$COMLANG$ 均不随时间变化，可能存在多重共线性，故将其从固定效应模型中略去。

表 5 – 12　中国 OFDI 母国进口结构效应估计结果（BEC 分类，加入滞后期）

变量	进口结构		
	消费品（Ln$IMPCON_{ijt}$）	中间品（Ln$IMPINT_{ijt}$）	资本品（Ln$IMPCAP_{ijt}$）
Ln$OFDI_{ijt}$ 滞后一期	0. 298 *** (0. 0226)	0. 140 *** (0. 0118)	0. 115 *** (0. 0358)

续表

变量	进口结构					
	消费品 （Ln$IMPCON_{ijt}$）		中间品 （Ln$IMPINT_{ijt}$）		资本品 （Ln$IMPCAP_{ijt}$）	
Ln$OFDI_{ijt}$ 滞后二期		0.255 *** (0.0231)		0.101 *** (0.0116)		0.115 *** (0.0376)
Ln$GDPCAP_{jt}$	0.714 *** (0.197)	0.620 *** (0.201)	0.982 *** (0.103)	1.092 *** (0.100)	1.269 *** (0.312)	1.029 *** (0.327)
Ln$TRADE_{jt}$	− 0.0798 (0.288)	0.211 (0.284)	0.566 *** (0.151)	0.602 *** (0.142)	− 0.349 (0.457)	− 0.387 (0.462)
Ln$INDUSTRY_{jt}$	0.986 *** (0.187)	1.014 *** (0.197)	0.602 *** (0.0978)	0.464 *** (0.0988)	0.947 *** (0.297)	1.351 *** (0.321)
Ln$EXRATE_{jt}$	0.0877 (0.164)	0.0780 (0.167)	− 0.163 * (0.0858)	− 0.222 *** (0.0838)	− 0.392 (0.260)	− 0.271 (0.273)
FTA_{ijt}	− 0.0901 (0.242)	− 0.0121 (0.252)	0.151 (0.126)	0.290 ** (0.126)	− 0.654 * (0.383)	− 0.501 (0.410)
常数项	− 0.0235 (1.021)	0.750 (1.077)	8.611 *** (0.533)	9.857 *** (0.539)	1.780 (1.618)	− 0.179 (1.753)
观测值 N	1032	946	1032	946	1032	946
面板回归类型	固定效应模型		固定效应模型		固定效应模型	

注：$* p < 0.1$，$** p < 0.05$，$*** p < 0.01$，分别表示统计量在 10%、5% 和 1% 的显著性水平上显著，回归系数下方括号内为标准误。由于变量 Ln$DISCAP$、$CONTIG$、$COMLANG$ 均不随时间变化，可能存在多重共线性，故将其从固定效应模型中略去。

六 主要结论

本节以 BEC 分类视角下的贸易商品结构为切入点，通过建立引力模型，实证分析了 2007～2019 年中国对外直接投资对母国消费品、中间品和资本品贸易的影响。通过本节的研究可以得到如下结论。

（1）中国 OFDI 对母国消费品、中间品、资本品进口和出口均产生了正向促进作用。

（2）从影响程度看，通过比较回归系数，中国 OFDI 对母国中间品出口和消费品进口的带动作用更为突出。

上述结论一方面体现了企业境外生产经营活动与国内投资主体联系紧密，我国深度融入全球产业链和供应链的趋势没有改变；另一方面，对外直接投资正在带动我国出口由消费品主导逐步向中间品主导转型，带动我国出口制造业不断向产业链和供应链中上游攀升。

第三节　对外直接投资的母国贸易结构效应分析：按技术密集度分类

本节聚焦技术密集度分类视角下的贸易商品结构，采用 2007 ~ 2019 年中国与 84 个国家（地区）对外直接投资和贸易的面板数据，探讨对外直接投资对我国贸易结构的影响。

一　模型的设计与建立

参照前文对外直接投资母国贸易规模效应模型的设计思路，本节仍借鉴引力模型的研究方法，将被解释变量由进出口规模替换为进出口商品结构，核心解释变量、控制变量、虚拟变量均保持不变。按照 Lall（2000）提出的商品技术密集度分类方法，基于 SITC Rev. 2 的三位数分类框架，将产品按照科技含量分成 5 大类：初级产品（PM）、资源性制成品（RB）、低技术含量制成品（LT）、中技术含量制成品（MT）和高技术含量制成品（HT）。这一分类视角从贸易商品的技术含量出发，可以体现一国参与全球产业链和供应链分工的相对位置，实现对贸易商品结构较为直观的反映和描述。

根据本章第一节的表述，可将对外直接投资母国贸易结构效应模型方程按照初级产品、资源性制成品、低技术含量制成品、中技术含量制成品和高技术含量制成品类别逐一表示，从而得到中国

OFDI 与上述五类商品进口和出口规模的贸易引力模型方程，其余变量及其含义、取值方法与前文 OFDI 母国贸易规模效应模型相同，在此不做赘述。方程的具体表示如下。

（1）OFDI 与初级产品（$EXPPM_{ijt}$）、资源性制成品（$EXPRB_{ijt}$）、低技术含量制成品（$EXPLT_{ijt}$）、中技术含量制成品（$EXPMT_{ijt}$）、高技术含量制成品（$EXPHT_{ijt}$）出口的贸易引力模型方程

$$\mathrm{Ln}EXPPM_{ijt} = \alpha_0 + \alpha_1 \mathrm{Ln}OFDI_{ijt} + \alpha_2 \mathrm{Ln}GDPCAP_{jt} + \alpha_3 \mathrm{Ln}TRADE_{jt} +$$
$$\alpha_4 \mathrm{Ln}EXRATE_{jt} + \alpha_5 \mathrm{Ln}INDUSTRY_{jt} + \alpha_6 \mathrm{Ln}DISCAP_{ij} + \alpha_7 FTA_{ijt} +$$
$$\alpha_8 CONTIG_{ij} + \alpha_9 COMLANG_{ij} + d_i + v_t + \varepsilon_{ijt}$$
$$(j = 1,2,3,\cdots,N; t = 1,2,3,\cdots,T) \qquad (5.10)$$

$$\mathrm{Ln}EXPRB_{ijt} = \alpha_0 + \alpha_1 \mathrm{Ln}OFDI_{ijt} + \alpha_2 \mathrm{Ln}GDPCAP_{jt} + \alpha_3 \mathrm{Ln}TRADE_{jt} +$$
$$\alpha_4 \mathrm{Ln}EXRATE_{jt} + \alpha_5 \mathrm{Ln}INDUSTRY_{jt} + \alpha_6 \mathrm{Ln}DISCAP_{ij} + \alpha_7 FTA_{ijt} +$$
$$\alpha_8 CONTIG_{ij} + \alpha_9 COMLANG_{ij} + d_i + v_t + \varepsilon_{ijt}$$
$$(j = 1,2,3,\cdots,N; t = 1,2,3,\cdots,T) \qquad (5.11)$$

$$\mathrm{Ln}EXPLT_{ijt} = \alpha_0 + \alpha_1 \mathrm{Ln}OFDI_{ijt} + \alpha_2 \mathrm{Ln}GDPCAP_{jt} + \alpha_3 \mathrm{Ln}TRADE_{jt} +$$
$$\alpha_4 \mathrm{Ln}EXRATE_{jt} + \alpha_5 \mathrm{Ln}INDUSTRY_{jt} + \alpha_6 \mathrm{Ln}DISCAP_{ij} + \alpha_7 FTA_{ijt} +$$
$$\alpha_8 CONTIG_{ij} + \alpha_9 COMLANG_{ij} + d_i + v_t + \varepsilon_{ijt}$$
$$(j = 1,2,3,\cdots,N; t = 1,2,3,\cdots,T) \qquad (5.12)$$

$$\mathrm{Ln}EXPMT_{ijt} = \alpha_0 + \alpha_1 \mathrm{Ln}OFDI_{ijt} + \alpha_2 \mathrm{Ln}GDPCAP_{jt} + \alpha_3 \mathrm{Ln}TRADE_{jt} +$$
$$\alpha_4 \mathrm{Ln}EXRATE_{jt} + \alpha_5 \mathrm{Ln}INDUSTRY_{jt} + \alpha_6 \mathrm{Ln}DISCAP_{ij} + \alpha_7 FTA_{ijt} +$$
$$\alpha_8 CONTIG_{ij} + \alpha_9 COMLANG_{ij} + d_i + v_t + \varepsilon_{ijt}$$
$$(j = 1,2,3,\cdots,N; t = 1,2,3,\cdots,T) \qquad (5.13)$$

$$\mathrm{Ln}EXPHT_{ijt} = \alpha_0 + \alpha_1 \mathrm{Ln}OFDI_{ijt} + \alpha_2 \mathrm{Ln}GDPCAP_{jt} + \alpha_3 \mathrm{Ln}TRADE_{jt} +$$
$$\alpha_4 \mathrm{Ln}EXRATE_{jt} + \alpha_5 \mathrm{Ln}INDUSTRY_{jt} + \alpha_6 \mathrm{Ln}DISCAP_{ij} + \alpha_7 FTA_{ijt} +$$
$$\alpha_8 CONTIG_{ij} + \alpha_9 COMLANG_{ij} + d_i + v_t + \varepsilon_{ijt}$$
$$(j = 1,2,3,\cdots,N; t = 1,2,3,\cdots,T) \qquad (5.14)$$

（2）OFDI 与初级产品（$IMPPM_{ijt}$）、资源性制成品（$IMPRB_{ijt}$）、低技术含量制成品（$IMPLT_{ijt}$）、中技术含量制成品（$IMPMT_{ijt}$）、高

技术含量制成品（$IMPHT_{ijt}$）进口的贸易引力模型方程

$$\mathrm{Ln}IMPPM_{ijt} = \alpha_0 + \alpha_1 \mathrm{Ln}OFDI_{ijt} + \alpha_2 \mathrm{Ln}GDPCAP_{jt} + \alpha_3 \mathrm{Ln}TRADE_{jt} +$$
$$\alpha_4 \mathrm{Ln}EXRATE_{jt} + \alpha_5 \mathrm{Ln}INDUSTRY_{jt} + \alpha_6 \mathrm{Ln}DISCAP_{ij} + \alpha_7 FTA_{ijt} +$$
$$\alpha_8 CONTIG_{ij} + \alpha_9 COMLANG_{ij} + d_i + v_t + \varepsilon_{ijt}$$
$$(j = 1,2,3,\cdots,N; t = 1,2,3,\cdots,T) \qquad (5.15)$$

$$\mathrm{Ln}IMPRB_{ijt} = \alpha_0 + \alpha_1 \mathrm{Ln}OFDI_{ijt} + \alpha_2 \mathrm{Ln}GDPCAP_{jt} + \alpha_3 \mathrm{Ln}TRADE_{jt} +$$
$$\alpha_4 \mathrm{Ln}EXRATE_{jt} + \alpha_5 \mathrm{Ln}INDUSTRY_{jt} + \alpha_6 \mathrm{Ln}DISCAP_{ijt} + \alpha_7 FTA_{ijt} +$$
$$\alpha_8 CONTIG_{ijt} + \alpha_9 COMLANG_{ijt} + d_i + v_t + \varepsilon_{ijt}$$
$$(j = 1,2,3,\cdots,N; t = 1,2,3,\cdots,T) \qquad (5.16)$$

$$\mathrm{Ln}IMPLT_{ijt} = \alpha_0 + \alpha_1 \mathrm{Ln}OFDI_{ijt} + \alpha_2 \mathrm{Ln}GDPCAP_{jt} + \alpha_3 \mathrm{Ln}TRADE_{jt} +$$
$$\alpha_4 \mathrm{Ln}EXRATE_{jt} + \alpha_5 \mathrm{Ln}INDUSTRY_{jt} + \alpha_6 \mathrm{Ln}DISCAP_{ij} + \alpha_7 FTA_{ijt} +$$
$$\alpha_8 CONTIG_{ij} + \alpha_9 COMLANG_{ij} + d_i + v_t + \varepsilon_{ijt}$$
$$(j = 1,2,3,\cdots,N; t = 1,2,3,\cdots,T) \qquad (5.17)$$

$$\mathrm{Ln}IMPMT_{ijt} = \alpha_0 + \alpha_1 \mathrm{Ln}OFDI_{ijt} + \alpha_2 \mathrm{Ln}GDPCAP_{jt} + \alpha_3 \mathrm{Ln}TRADE_{jt} +$$
$$\alpha_4 \mathrm{Ln}EXRATE_{jt} + \alpha_5 \mathrm{Ln}INDUSTRY_{jt} + \alpha_6 \mathrm{Ln}DISCAP_{ij} + \alpha_7 FTA_{ijt} +$$
$$\alpha_8 CONTIG_{ij} + \alpha_9 COMLANG_{ij} + d_i + v_t + \varepsilon_{ijt}$$
$$(j = 1,2,3,\cdots,N; t = 1,2,3,\cdots,T) \qquad (5.18)$$

$$\mathrm{Ln}IMPHT_{ijt} = \alpha_0 + \alpha_1 \mathrm{Ln}OFDI_{ijt} + \alpha_2 \mathrm{Ln}GDPCAP_{jt} + \alpha_3 \mathrm{Ln}TRADE_{jt} +$$
$$\alpha_4 \mathrm{Ln}EXRATE_{jt} + \alpha_5 \mathrm{Ln}INDUSTRY_{jt} + \alpha_6 \mathrm{Ln}DISCAP_{ij} + \alpha_7 FTA_{ijt} +$$
$$\alpha_8 CONTIG_{ij} + \alpha_9 COMLANG_{ij} + d_i + v_t + \varepsilon_{ijt}$$
$$(j = 1,2,3,\cdots,N; t = 1,2,3,\cdots,T) \qquad (5.19)$$

二 数据来源与数据处理

在数据来源上，中国对东道国的初级产品、资源性制成品、低技术含量制成品、中技术含量制成品、高技术含量制成品出口和进口数据均来自联合国商品贸易统计数据库（UN Comtrade），单位为千美元。对外直接投资存量、东道国人均 GDP 水平、东道国贸易开放度、东道国工业生产指数、国家首都间的地理距离、是否拥有共同语言、是否拥有共同边界等 9 个变量的数据来源均与前文 OFDI 母国贸易规模效应模型相同。在实证分析前对数据进行以下处理：

一是对出口和进口商品进行合并分类。根据 Lall（2000）商品技术密集度分类方法，基于联合国商品贸易统计数据库（Rev. 2）SITC 3 位数商品分类框架，将商品根据技术含量分为初级产品、资源性制成品、低技术含量制成品、中技术含量制成品、高技术含量制成品五类，同类商品贸易金额相加。获取了 2007～2019 年中国对全球 168 个国家（地区）五类商品出口和进口数据。

二是剔除主要研究变量的样本缺失值和异常值。为保证出口、进口和对外直接投资存量数据的完整性，首先剔除了对外直接投资存量数据中的缺失值和极低的异常值，以及中国香港、开曼群岛、英属维尔京群岛等全球离岸中心样本；其次，在剩余样本中将技术密集度分类下五类商品出口额、进口额指标中存在缺失值的样本剔除；最后，将东道国工业生产指数、东道国汇率水平等控制变量指标中存在多个缺失值的样本剔除，处理后剩余样本数为 84 个。

三是补充其他解释变量的缺失值，并对主要变量进行对数变换。在确定了样本个数后，由于 84 个国家（地区）的其他解释变量指标存在个别缺失值的情况，采用外推法和内插法对样本缺失值进行合理补充，以保障样本总体的完整性。为降低模型异方差对参数估计产生的影响，对模型中主要变量进行对数变换。

最终，经上述一系列数据处理后，本模型获得的样本数据为 2007～2019 年中国与全球 84 个国家（地区）之间 19 个变量指标的面板数据，样本容量为 20748 个。

三　实证研究方法的选取

与前文一致，为反映变量在截面和时间二维空间上的变化特征，保障估计的准确性，此部分首先对面板数据进行平稳性检验和协整检验，进而选择混合回归模型、固定效应模型和随机效应模型进行估计。

（一）平稳性检验

与前文一致，本节同时采用针对同质面板的 LLC 检验和针对异质面板的 IPS 检验方法，若两种检验均拒绝存在单位根的原假设，则面板数据是平稳的，反之则不平稳。由 OFDI 母国贸易结构效应模型（按技术密集度分类）主要变量数据序列的单位根检验结果可知，被解释变量均通过了平稳性检验（检验结果详见表5－13）。由前文的检验结果可知，主要变量 $LnOFDI_{ijt}$、$LnGDPCAP_{jt}$、$LnINDUSTRY_{jt}$、$LnEXRATE_{jt}$ 在91个国家（地区）样本下是平稳的，在本节84个国家（地区）样本下依然平稳。$LnTRADE_{jt}$ 在91个国家（地区）样本下未能通过平稳性检验，在84个样本下同样未能通过检验，在对其进行一阶差分处理后，一阶差分序列通过了平稳性检验。

表5－13　中国 OFDI 母国贸易结构效应模型变量平稳性检验
结果（技术密集度分类）

变量	差分阶数	同质面板的单位根检验		异质面板的单位根检验		结论
		LLC 检验	P 值	IPS 检验	P 值	
$LnEXPPM_{ijt}$	0	－ 16.5853	0.0000	－ 2.8686	0.0021	平稳
$LnEXPLT_{ijt}$	0	－ 27.4734	0.0000	－ 12.1693	0.0000	平稳
$LnEXPMT_{ijt}$	0	－ 16.6638	0.0000	－ 9.5172	0.0000	平稳
$LnEXPHT_{ijt}$	0	－ 14.8069	0.0000	－ 1.8981	0.0288	平稳
$LnEXPRB_{ijt}$	0	－ 16.3978	0.0000	－ 14.3833	0.0000	平稳
$LnIMPPM_{ijt}$	0	－ 22.2648	0.0000	－ 8.7492	0.0000	平稳
$LnIMPLT_{ijt}$	0	－ 13.8564	0.0000	－ 8.6528	0.0000	平稳
$LnIMPMT_{ijt}$	0	－ 15.5173	0.0000	－ 4.1732	0.0000	平稳
$LnIMPHT_{ijt}$	0	－ 10.1864	0.0000	－ 5.9548	0.0000	平稳
$LnIMPRB_{ijt}$	0	－ 17.0073	0.0000	－ 6.0071	0.0000	平稳
$LnTRADE_{jt}$	0	－ 8.7617	0.0000	－ 0.7320	0.2321	非平稳
	1	－ 31.7993	0.0000	－ 20.4634	0.0000	平稳

（二）协整检验

为避免传统计量回归方法可能存在的"伪回归"问题，除对变量数据序列进行平稳性检验外，也须进行协整检验。与前文中检验方法一致，本节采用 Kao 检验和 Pedroni 检验两种检验方式，考察模型的被解释变量 $LnEXPPM_{ijt}$、$LnEXPRB_{ijt}$、$LnEXPLT_{ijt}$、$LnEXPMT_{ijt}$、$LnEXPHT_{ijt}$、$LnIMPPM_{ijt}$、$LnIMPRB_{ijt}$、$LnIMPLT_{ijt}$、$LnIMPMT_{ijt}$、$LnIMPHT_{ijt}$ 与主要解释变量 $LnOFDI_{ijt}$、$LnGDPCAP_{jt}$、$LnTRADE_{jt}$、$LnINDUSTRY_{jt}$、$LnEXRATE_{jt}$ 之间是否存在长期稳定的协整关系。由检验结果可知，上述变量在 Kao 检验下五种检验统计量中至少有三种对应的 P 值小于 0.05，Pedroni 检验下三种检验统计量对应的 P 值均小于 0.05，遵循多数原则，可在 5% 的水平上拒绝"不存在协整关系"的原假设（检验结果略）。因此，模型的主要变量之间存在长期稳定的均衡关系，在此基础上得到的面板回归结果是合理、有效的。

（三）面板回归模型选择

与前文一致，本节对 OFDI 母国贸易结构效应模型进行了三类面板回归估计，分别为混合回归模型、固定效应模型和随机效应模型。首先对上述三类模型进行回归估计（估计结果详见附录 C），随后进行 F 检验、LM 检验和 Hausman 检验，并根据检验结果确定更为有效的估计结果。

四　实证结果分析

（一）对出口结构的影响分析

由 F 检验、LM 检验和 Hausman 检验的结果可知（判断方法详见本章第一节），初级产品、资源性制成品、低技术含量制成品、中技术含量制成品、高技术含量制成品出口效应均应选择固定效应模型的形式进行估计。表 5-14 分别给出了中国 OFDI 对母国上述五类商品出口效应估计结果。

从模型参数估计量看，中国 OFDI 对母国初级产品、资源性制成品、低技术含量制成品、中技术含量制成品、高技术含量制成品出口产生了不同程度的正向影响，核心解释变量 $LnOFDI_{ijt}$ 的回归系数均在 1% 的显著性水平下通过 t 检验，且回归系数均为正。上述结果表明，2007～2019 年，中国对外直接投资有效带动了母国初级产品、资源性制成品，以及低、中、高技术含量制成品出口。比较模型的估计系数可知，中国 OFDI 对母国初级产品、中技术含量制成品和低技术含量制成品出口的拉动作用略大于对资源性制成品和高技术含量制成品出口的作用。

表 5－14　中国 OFDI 对母国出口结构效应的估计结果（按技术密集度分类）

变量	出口结构				
	初级产品（$LnEXPPM_{ijt}$）	资源性制成品（$LnEXPRB_{ijt}$）	低技术含量制成品（$LnEXPLT_{ijt}$）	中技术含量制成品（$LnEXPMT_{ijt}$）	高技术含量制成品（$LnEXPHT_{ijt}$）
$LnOFDI_{ijt}$	0.147 *** （0.0112）	0.114 *** （0.00855）	0.125 *** （0.00981）	0.130 *** （0.00923）	0.118 *** （0.00986）
$LnGDPCAP_{jt}$	0.815 *** （0.0852）	0.727 *** （0.0653）	0.687 *** （0.0749）	0.728 *** （0.0705）	0.470 *** （0.0753）
$LnTRADE_{jt}$	0.233 * （0.123）	0.194 ** （0.0938）	0.0366 （0.108）	0.326 *** （0.101）	0.155 （0.108）
$LnINDUSTRY_{jt}$	0.526 *** （0.0810）	0.558 *** （0.0620）	0.651 *** （0.0712）	0.586 *** （0.0669）	0.668 *** （0.0715）
$LnEXRATE_{jt}$	－ 0.357 *** （0.0781）	－ 0.140 ** （0.0598）	－ 0.0203 （0.0687）	－ 0.242 *** （0.0646）	－ 0.168 ** （0.0690）
FTA_{ijt}	－ 0.171 （0.108）	0.0864 （0.0826）	－ 0.119 （0.0948）	－ 0.000838 （0.0892）	－ 0.00809 （0.0952）
常数项	7.180 *** （0.472）	8.047 *** （0.361）	8.291 *** （0.415）	9.385 *** （0.390）	9.005 *** （0.417）
观测值 N	1008	1008	1008	1008	1008
面板回归类型	固定效应模型	固定效应模型	固定效应模型	固定效应模型	固定效应模型

注：*$p<0.1$，**$p<0.05$，***$p<0.01$，分别表示统计量在 10%、5% 和 1% 的显著性水平上显著，回归系数下方括号内为标准误。

（二） 对进口结构的影响分析

由 F 检验、LM 检验和 Hausman 检验的结果可知，初级产品、资源性制成品、高技术含量制成品进口采用固定效应模型的估计结果更有效，而低技术含量制成品、中技术含量制成品进口采用随机效应模型的估计结果更有效。表 5 – 15 分别给出了中国 OFDI 对母国上述五类商品进口效应的估计结果。

从模型参数估计量看，中国 OFDI 对母国初级产品、资源性制成品，以及低、中、高技术含量制成品进口产生了不同程度的正向影响，核心解释变量 $\text{Ln}OFDI_{ijt}$ 的回归系数均在 1% 的显著性水平下通过 t 检验，且回归系数均为正。上述结果表明，2007 ~ 2019 年，中国对外直接投资有效带动了母国初级产品、资源性制成品，以及低、中、高技术含量制成品进口。比较模型的估计系数可知，中国 OFDI 对母国初级产品和中技术含量制成品进口的拉动作用相对突出。

表 5 – 15　中国 OFDI 对母国进口结构效应的估计结果 （按技术密集度分类）

变量	进口结构				
	初级产品 （$\text{Ln}IMPPM_{ijt}$）	资源性制成品 （$\text{Ln}IMPRB_{ijt}$）	低技术含量制成品 （$\text{Ln}IMPLT_{ijt}$）	中技术含量制成品 （$\text{Ln}IMPMT_{ijt}$）	高技术含量制成品 （$\text{Ln}IMPHT_{ijt}$）
$\text{Ln}OFDI_{ijt}$	0. 207 *** （0. 0171）	0. 133 *** （0. 0264）	0. 161 *** （0. 0269）	0. 202 *** （0. 0392）	0. 160 *** （0. 0340）
$\text{Ln}GDPCAP_{jt}$	0. 849 *** （0. 130）	0. 854 *** （0. 202）	0. 809 *** （0. 150）	1. 497 *** （0. 167）	0. 509 * （0. 260）
$\text{Ln}TRADE_{jt}$	0. 561 *** （0. 187）	1. 008 *** （0. 290）	– 0. 318 （0. 297）	– 0. 443 （0. 439）	– 0. 252 （0. 373）
$\text{Ln}INDUSTRY_{jt}$	0. 601 *** （0. 124）	0. 587 *** （0. 192）	1. 189 *** （0. 178）	0. 851 *** （0. 246）	0. 728 *** （0. 247）
$\text{Ln}EXRATE_{jt}$	– 0. 231 * （0. 119）	– 0. 740 *** （0. 185）	– 0. 265 （0. 180）	– 0. 727 *** （0. 254）	0. 133 （0. 238）

续表

变量	进口结构				
	初级产品 （Ln$IMPPM_{ijt}$）	资源性制成品 （Ln$IMPRB_{ijt}$）	低技术含量制成品 （Ln$IMPLT_{ijt}$）	中技术含量制成品 （Ln$IMPMT_{ijt}$）	高技术含量制成品 （Ln$IMPHT_{ijt}$）
Ln$DISCAP_{ij}$	—	—	− 1.426 ** （0.696）	− 2.163 *** （0.633）	—
$CONTIG_{ij}$	—	—	2.373 * （1.414）	1.951 （1.292）	—
$COMLANG_{ij}$	—	—	2.476 （2.226）	1.909 （2.032）	—
FTA_{ijt}	− 0.558 *** （0.165）	− 0.130 （0.255）	− 0.264 （0.254）	− 0.595 * （0.359）	0.0549 （0.329）
常数项	7.094 *** （0.722）	9.918 *** （1.116）	14.50 ** （6.362）	24.08 *** （5.936）	2.171 （1.437）
观测值 N	1008	1008	1008	1008	1008
面板回归类型	固定效应模型	固定效应模型	随机效应模型	随机效应模型	固定效应模型

注：* $p < 0.1$，** $p < 0.05$，*** $p < 0.01$，分别表示统计量在 10%、5% 和 1% 的显著性水平上显著，回归系数下方括号内为标准误。

（三）出口效应和进口效应的比较

通过比较上述出口效应模型和进口效应模型的估计系数可知，在控制了其他因素后，中国 OFDI 对于母国各类商品的反向进口效应大于出口引致效应。

从初级产品和资源性制成品看，中国 OFDI 对于初级产品和资源性制成品的进口引致效应大于出口促进效应，印证了对外直接投资（特别是资源寻求型）在获取能源资源方面的积极作用。与传统的贸易方式相比，对外直接投资通过绿地或并购的方式获得境外矿产开采权益、掌控关键粮源和流通渠道，我国可加大对关键粮农产品、矿产及油气资源的掌控力度，也可降低资源性产品进口受国际市场价格波动冲击的不利影响，保障能源资源和关键粮农产品供应渠道稳定，满足国内生产和生活的需要。

从中、低技术含量制成品看，中国 OFDI 对中、低技术含量制成品的进口引致效应大于出口促进效应。近年来，我国出现了制造业中低端环节向东南亚、南亚等周边地区转移的现象，企业充分利用东道国相对低廉的劳动力、资源能源、土地等生产要素，降低生产成本，并将境外生产的成品部分返销国内，带动了中、低技术含量制成品的进口。而中、低技术含量制成品进口的增加有利于国内集中资源生产高技术含量制成品，促进制造业的转型升级。

从高技术含量制成品看，中国 OFDI 对高技术含量制成品的进口引致效应大于出口促进效应，这在一定程度上印证了对外直接投资（特别是创新资产寻求型）在获取高端要素方面的作用。通过并购境外企业或在境外设立研发中心，增加了我国与东道国之间在信息、技术、管理经验等方面的交流与合作，有助于打破东道国原有的限制或壁垒，增加我国自东道国高技术含量制成品的进口。同时，通过发挥境外企业对国内投资主体的技术反哺作用，促进母国技术进步和产业升级。

五　稳健性检验

与前文一致，此部分选取变量 $LnOFDI_{ijt}$ 的滞后一期和滞后二期作为核心解释变量，对引力模型进行估计。由附录 C 表 C-9、表 C-10 的回归结果可知，滞后期的 $LnOFDI_{ijt}$ 对母国初级产品、资源性制成品以及低、中、高技术含量制成品进出口的影响仍然是显著的，东道国人均 GDP 水平、东道国贸易开放度、东道国工业生产指数等控制变量的符号也与前文估计结果中的符号基本一致。因此，中国 OFDI 母国出口和进口结构效应的估计结果是相对稳健的。此外，通过观察核心解释变量 $LnOFDI_{ijt}$ 的回归系数，可以发现滞后一期和滞

后二期的 $LnOFDI_{ijt}$ 对母国出口和进口的带动作用整体上仅略小于当期，说明对外直接投资对母国贸易的影响是持续的。

六　主要结论

本节以技术密集度分类视角下的贸易商品结构为切入点，通过建立引力模型，实证分析了 2007～2019 年我国对外直接投资对母国初级产品、资源性制成品，以及低、中、高技术含量制成品贸易的影响。通过本节的研究可以得到如下结论。

（1）对外直接投资对初级产品、资源性制成品，以及低、中、高技术含量制成品进出口均有不同程度的带动作用。

（2）从影响程度看，通过比较回归系数，我国 OFDI 对母国上述五类商品的进口引致作用更为显著。

上述结论从一定程度上印证了资源寻求型 OFDI 有助于我国获取能源资源和关键粮农产品，保障供应渠道稳定，进而带动初级产品和资源性制成品进口的增加；效率寻求型 OFDI 促进了中、低技术含量制成品的进口，有利于国内集中资源生产高技术含量制成品，促进制造业的转型升级；创新资产寻求型 OFDI 有助于打破东道国原有的技术转让限制或壁垒，促进高技术含量制成品的进口，并发挥境外企业对国内的技术反哺作用，促进母国技术进步和产业升级。

第四节　对外直接投资的母国贸易条件效应拓展分析

贸易条件（Terms of Trade）是衡量一国参与国际贸易所获得利益大小的重要指标，一般用贸易条件指数表示。常用的贸易条件指数有三种，即价格贸易条件、收入贸易条件和要素贸易条件，从不同角度衡量一国参与国际贸易的利益所得。影响贸易条件变化的因素较多，OFDI 不是最直接的原因，但近年高速增长的 OFDI 可以通过影响贸易规模、结构和劳动生产率等其他因素，间接对贸易条件变化趋势产生影响。

一　OFDI 与母国价格贸易条件效应

（一）价格贸易条件概念与我国现状

贸易条件最初的含义是价格贸易条件（Net Barter Terms of Trade，NBTT），即进出口商品比价，它是一国出口商品平均价格与进口商品平均价格的比率，其计算公式为：

$$NBTT = (Px/Pm) \times 100 \qquad (5.20)$$

在式（5.20）中，Px 代表一国的出口商品价格指数，Pm 代表一国的进口商品价格指数。NBTT 指数通常选取某一年为基期，将该年设定为 100，通过观察一段时间内 NBTT 指数变化的情况，判断该国贸易条件的改善或恶化。若某年 NBTT 指数大于 100，则与基期所在年份相比，该国价格贸易条件改善，反之则恶化。价格贸易条件本质上反映的是该国出口一单位价值的商品能换回多少单位价值的进口商品。由于价格本身反映的是商品供给与需求的相对强度，因而价格贸易条件变动的基础又可归结为出口商品和进口商品各自供求情况的变动，即本国和贸易伙伴国各自的供求变动（庄芮，2005：20~22）。

2000 年以来，我国价格贸易条件整体恶化趋势明显。据世界银行统计，2000~2019 年，我国价格贸易条件指数（NBTT）整体呈下降态势，自 2000 年基期 100 降至 2019 年的 85.7。其间 NBTT 虽然在 2009 年和 2012~2015 年出现了小幅上升，但随后的年份又呈下降态势（详见图 5-1）。

价格贸易条件的恶化不一定意味着一国贸易利益的损失。NBTT 指数下降可能是多方面原因引起的：一是国内要素生产率提高，导致本国出口商品供给增加，出口商品的单位价值降低；二是国际市

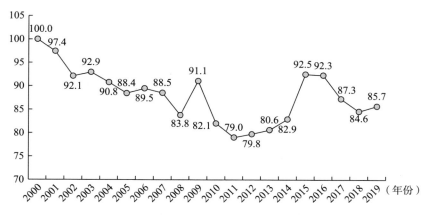

图 5 - 1　2000 ~ 2019 年中国价格贸易条件指数变动趋势
资料来源：世界银行数据库（World Bank Open Data）。

场低迷、消费者偏好变化等因素，导致对本国出口商品的需求减少，出口商品的单位价值降低；三是本国经济发展、国民收入增加、消费者偏好变化等因素，导致对进口商品需求增加，进口商品的单位价值增高。上述三类情形均带来价格贸易条件的恶化，但除第二种情形外，价格贸易条件恶化并不一定对本国贸易利益构成威胁。因而，还须结合其他指标考察一国参与国际贸易的利益得失。

此外，世界银行采用的传统 NBTT 的计算方式受到一些学者的批判，认为其不能准确反映中国贸易条件情况。吴丹涛和陈平（2011）提出"环比—定基"两步法，对传统帕式公式进行改进。马红霞和舒丽媛（2018）认为年度数据不能灵敏反映 NBTT 真实变化，故基于 1993 ~ 2007 年中国海关的进出口价格指数月度数据测算了中国贸易条件变动趋势。戴翔和宋婕（2019）认为在全球价值链分工条件下，传统 NBTT 已难以准确测度贸易利益的分配，故利用世界投入产出数据库，在分解我国出口国内增加值和进口国外增加值的基础上，测算得出 2000 ~ 2014 年我国增加值贸易条件指数基本处于 0.837 ~ 0.959，在全球价值链分工中处于不利的分工地位。上述学者的研究从多角度描述了我国的贸易条件变化趋势，也为综合判断我国贸易条件变化情况提供了有益参考。

（二）OFDI 通过改变贸易结构影响母国价格贸易条件

价格贸易条件（NBTT）是一国出口商品平均价格与进口商品平均价格的比值情况，贸易结构变动是 NBTT 变动的重要影响因素之一。在市场寻求型、效率寻求型、资源寻求型、创新资产寻求型这四类投资动机下，OFDI 均会对母国贸易结构产生影响，进而影响母国价格贸易条件效应（详见图 5 - 2）。

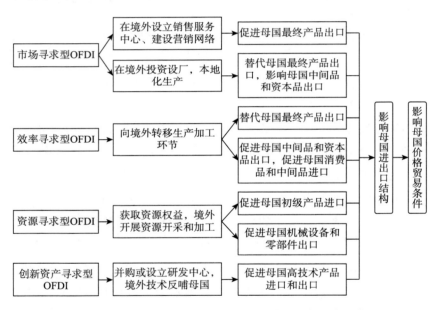

图 5 - 2　四类投资动机下 OFDI 对母国价格贸易条件的影响机制

具体而言，市场寻求型 OFDI 通过在境外设立销售服务中心、建设营销网络等，有利于开拓境外市场，带动母国最终产品出口；通过在境外投资设厂、实现本地化生产，又会替代部分母国最终产品出口，促进母国中间品和资本品出口。效率寻求型 OFDI 利用境外相对廉价的土地、劳动力等生产要素，向境外转移生产加工环节，替代了母国最终产品出口，且同时促进了境外生产所需的中间品和资本品出口，以及境外消费品和中间品回流母国。资源寻求型 OFDI 通过获取境外资源权益，保障供应稳定，促进了母国初级产品进口；境外开展的资源勘探、开采和加工等活动，对母国的机械设备和技术路径有依赖，又能带动母国相关机械设备和零部件出口。创新资产寻求型 OFDI 能在一定程度上打破限制和壁垒，带动母国高技术产品进口；通过加强技术、人才、管理经验等方面的交流合作，发挥境外技术反哺作用，带动母国产业升级，促进高技术产品出口。

本书第五章第二节和第三节的实证分析进一步验证了 OFDI 会对母国贸易结构产生影响。其中第二节的实证分析结果表明，中国 OFDI 对母国中间品出口和消费品进口的带动作用更大，促进中国出口结构由消费品为主向中间品为主转型。第三节的实证分析结果表明，中国 OFDI 对母国初级产品、资源性制成品，以及低、中、高技术含量制成品进出口均有不同程度的带动作用，保障了初级产品供应稳定，带动了中、高技术含量制成品进口。中国 OFDI 对贸易结构的上述影响会导致进口和出口商品价格指数的变化，改变母国价格贸易条件。

从我国出口结构（以技术密集度分类）实际变化趋势看，2007～2019 年，高技术含量制成品出口占比不断上升，低技术含量制成品占比不断下降，其余三类商品占比基本稳定，这可能导致出口商品价格指数（Px）上升。从进口结构看，同期初级产品、资源性制成品和高技术含量制成品占比上升，其余两类商品占比下降，高技术含量制成品占比的上升可能导致进口商品价格指数（Pm）上升，但初级产品、资源性制成品占比的上升也可能导致 Pm 下降。整体价格贸易条件（NBTT）的变动则取决于 Px 和 Pm 的相对变动幅度。

需要指出的是，贸易结构变动对于价格贸易条件的影响是动态的、复杂的，受限于每一类商品进口和出口价格指数的可获得性，无法准确判断贸易结构改变可能导致的 NBTT 变动趋势，这也是今后值得继续深入研究的领域。

二 OFDI 与母国收入贸易条件效应

(一) 收入贸易条件概念与我国现状

收入贸易条件 (Income Terms of Trade, ITT) 是在价格贸易条件的基础上将出口数量考虑进来, 它衡量的是一国出口收入所能交换到的进口商品总量的变化, 其计算公式为:

$$ITT = (Px/Pm) \cdot Qx \tag{5.21}$$

其中, Px、Pm 分别代表出口商品价格指数和进口商品价格指数, Qx 代表出口物量指数。该式也可以写成:

$$ITT = (Px \cdot Qx)/Pm = Vx/Pm = NBTT \cdot Qx \tag{5.22}$$

其中, Vx 为出口价值指数, 即出口数量与出口价格的乘积。由式 (5.22) 可知, 出口收入 ($Px \cdot Qx$) 增加或进口价格 (Pm) 相对降低可带来一国收入贸易条件的改善, 反之则恶化。相较于价格贸易条件, 收入贸易条件从出口收入总量的角度衡量一国的进口能力, 是对一国贸易条件改善或恶化程度更全面的衡量。此外, 上式还反映了收入贸易条件 (ITT) 与价格贸易条件 ($NBTT$) 两者的关系, 在 NBTT 不变的情况下, 出口数量决定了 ITT 的变动, 即一国出口规模的扩大或缩小直接影响着该国贸易条件是否改善 (庄芮, 2005: 36)。

与价格贸易条件变化趋势相反, 我国收入贸易条件在近 20 年不断改善。收入贸易条件指数 (ITT) 自 2000 年基期 100 升至 2019 年的 672.7, 扩大了将近 6 倍。伴随我国出口规模不断扩大, 反映出口规模的出口物量指数 (Qx)[①] 不断攀升, 自 2000 年基期 100 升至

---

① 出口物量指数的数据来源为联合国贸易和发展会议 (UNCTAD) 数据库, 由出口物值指数除以对应的单位物价指数得到。

2019 年的 784.5。出口物量指数增长的幅度远超过价格贸易条件指数下降的幅度，使得我国在同期价格贸易条件恶化的情况下，收入贸易条件仍获得大幅改善（见表 5 - 16、图 5 - 3）。

表 5 - 16　2000～2019 年中国贸易条件指数变化情况统计（2000 年 = 100）

年份	价格贸易条件（NBTT）	收入贸易条件（ITT）	出口物量指数（Qx）
2000	100	100	100
2001	97.4	106.9	109.7
2002	92.1	127.7	138.7
2003	92.9	169.9	182.8
2004	90.8	205.9	226.8
2005	88.4	250.9	283.6
2006	89.5	309.7	346.2
2007	88.5	367.3	414.9
2008	83.8	377.4	450.3
2009	91.1	367.3	403.2
2010	82.1	423.8	516.5
2011	79.0	444.2	561.9
2012	79.8	476.0	596.8
2013	80.6	522.1	647.4
2014	82.9	567.8	684.5
2015	92.5	629.8	680.6
2016	92.3	637.3	690.2
2017	87.3	645.0	738.9
2018	84.6	651.1	769.4
2019	85.7	672.7	784.5

资料来源：世界银行数据库（World Bank Open Data）。

与价格贸易条件相比，收入贸易条件对于一国贸易条件的刻画虽更趋全面、准确，但仍存在局限。一是收入贸易条件是一个绝对量指标，无法说明国际贸易中交换双方的利益分配问题，容易掩盖

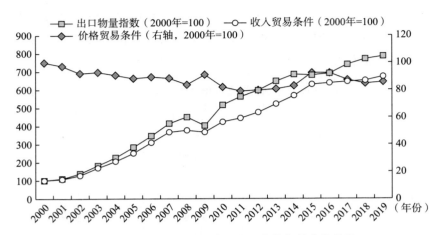

图 5 - 3　2000 ~ 2019 年中国贸易条件指数变化趋势
资料来源：世界银行数据库（World Bank Open Data）。

国际交换贸易中的不平等。二是出口数量对价格贸易条件起到了倍乘作用，如果价格贸易条件隐含了国民价值的流失，那出口数量扩大、收入贸易条件改善，反而隐含了更大的国民价值流失。因而，收入贸易条件仅从有限维度对一国贸易利益得失进行了描述，还须结合其他指标考察一国参与国际贸易的利益得失。

（二）OFDI 通过扩大出口规模改善母国收入贸易条件

收入贸易条件衡量的是一国出口收入所能交换到的进口商品总量的变化，不仅取决于进出口价格指数，也取决于出口物量指数。在进出口价格指数不变或相对小幅变动的情况下，出口物量指数（出口规模）的变动将直接影响收入贸易条件的改善或恶化。因而，这里主要探讨 OFDI 如何通过影响母国出口规模，对母国收入贸易条件产生影响。

由前文 OFDI 母国贸易效应的机制分析可知，市场寻求型、效率寻求型、资源寻求型、创新资产寻求型这四类投资动机下，OFDI 会对母国进出口规模产生影响，进而影响母国收入贸易条件效应（详见图 5 - 4)。

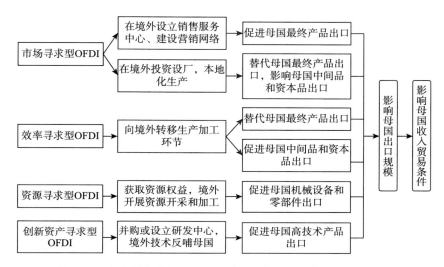

图 5 - 4 四类投资动机下 OFDI 对母国收入贸易条件的影响机制

具体而言，市场寻求型 OFDI 通过在境外设立销售服务中心、建设营销网络等，有利于开拓境外市场，带动母国最终产品出口；通过在境外投资设厂、开展本地化生产，又会替代部分母国最终产品出口，促进母国中间品和资本品出口。效率寻求型 OFDI 利用境外相对廉价的土地、劳动力等生产要素，向境外转移生产加工环节，替代了母国最终产品出口，同时促进了境外生产所需的中间品和资本品出口。资源寻求型 OFDI 通常涉及境外开展的资源勘探、开采和加工等活动，对母国的机械设备和技术路径有依赖，能够带动母国相关机械设备和零部件出口。创新资产寻求型 OFDI 通过加强技术、人才、管理经验等方面的境内外交流合作，发挥境外技术反哺作用，带动母国产业升级，促进高技术产品出口。

前文基于我国与全球 91 个国家（地区）2007 ~ 2019 年的 OFDI 和货物贸易数据开展的实证分析结果表明：我国 OFDI 与出口之间整体呈现互补效应的影响关系，OFDI 存量的增长带动我国出口规模不断扩大。由模型回归系数可知，在其他条件不变的情况下，OFDI 存量每增长 1%，带动我国货物贸易出口额增长 0.11%。因此，OFDI 通过带动母国出口规模增加，对母国收入贸易条件的改善产生了正向影响。

由图 5－5 可知，我国 OFDI 存量与出口物量指数（Qx）、收入贸易条件（ITT）的实际变动趋势基本一致，OFDI 存量的增速快于 Qx 的增速。2007～2019 年，在 OFDI 存量年均增长 27.6% 的带动下，Qx 年均增长 5.5%，收入贸易条件指数年均增长 5.2%。这也进一步验证了前文的结论，即 OFDI 通过带动母国出口规模的增加，改善了我国收入贸易条件。

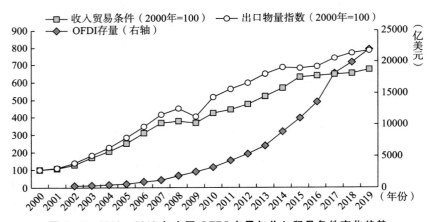

图 5－5　2000～2019 年中国 OFDI 存量与收入贸易条件变化趋势

资料来源：世界银行数据库（World Bank Open Data），历年《中国对外直接投资统计公报》。

三　OFDI 与母国要素贸易条件效应

（一）要素贸易条件概念与我国现状

要素贸易条件是在价格贸易条件的基础上，结合生产要素交换比例，从一国生产进出口商品的劳动生产率角度来分析其贸易条件。要素贸易条件分为单要素贸易条件（Single Factor Terms of Trade，

SFTT）和双要素贸易条件（Double Factor Terms of Trade，DFTT）。单要素贸易条件的计算公式为：

$$SFTT = (Px/Pm) \cdot Zx \qquad (5.23)$$

双要素贸易条件的计算公式为：

$$DFTT = (Px/Pm) \cdot (Zx/Zm) \qquad (5.24)$$

其中，Zx 为一国出口商品的劳动生产率指数，Zm 为一国进口商品的劳动生产率指数。从上述两个公式不难看出，$SFTT$ 和 $DFTT$ 都是在价格贸易条件的基础上结合劳动生产率的变化来刻画贸易条件的变动，$SFTT$ 仅考虑出口商品的劳动生产率，而 $DFTT$ 则兼顾了出口和进口商品劳动生产率的变化。要素贸易条件将贸易利益的考察深入到生产层次，劳动生产率的变化是贸易条件变动的根本核心。在一国参与国际贸易的过程中，既应关注本国 $NBTT$ 是否恶化，也应关注本国要素贸易条件的变化，特别是出口劳动生产率是否提高。

劳动生产率的变动也可能使 $NBTT$ 和 ITT 产生"连锁反应"。在其他条件不变的情况下，一国出口商品劳动生产率的提高，会引起出口价格（Px）的下降，NBTT 相对恶化；但与此同时，出口商品数量（Qx）会因劳动生产率提高而扩大，导致 ITT 改善。因此，在通常情况下，当一国面临 $NBTT$ 恶化时，可通过提高出口商品的劳动生产率改善其 $SFTT$，通过扩大出口数量改善 ITT，以共同弥补 $NBTT$ 恶化的损失。

由于现有统计数据并未区分出口部门与非出口部门的劳动生产率数据，因此本书借鉴李萍（2014）、赵静文（2017）等的研究方法，以工业部门劳动生产率数据作为代理变量，计算我国单要素贸易条件指数，计算公式为：劳动生产率（Zx）= 工业增加值/第二产业就业人数（即人均增加值）。与价格贸易条件变化趋势相反，我国单要素贸易条件在近 20 年不断改善。图 5-6 呈现了我国单要素贸

易条件指数（*SFTT*）的变动情况，SFTT 自 2000 年基期 100 升至
2019 年的 507.3，扩大了近 4 倍。劳动生产率指数（*Zx*）不断攀升，
自 2000 年基期 100 升至 2019 年的 591.7，且增长幅度远超过价格贸
易条件指数的下降幅度，使得我国在同期价格贸易条件恶化的情况
下，单要素贸易条件仍获得大幅改善。

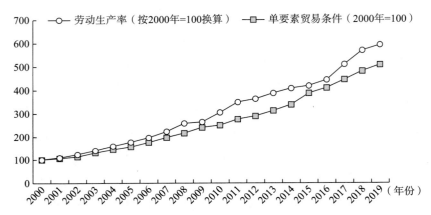

图 5 - 6　2000 ~ 2019 年中国单要素贸易条件指数变化趋势
资料来源：国家统计局，经作者计算整理所得。

由于双要素贸易条件需要根据本国出口部门的劳动生产率和贸易
伙伴国出口部门的劳动生产率计算得到，各国对于劳动生产率的统计
口径、统计方法不一致，不具备可比较条件。因而，本书以荷兰格罗
根宁大学（University of Groningen）测算的全要素生产率（TFP）作为
代理变量，选取我国前三大贸易伙伴——美国、日本、韩国，计算
双要素贸易条件指数（DFTT）。

2000 年以来，我国对美国、日本、韩国等主要贸易伙伴的 DFTT
整体呈上升态势，说明我国双要素贸易条件不断改善。从美日韩三
国比较看，我国对日本的贸易条件改善最为明显，中国/日本 DFTT
自 2000 年基期 100 升至 2019 年的 136.3；其次为韩国，中国/韩国
DFTT 升至 131.6；最后为美国，中国/美国 DFTT 升至 120.1（详见表

5-17、图5-7）。随着我国技术水平的进步，全要素生产率不断提升，我国与美日韩的差距不断缩小，全要素生产率比值呈逐渐增大趋势，且增幅远超过同期 NBTT 下降的幅度，使得我国在价格贸易条件恶化的情况下，双要素贸易条件仍获得大幅改善。

表5-17　2000~2019年中国与美国、日本、韩国的双要素贸易条件统计

年份	双要素贸易条件指数（2000年=100）			全要素生产率比值		
	中国/美国	中国/日本	中国/韩国	中国/美国	中国/日本	中国/韩国
2000	100	100	100	0.316	0.438	0.477
2001	101.2	101.1	102.2	0.328	0.454	0.500
2002	97.6	97.5	95.3	0.334	0.464	0.494
2003	101.0	102.2	99.9	0.343	0.482	0.513
2004	103.5	105.8	103.2	0.360	0.510	0.542
2005	105.2	106.6	103.7	0.375	0.528	0.559
2006	110.1	113.9	109.5	0.388	0.557	0.584
2007	114.7	118.9	112.0	0.409	0.588	0.603
2008	109.1	115.3	108.8	0.411	0.603	0.619
2009	117.3	127.4	118.4	0.406	0.612	0.620
2010	107.1	115.4	105.6	0.412	0.616	0.614
2011	104.8	114.3	105.4	0.418	0.633	0.636
2012	109.3	118.5	113.0	0.432	0.651	0.676
2013	109.2	115.8	120.1	0.427	0.629	0.710
2014	113.3	122.4	124.9	0.431	0.646	0.718
2015	129.4	138.3	138.5	0.441	0.655	0.714
2016	131.3	144.6	139.8	0.449	0.686	0.722
2017	128.6	142.1	136.9	0.465	0.713	0.748
2018	120.2	136.7	130.3	0.448	0.708	0.735
2019	120.1	136.3	131.6	0.442	0.697	0.732

　　资料来源：全要素生产率来自 Wind、格罗根宁大学，双要素贸易条件指数经作者计算整理。

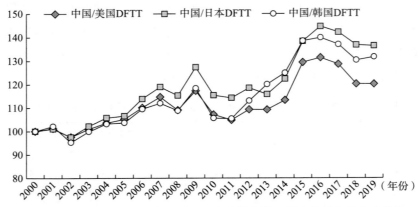

图 5 – 7　2000～2019 中国与美国、日本和韩国的双要素贸易条件变动趋势

资料来源：全要素生产率来自 Wind、格罗根宁大学，双要素贸易条件指数经作者计算整理。

（二）OFDI 通过提升劳动生产率改善母国单要素贸易条件

由要素贸易条件的定义可知，价格贸易条件和出口商品劳动生产率共同决定一国的单要素贸易条件。OFDI 不仅可以通过改变贸易结构影响价格贸易条件，还可以通过改变母国劳动生产率影响单要素贸易条件。就我国的情况而言，劳动生产率的变化是近年单要素贸易条件变化的主要决定因素，因此，这里主要探讨 OFDI 如何通过影响母国劳动生产率，对母国单要素贸易条件产生影响。

由前文 OFDI 母国贸易效应的机制分析可知，创新资产寻求型 OFDI 可增加母国与东道国在技术、人才、管理经验等方面的交流合作，对母国产生一定技术反哺作用，促进母国技术进步和劳动生产率的提高，进而改善母国单要素贸易条件。效率寻求型 OFDI 也可通过境外利润和中间品回流，满足母国产业发展对资金和中间品的需求，促进母国产业升级。

本书虽未对 OFDI 的母国技术溢出效应进行实证分析，但大量学者已从宏观、微观、产业等层面验证了 OFDI 通过发挥技术溢出效应，带动母国劳动生产率（或全要素生产率）的提高。在宏观层面，王恕立和向姣姣（2014）利用 2003～2011 年中国 13 个 OFDI 东道国和 29 个省份的面板数据考察 OFDI 逆向技术溢出对母国全要素生产率的影响，发现对发达经济体的技术寻求型 OFDI 对母国全要素生产率提高产生正向影响。在微观层面，叶娇和赵云鹏（2016）利用倾向得分匹配（PSM）方法考察 OFDI 对中国工业企业技术水平的影响，发现中国企业对外投资行为促进了企业全要素生产率的提高。在行业层面，蒋冠宏（2017）利用我国 2001～2012 年 37 个工业行业跨境并购数据，实证检验了中资企业的大规模并购促进了相关行业生产率提高，其中在高收入国家并购的促进作用更显著。

因此，OFDI 通过发挥技术溢出效应，带动母国劳动生产率的提高，进而改善了母国的单要素贸易条件。

四　主要结论

本节基于前文的理论和实证分析结果，对中国对外直接投资的母国贸易条件效应进行了延展分析。通过本节的研究得到以下相关结论。

（1）2000 年以来，我国价格贸易条件虽然整体呈恶化态势，但收入贸易条件和要素贸易条件均得到较大程度改善。

（2）我国对外直接投资通过改变母国货物贸易结构，影响母国价格贸易条件；通过带动母国货物贸易出口增长，改善了母国收入贸易条件；通过发挥技术溢出效应，提升母国劳动生产率，改善了母国单要素贸易条件。

第六章

异质性投资动因的中国对外直接
投资母国贸易效应考察

前文通过构建贸易引力模型，考察了 2007～2019 年中国在全球 91 个主要国家（地区）的直接投资对母国贸易规模和结构产生的整体影响。从大量对外投资实践和学者研究中不难发现，东道国要素禀赋和经济发展水平的差异影响了 OFDI 的动机及其贸易效应。本章选取中国对外直接投资最主要的两大投资目的地——东盟和欧盟，探讨中国对这两大区域投资产生的母国贸易效应。

第一节　对外直接投资母国贸易效应的实证分析：
对东盟的投资

东盟地区是中国最重要投资目的地之一，也是近年承接中国产业转移的主要地区。在投资流量上，2020 年东盟成为我国对外直接投资第一大目的地；在投资存量上，东盟已成为我国对外直接投资第二大地区（仅次于中国香港）。截至 2020 年末，中国对东盟直接投资存量达 1276.1 亿美元，设立直接投资企业超过 6000 家，雇用外方员工超过 55 万人。从投资存量构成上看，主要投向制造业（截至 2020 年末占比 25.4%）、租赁和商务服务业（15.7%）、批发零售业（14.8%）。①

基于学者的研究成果，中国对东盟 OFDI 主要包含效率寻求型、市场寻求型和资源寻求型投资，其中以效率寻求型投资最为突出。饶华和朱延福（2013）、屠年松和曹建辉（2019）指出，东盟国家低劳动力工资对于中国 OFDI 有吸引力，中国对东盟投资具有显著的效率寻求特征。林创伟等（2019）研究发现，东盟部分国家丰富的自然资源吸引着中国投资者，获取境外资源是中国对东盟投资的主要动机之一。朱启松等（2021）研究发现，中国对东盟的直接投资是效率寻求和市场寻求两种动机并存，且随着上述两类投资的不断增长，中国对东盟的出口规模不断增长。

此部分采用 2007～2019 年中国对东盟直接投资和货物贸易进出口数据，构建引力模型，首先探讨中国投资东盟对贸易规模产生的影响，进而基于 BEC 分类下的贸易商品结构，探讨中国对东盟投资对母国消费品、中间品和资本品贸易的作用。

一　模型的设计与建立

参照第五章对外直接投资母国贸易效应模型的设计思路，本节仍借鉴引力模型的研究方法，构建中国对东盟投资影响母国贸易规模的引力模型方程，具体表示如下：

$$\text{Ln}EXPORT_{ijt} = \alpha_0 + \alpha_1 \text{Ln}OFDI_{ijt} + \alpha_2 \text{Ln}GDPCAP_{jt} + \alpha_3 \text{Ln}TRADE_{jt} +$$
$$\alpha_4 \text{Ln}EXRATE_{jt} + \alpha_5 \text{Ln}INDUSTRY_{jt} + \alpha_6 \text{Ln}DISCAP_{ij} + \alpha_7 FTA_{ijt} +$$
$$\alpha_8 CONTIG_{ij} + \alpha_9 COMLANG_{ij} + d_i + v_t + \varepsilon_{ijt}$$
$$(j = 1, 2, 3, \cdots, N; t = 1, 2, 3, \cdots, T) \qquad (6.1)$$
$$\text{Ln}IMPORT_{ijt} = \alpha_0 + \alpha_1 \text{Ln}OFDI_{ijt} + \alpha_2 \text{Ln}GDPCAP_{jt} + \alpha_3 \text{Ln}TRADE_{jt} +$$
$$\alpha_4 \text{Ln}EXRATE_{jt} + \alpha_5 \text{Ln}INDUSTRY_{jt} + \alpha_6 \text{Ln}DISCAP_{ij} + \alpha_7 FTA_{ijt} +$$

①　中国对东盟地区的投资数据来自 2020 年度《中国对外直接投资统计公报》。

$$\alpha_8 CONTIG_{ij} + \alpha_9 COMLANG_{ij} + d_i + v_t + \varepsilon_{ijt}$$

$$(j = 1, 2, 3, \cdots, N; t = 1, 2, 3, \cdots, T) \tag{6.2}$$

由于中国对东盟投资以效率寻求型、市场寻求型和资源寻求型为主，因此本节侧重于对 BEC 分类下的贸易结构的考察，将对外直接投资母国贸易结构效应模型方程按照消费品、中间品、资本品类别逐一表示，从而得到中国 OFDI 与上述三类商品出口和进口规模的贸易引力模型方程。方程的具体表示如下：

（1）中国对东盟投资与消费品（$EXPCON_{ijt}$）、中间品（$EXPINT_{ijt}$）、资本品（$EXPCAP_{ijt}$）出口的贸易引力模型方程

$$LnEXPCON_{ijt} = \alpha_0 + \alpha_1 LnOFDI_{ijt} + \alpha_2 LnGDPCAP_{jt} + \alpha_3 LnTRADE_{jt} +$$

$$\alpha_4 LnEXRATE_{jt} + \alpha_5 LnINDUSTRY_{jt} + \alpha_6 LnDISCAP_{ij} + \alpha_7 FTA_{ijt} +$$

$$\alpha_8 CONTIG_{ij} + \alpha_9 COMLANG_{ij} + d_i + v_t + \varepsilon_{ijt}$$

$$(j = 1, 2, 3, \cdots, N; t = 1, 2, 3, \cdots, T) \tag{6.3}$$

$$LnEXPINT_{ijt} = \alpha_0 + \alpha_1 LnOFDI_{ijt} + \alpha_2 LnGDPCAP_{jt} + \alpha_3 LnTRADE_{jt} +$$

$$\alpha_4 LnEXRATE_{jt} + \alpha_5 LnINDUSTRY_{jt} + \alpha_6 LnDISCAP_{ij} + \alpha_7 FTA_{ijt} +$$

$$\alpha_8 CONTIG_{ij} + \alpha_9 COMLANG_{ij} + d_i + v_t + \varepsilon_{ijt}$$

$$(j = 1, 2, 3, \cdots, N; t = 1, 2, 3, \cdots, T) \tag{6.4}$$

$$LnEXPCAP_{ijt} = \alpha_0 + \alpha_1 LnOFDI_{ijt} + \alpha_2 LnGDPCAP_{jt} + \alpha_3 LnTRADE_{jt} +$$

$$\alpha_4 LnEXRATE_{jt} + \alpha_5 LnINDUSTRY_{jt} + \alpha_6 LnDISCAP_{ij} + \alpha_7 FTA_{ijt} +$$

$$\alpha_8 CONTIG_{ij} + \alpha_9 COMLANG_{ij} + d_i + v_t + \varepsilon_{ijt}$$

$$(j = 1, 2, 3, \cdots, N; t = 1, 2, 3, \cdots, T) \tag{6.5}$$

（2）中国对东盟投资与消费品（$IMPCON_{ijt}$）、中间品（$IMPINT_{ijt}$）、资本品（$IMPCAP_{ijt}$）进口的贸易引力模型方程

$$LnIMPCON_{ijt} = \alpha_0 + \alpha_1 LnOFDI_{ijt} + \alpha_2 LnGDPCAP_{jt} + \alpha_3 LnTRADE_{jt} +$$

$$\alpha_4 LnEXRATE_{jt} + \alpha_5 LnINDUSTRY_{jt} + \alpha_6 LnDISCAP_{ij} + \alpha_7 FTA_{ijt} +$$

$$\alpha_8 CONTIG_{ij} + \alpha_9 COMLANG_{ij} + d_i + v_t + \varepsilon_{ijt}$$

$$(j = 1, 2, 3, \cdots, N; t = 1, 2, 3, \cdots, T) \tag{6.6}$$

$$LnIMPINT_{ijt} = \alpha_0 + \alpha_1 LnOFDI_{ijt} + \alpha_2 LnGDPCAP_{jt} + \alpha_3 LnTRADE_{jt} +$$

$$\alpha_4 \mathrm{Ln}EXRATE_{jt} + \alpha_5 \mathrm{Ln}INDUSTRY_{jt} + \alpha_6 \mathrm{Ln}DISCAP_{ij} + \alpha_7 FTA_{ijt} +$$
$$\alpha_8 CONTIG_{ij} + \alpha_9 COMLANG_{ij} + d_i + v_t + \varepsilon_{ijt}$$
$$(j = 1,2,3,\cdots,N; t = 1,2,3,\cdots,T) \tag{6.7}$$
$$\mathrm{Ln}IMPCAP_{ijt} = \alpha_0 + \alpha_1 \mathrm{Ln}OFDI_{ijt} + \alpha_2 \mathrm{Ln}GDPCAP_{jt} + \alpha_3 \mathrm{Ln}TRADE_{jt} +$$
$$\alpha_4 \mathrm{Ln}EXRATE_{jt} + \alpha_5 \mathrm{Ln}INDUSTRY_{jt} + \alpha_6 \mathrm{Ln}DISCAP_{ij} + \alpha_7 FTA_{ijt} +$$
$$\alpha_8 CONTIG_{ij} + \alpha_9 COMLANG_{ij} + d_i + v_t + \varepsilon_{ijt}$$
$$(j = 1,2,3,\cdots,N; t = 1,2,3,\cdots,T) \tag{6.8}$$

二 数据来源与描述

在数据来源上，中国对东盟国家的消费品、中间品、资本品出口和进口数据来源与第五章第二节 OFDI 母国贸易结构效应模型相同，对外直接投资存量、东道国人均 GDP 水平、东道国贸易开放度、东道国汇率水平、东道国工业生产指数等 9 个变量的数据来源均与前文 OFDI 母国贸易规模效应模型相同。在实证分析前对数据进行以下处理。

一是剔除主要研究变量的样本缺失值或异常值。由于老挝汇率水平这一变量数据缺失，且中国与老挝之间贸易和投资的规模相对较小，为保证主要变量指标数据的完整性，将老挝从样本中剔除。处理后剩余国家样本数为 9 个。二是为降低模型异方差对参数估计产生的影响，对主要变量进行对数变换。

最终，经上述一系列数据处理后，本模型获得的样本数据为2007~2019 年中国与东盟 9 个国家之间 17 个变量指标的面板数据，样本容量为 1989 个。

三 实证研究方法的选取

（一）平稳性检验

为避免存在单位根导致的数据非平稳，进而产生"伪回归"现象，需要首先对面板数据主要变量进行平稳性检验。与前文一致，本节同时采用针对同质面板的 LLC 检验和针对异质面板的 IPS 检验方法，若两种检验均拒绝存在单位根的原假设，则面板数据是平稳的，反之则不平稳。

由 OFDI 母国贸易效应模型主要变量数据序列单位根检验结果可知，绝大多数变量通过了平稳性检验，其 LLC 检验和 IPS 检验统计量的 P 值均在 5% 的显著性水平下显著，即认为变量的原始序列是平稳的。$LnTRADE_{jt}$、$LnEXPCAP_{ijt}$、$LnIMPCON_{ijt}$ 和 $LnINDUSTRY_{jt}$ 这 4 个变量数据序列未通过平稳性检验，需要通过一阶差分修正，修正后的一阶差分序列是平稳的（详见表 6 - 1）。

表 6 - 1　中国对东盟投资的母国贸易效应模型平稳性检验结果

变量	差分阶数	同质面板的单位根检验		异质面板的单位根检验		结论
		LLC 检验	P 值	IPS 检验	P 值	
$LnOFDI_{ijt}$	0	- 5.2975	0.0000	- 5.6512	0.0000	平稳
$LnGDPCAP_{jt}$	0	- 2.8390	0.0023	- 2.6870	0.0036	平稳
$LnTRADE_{jt}$	0	- 2.5573	0.0064	0.5254	0.7003	非平稳
	1	- 8.6546	0.0000	- 3.9763	0.0000	平稳
$LnEXRATE_{jt}$	0	- 8.2239	0.0000	- 2.4907	0.0064	平稳
$LnINDUSTRY_{jt}$	0	1.9405	0.9738	2.7179	0.9967	非平稳
	1	- 7.1314	0.0000	- 4.6927	0.0000	平稳
$LnEXPORT_{ijt}$	0	- 10.1024	0.0000	- 3.2870	0.0005	平稳
$LnIMPORT_{ijt}$	0	- 5.5167	0.0000	- 4.1202	0.0000	平稳
$LnEXPCON_{ijt}$	0	- 8.0239	0.0000	- 4.2779	0.0000	平稳
$LnEXPINT_{ijt}$	0	- 7.6615	0.0000	- 1.9392	0.0262	平稳
$LnEXPCAP_{ijt}$	0	- 2.9994	0.0014	- 1.1486	0.1254	非平稳
	1	- 2.9357	0.0017	- 2.5289	0.0057	平稳
$LnIMPCON_{ijt}$	0	- 6.9819	0.0000	- 1.3768	0.0843	非平稳
	1	- 3.5857	0.0002	- 1.8282	0.0338	平稳
$LnIMPINT_{ijt}$	0	- 8.6390	0.0000	- 5.3150	0.0000	平稳
$LnIMPCAP_{ijt}$	0	- 2.1254	0.0168	- 11.2628	0.0000	平稳

（二）协整检验

为避免传统计量回归方法可能存在的"伪回归"问题，除对变量数据序列进行平稳性检验外，也须进行协整检验。与前文中检验方法一致，本节采用 Kao 检验和 Pedroni 检验两种检验方式，考察模型的被解释变量与主要解释变量之间是否存在长期稳定的协整关系。由检验结果可知，上述变量 Kao 检验下五种检验统计量中至少有三种对应的 P 值小于 0.05，Pedroni 检验下三种检验统计量对应的 P 值均小于 0.05，遵循多数原则，可在 5% 的水平上拒绝"不存在协整关系"的原假设（检验结果略）。因此，模型的主要变量之间存在长期稳定的均衡关系，在此基础上得到的面板回归结果是合理、有效的。

（三）面板回归模型选择

与前文一致，本节对 OFDI 母国贸易效应模型进行了三类面板回归估计，分别为混合回归模型、固定效应模型和随机效应模型。首先对上述三类模型进行回归估计，随后进行 F 检验、LR 检验和 Hausman 检验，判定上述三类模型中哪一种更为有效，并根据检验结果确定采用的估计结果。三类面板回归结果详见附录 C。

四 实证结果分析

（一）对贸易规模效应的分析

我国对东盟的直接投资对母国货物贸易出口有显著的带动作用，对进口的影响不显著。从出口看，由回归系数可知，在其他条件不变的情况下，我国对东盟 OFDI 每增加 1%，我国对东盟出口增加 0.21%。从进口看，核心解释变量 $LnOFDI_{ijt}$ 回归系数未能通过检验，表明我国对东盟投资对母国贸易进口的影响不显著。东盟国家的经济发展水平（$GDPCAP_{jt}$）、贸易开放程度（$TRADE_{jt}$）、汇率水平（$EXRATE_{jt}$）整体上亦对我国与东盟的贸易规模产生了正向影响（见表 6-2）。

表 6 - 2　中国对东盟投资的母国贸易规模效应估计结果

变量	出口总额（$\text{Ln}EXPORT_{ijt}$）	进口总额（$\text{Ln}IMPORT_{ijt}$）
$\text{Ln}OFDI_{ijt}$	0.210 *** （0.0429）	0.103 （0.0683）
$\text{Ln}GDPCAP_{jt}$	1.010 *** （0.218）	1.259 *** （0.348）
$\text{Ln}TRADE_{jt}$	- 0.288 （0.318）	0.991 * （0.507）
$\text{Ln}EXRATE_{jt}$	1.981 *** （0.536）	3.507 *** （0.853）
$\text{Ln}INDUSTRY_{jt}$	0.378 （0.480）	0.953 （0.765）
FTA_{ijt}	0.0252 （0.218）	- 0.958 *** （0.348）
常数项	2.345 （2.358）	- 3.370 （3.754）
观测值 N	108	108
面板回归类型	固定效应模型	固定效应模型

注：* $p < 0.1$，** $p < 0.05$，*** $p < 0.01$，分别表示统计量在 10%、5% 和 1% 的显著性水平上显著，回归系数下方括号内为标准误。由于变量 $\text{Ln}DISCAP$、$CONTIG$、COM-$LANG$ 均不随时间变化，可能存在多重共线性，故将其从固定效应模型中略去。

（二）对贸易结构效应的分析

从出口结构看，我国对东盟的投资对我国中间品和资本品出口均有显著的促进作用，而对于消费品出口未见显著影响。由核心解释变量 $\text{Ln}OFDI_{ijt}$ 的回归系数可知，在其他条件不变的情况下，我国对东盟国家 OFDI 每增加 1%，带动我国对东盟国家中间品和资本品出口分别增加 0.272% 和 0.239%。此外，东盟国家的经济发展水平（$GDPCAP_{jt}$）和汇率水平（$EXRATE_{jt}$）整体上也对我国对东盟的出口产生了一定影响（见表 6 - 3）。

表6-3　中国对东盟投资的母国出口结构效应估计结果

变量	出口结构		
	消费品（Ln$EXPCON_{ijt}$）	中间品（Ln$EXPINT_{ijt}$）	资本品（Ln$EXPCAP_{ijt}$）
Ln$OFDI_{ijt}$	0.0581 （0.0638）	0.272 *** （0.0411）	0.239 *** （0.0500）
Ln$GDPCAP_{jt}$	2.187 *** （0.325）	0.642 *** （0.209）	0.253 （0.255）
Ln$TRADE_{jt}$	-1.027 ** （0.474）	-0.0527 （0.305）	0.0289 （0.371）
Ln$EXRATE_{jt}$	0.430 （0.797）	2.490 *** （0.514）	3.034 *** （0.625）
Ln$INDUSTRY_{jt}$	-0.187 （0.715）	0.638 （0.461）	0.460 （0.560）
FTA_{ijt}	0.311 （0.325）	-0.126 （0.209）	0.0355 （0.255）
常数项	8.017 ** （3.509）	-0.883 （2.262）	-3.386 （2.749）
观测值 N	108	108	108
面板回归类型	固定效应模型	固定效应模型	固定效应模型

注：* $p < 0.1$，** $p < 0.05$，*** $p < 0.01$，分别表示统计量在10%、5%和1%的显著性水平上显著，回归系数下方括号内为标准误。由于变量Ln$DISCAP$、$CONTIG$、COM-$LANG$均不随时间变化，可能存在多重共线性，故将其从固定效应模型中略去。

上述模型回归结果印证了我国对东盟主要国家的直接投资，特别是以产能转移为主要特征的效率寻求型直接投资，有效带动了国内相关零部件原材料等中间品及生产设备等资本品的出口。为利用东道国相对廉价的土地、劳动力等优势，或出于规避贸易壁垒的考虑，我国企业将部分生产加工环节转移至东盟国家。在产业转移过程中，或是由于东盟国家普遍产业配套能力不足，或是企业出于对国内产品的消费偏好和路径依赖，在东盟生产所需的零部件、原材料等中间品,以及机械设备等资本品仍来自国内,从而带动了我国对东盟中间品和资本品出口的增加。

从进口结构看,我国对东盟的投资对消费品进口有显著的促进作用,对中间品进口有一定促进作用,但对于资本品进口的影响并不显著。其中,对消费品进口的带动作用最大,由核心解释变量$\text{Ln}OFDI_{ijt}$的回归系数可知,在其他条件不变的情况下,我对东盟国家 OFDI 每增加1%,带动我国自东盟消费品和中间品进口分别增加0.463%和0.117%(见表6-4)。

表6-4　中国对东盟投资的母国进口结构效应估计结果

变量	进口结构		
	消费品($\text{Ln}IMPCON_{ijt}$)	中间品($\text{Ln}IMPINT_{ijt}$)	资本品($\text{Ln}IMPCAP_{ijt}$)
$\text{Ln}OFDI_{ijt}$	0.463 *** (0.0874)	0.117 * (0.0628)	-0.155 (0.238)
$\text{Ln}GDPCAP_{jt}$	0.148 (0.445)	1.141 *** (0.319)	2.826 ** (1.209)
$\text{Ln}TRADE_{jt}$	-1.121 * (0.649)	1.129 ** (0.466)	-0.464 (1.763)
$\text{Ln}EXRATE_{jt}$	3.522 *** (1.092)	3.100 *** (0.784)	10.400 *** (2.968)
$\text{Ln}INDUSTRY_{jt}$	2.500 ** (0.978)	0.780 (0.703)	1.250 (2.660)
FTA_{ijt}	-0.432 (0.445)	-0.921 *** (0.320)	-1.600 (1.210)
常数项	-10.54 ** (4.805)	-1.783 (3.451)	-38.18 *** (13.06)
观测值 N	108	108	108
面板回归类型	固定效应模型	固定效应模型	固定效应模型

注:* $p < 0.1$,** $p < 0.05$,*** $p < 0.01$,分别表示统计量在10%、5%和1%的显著性水平上显著,回归系数下方括号内为标准误。由于变量 $\text{Ln}DISCAP$、$CONTIG$、$COM\text{-}LANG$ 均不随时间变化,可能存在多重共线性,故将其从固定效应模型中略去。

上述估计结果印证了我国在东盟以效率寻求型为主的对外直接投资能够带动消费品和中间品回流母国，满足我国国内生产生活的需要，境外与国内社会经济发展的联系依然紧密。

五　稳健性检验

与前文一致，此部分选取变量 $LnOFDI_{ijt}$ 的滞后一期和滞后二期作为核心解释变量，对引力模型进行估计。由表 6 - 5 的回归结果可知，滞后期的 $LnOFDI_{ijt}$ 对货物贸易出口的影响仍然是显著的，东盟国家的经济发展水平（$LnGDPCAP_{jt}$）、贸易开放度（$LnTRADE_{jt}$）、汇率水平（$LnEXRATE_{jt}$）等控制变量的符号也与表 6 - 2 中的符号基本一致。滞后一期和滞后二期的 $LnOFDI_{ijt}$ 对货物贸易进口的影响依然不显著，这也与前文结论一致。

表 6 - 5　中国对东盟投资的母国贸易规模效应估计结果（加入滞后期）

变量	出口总额（$LnEXPORT_{ijt}$）		进口总额（$LnIMPORT_{ijt}$）	
$LnOFDI_{ijt}$ 滞后一期	0. 242 *** (0. 0391)		0. 0625 (0. 0665)	
$LnOFDI_{ijt}$ 滞后二期		0. 182 *** (0. 0355)		- 0. 0673 (0. 0682)
$LnGDPCAP_{jt}$	0. 812 *** (0. 214)	1. 238 *** (0. 207)	1. 354 *** (0. 363)	1. 967 *** (0. 397)
$LnTRADE_{jt}$	- 0. 206 (0. 301)	- 0. 0952 (0. 297)	0. 987 * (0. 512)	0. 977 * (0. 570)
$LnEXRATE_{jt}$	1. 742 *** (0. 510)	0. 981 ** (0. 472)	3. 505 *** (0. 866)	3. 012 *** (0. 905)
$LnINDUSTRY_{jt}$	0. 397 (0. 453)	0. 215 (0. 438)	1. 000 (0. 769)	0. 553 (0. 841)
FTA_{ijt}	- 0. 0473 (0. 207)	- 0. 0540 (0. 240)	- 0. 955 *** (0. 352)	- 0. 745 (0. 461)

变量	出口总额 （Ln$EXPORT_{ijt}$）		进口总额 （Ln$IMPORT_{ijt}$）	
常数项	3.472 (2.224)	7.308 *** (2.064)	-2.921 (3.778)	0.0765 (3.961)
观测值 N	108	99	108	99
面板回归类型	固定效应模型	固定效应模型	固定效应模型	固定效应模型

注：* $p < 0.1$，** $p < 0.05$，*** $p < 0.01$，分别表示统计量在 10%、5% 和 1% 的显著性水平上显著，回归系数下方括号内为标准误。由于变量 Ln$DISCAP$、$CONTIG$、COM-$LANG$ 均不随时间变化，可能存在多重共线性，故将其从固定效应模型中略去。

由表 6-6 的回归结果可知，滞后期的 Ln$OFDI_{ijt}$对中间品、资本品出口的影响仍然是显著的，数值略大于前文表 6-3 中的回归结果，这可能是由于直接投资项目落地投产后对于母国中间品或资本品的需求比项目初期更大。东盟国家的经济发展水平 （LnGDP-CAP_{jt}）、贸易开放度 （Ln$TRADE_{jt}$）、汇率水平 （Ln$EXRATE_{jt}$） 等控制变量的符号也与前文表 6-3 中的符号基本一致。滞后一期和滞后二期的 OFDI 对消费品出口的影响依然不显著，这也与前文结论一致。

表 6-6　中国对东盟投资的母国出口结构效应估计结果 （加入滞后期）

变量	出口结构					
	消费品 （Ln$EXPCON_{ijt}$）		中间品 （Ln$EXPINT_{ijt}$）		资本品 （Ln$EXPCAP_{ijt}$）	
Ln$OFDI_{ijt}$ 滞后一期	0.0807 (0.0614)		0.305 *** (0.0364)		0.271 *** (0.0460)	
Ln$OFDI_{ijt}$ 滞后二期		-0.0559 (0.0544)		0.307 *** (0.0344)		0.231 *** (0.0459)
Ln$GDPCAP_{jt}$	2.085 *** (0.335)	2.861 *** (0.316)	0.413 ** (0.199)	0.544 *** (0.200)	0.0432 (0.252)	0.278 (0.267)
Ln$TRADE_{jt}$	-0.994 ** (0.473)	-0.607 (0.454)	0.0474 (0.280)	-0.0388 (0.288)	0.119 (0.355)	0.194 (0.383)

续表

变量	出口结构					
	消费品（Ln$EXPCON_{ijt}$）		中间品（Ln$EXPINT_{ijt}$）		资本品（Ln$EXPCAP_{ijt}$）	
Ln$EXRATE_{jt}$	0.336 (0.800)	-0.597 (0.722)	2.198 *** (0.474)	1.689 *** (0.457)	2.771 *** (0.600)	2.120 *** (0.609)
Ln$INDUSTRY_{jt}$	-0.191 (0.710)	-0.696 (0.670)	0.669 (0.421)	0.721 * (0.424)	0.486 (0.533)	0.523 (0.566)
FTA_{ijt}	0.281 (0.325)	0.198 (0.368)	-0.214 (0.192)	-0.186 (0.233)	-0.0439 (0.244)	-0.0911 (0.310)
常数项	8.354 ** (3.488)	13.580 *** (3.157)	0.562 (2.066)	2.783 (2.000)	-2.111 (2.617)	1.278 (2.666)
观测值 N	108	99	108	99	108	99
面板回归类型	固定效应模型		固定效应模型		固定效应模型	

注：* $p < 0.1$，** $p < 0.05$，*** $p < 0.01$，分别表示统计量在 10%、5% 和 1% 的显著性水平上显著，回归系数下方括号内为标准误。由于变量 Ln$DISCAP$、$CONTIG$、$COMLANG$ 均不随时间变化，可能存在多重共线性，故将其从固定效应模型中略去。

由表 6-7 的回归结果可知，滞后期的 Ln$OFDI_{ijt}$ 对消费品进口的影响仍然是显著的，数值略小于前文表 6-4 中的回归结果；对于资本品进口的影响仍然不显著，也与前文结论一致。然而，对于中间品而言，滞后一期和滞后二期的 Ln$OFDI_{ijt}$ 对中间品进口的影响不再显著，未能通过稳健性检验，这也说明中国在东盟的 OFDI 对母国中间品进口的促进作用并不显著。

表 6-7 中国对东盟投资的母国进口结构效应估计结果（加入滞后期）

变量	进口结构		
	消费品（Ln$IMPCON_{ijt}$）	中间品（Ln$IMPINT_{ijt}$）	资本品（Ln$IMPCAP_{ijt}$）
Ln$OFDI_{ijt}$ 滞后一期	0.415 *** (0.0862)	0.0757 (0.0613)	0.00533 (0.230)
Ln$OFDI_{ijt}$ 滞后二期	0.319 *** (0.0831)	-0.0541 (0.0637)	0.195 (0.236)

续表

变量	进口结构					
	消费品（Ln$IMPCON_{ijt}$）		中间品（Ln$IMPINT_{ijt}$）		资本品（Ln$IMPCAP_{ijt}$）	
Ln$GDPCAP_{jt}$	0.116 （0.471）	0.592 （0.483）	1.233 *** （0.335）	1.791 *** （0.370）	2.343 * （1.257）	2.121 （1.374）
Ln$TRADE_{jt}$	−1.034 （0.664）	−1.065 （0.694）	1.128 ** （0.472）	1.229 ** （0.532）	−0.378 （1.772）	−1.636 （1.972）
Ln$EXRATE_{jt}$	3.240 *** （1.123）	2.158 * （1.102）	3.089 *** （0.798）	2.597 *** （0.845）	10.20 *** （2.998）	10.94 *** （3.133）
Ln$INDUSTRY_{jt}$	2.622 ** （0.998）	2.493 ** （1.024）	0.831 （0.709）	0.336 （0.785）	1.114 （2.663）	0.891 （2.909）
FTA_{ijt}	−0.509 （0.457）	−0.512 （0.562）	−0.920 *** （0.324）	−0.618 （0.431）	−1.676 （1.219）	−2.016 （1.596）
常数项	−8.269 * （4.901）	−2.431 （4.823）	−1.262 （3.482）	1.741 （3.698）	−38.670 *** （13.08）	−44.180 *** （13.71）
观测值 N	108	99	108	99	108	99
面板回归类型	固定效应模型		固定效应模型		固定效应模型	

注：* $p < 0.1$，** $p < 0.05$，*** $p < 0.01$，分别表示统计量在 10%、5% 和 1% 的显著性水平上显著，回归系数下方括号内为标准误。由于变量 Ln$DISCAP$、$CONTIG$、$COMLANG$ 均不随时间变化，可能存在多重共线性，故将其从固定效应模型中略去。

六　主要结论

本节以我国对东盟的直接投资和双边贸易为研究对象，通过建立引力模型，实证分析了 2007～2019 年我国对东盟投资对双边贸易规模的整体影响，以及对我国消费品、中间品和资本品贸易的影响。通过本节的研究可以得到以下相关结论：

（1）我国对东盟的 OFDI 有效带动了我国对东盟出口规模的扩大，但对于我国自东盟进口规模的整体影响不显著。

（2）从出口结构看，我国对东盟的 OFDI 对我国中间品和资本品对东盟出口均有显著的促进作用，而对于消费品出口未见显著影响。

（3）从进口结构看，我国对东盟的 OFDI 对我国消费品自东盟进口有显著的促进作用，但对于中间品和资本品进口的影响并不显著。

在国内面临劳动力、土地等要素成本上升等挑战的当下，将部分对成本敏感的劳动密集环节转移至东盟，利用当地比较优势降低生产成本，能继续保持我国制造业在全球的竞争优势，也有利于国内集中精力发展研发设计、高端制造等高附加值产业。与此同时，国内投资主体与境外企业仍保持紧密联系，境外生产所需的原材料、零部件等中间品，以及机械设备等资本品仍依赖国内供给；境外产品仍有部分返销国内，带动母国进口，满足国内生产生活所需。

第二节　对外直接投资母国贸易效应的实证分析：
对欧盟的投资

欧盟是我国对外直接投资最为活跃的地区之一，也是中资企业开展跨国并购的主要目的地。欧债危机后，欧盟资产价格大幅缩水，各成员国政府为提振经济向外国投资敞开大门，为中资企业赴欧投资创造了战略机遇期。截至 2020 年末，中国对欧盟直接投资存量达830.16 亿美元，设立直接投资企业近 2800 家，覆盖欧盟全部 27 个成员国，雇用外方员工近 25 万人。从投资存量构成看，中国对欧盟 OF-DI 集中在制造业（截至 2020 年末占比 34.7%）、采矿业（18.6%）、金融业（14.3%）、租赁和商务服务业（9.2%）。①

---

① 中国对欧盟地区的投资数据来自 2020 年度《中国对外直接投资统计公报》。

基于学者的研究成果，中国对欧盟 OFDI 主要包含创新资产寻求型、市场寻求型和资源寻求型投资，其中创新资产寻求型投资最为突出。姜宝等（2015）选取 2003～2013 年中欧贸易投资数据研究发现，中国对欧盟逆向投资主要表现为技术寻求型。刘再起和王阳（2014）研究发现技术水平和资源禀赋程度是影响中国对欧盟直接投资的重要因素。王阳（2016）将中国对欧盟投资的主要动机归纳为创新资产寻求型和资源寻求型。杨连星和罗玉辉（2017）指出对欧盟投资产生的规模经济效应会提升市场占有率，分摊研发、生产和管理成本，增加企业边际收益，是中国跨国企业获取市场、专有技术、人力资本与品牌等战略资源的重要途径。

此部分采用 2007～2019 年中国对欧盟直接投资和货物贸易进出口数据，构建引力模型，首先探讨中国投资欧盟对贸易进出口规模产生的影响，进而基于技术密集度分类下的贸易商品结构，重点探讨中国对欧盟投资对母国低技术含量制成品、中技术含量制成品和高技术含量制成品贸易的作用。

一　模型的设计与建立

参照第五章对外直接投资母国贸易效应模型的设计思路，本节仍借鉴引力模型的研究方法，构建中国对东盟投资影响母国贸易规模的引力模型方程。欧盟国家均不与中国接壤，均不与中国使用相同的语言，均未与中国签订自由贸易协定，且欧盟各国首都与中国首都地理距离之间的差异可忽略不计。因此，出于对欧盟国家上述地理、文化、经贸特点的考虑，本节没有将国家首都间的地理距离（$LnDISCAP_{ij}$）、是否签订自由贸易协定（FTA_{ijt}）、是否拥有共同语言（$COMLANG_{ij}$）和是否拥有共同边界（$CONTIG_{ij}$）这 4 个变量纳入模型中。中国对欧盟投资影响母国贸易规模的引力模型具体表示如下：

$$\mathrm{Ln}EXPORT_{ijt} = \alpha_0 + \alpha_1 \mathrm{Ln}OFDI_{ijt} + \alpha_2 \mathrm{Ln}GDPCAP_{jt} + \alpha_3 \mathrm{Ln}TRADE_{jt} +$$
$$\alpha_4 \mathrm{Ln}EXRATE_{jt} + \alpha_5 \mathrm{Ln}INDUSTRY_{jt} + d_i + v_t + \varepsilon_{ijt}$$
$$(j = 1,2,3,\cdots,N; t = 1,2,3,\cdots,T) \tag{6.9}$$

$$\mathrm{Ln}IMPORT_{iji} = \alpha_0 + \alpha_1 \mathrm{Ln}OFDI_{ijt} + \alpha_2 \mathrm{Ln}GDPCAP_{jt} + \alpha_3 \mathrm{Ln}TRADE_{jt} +$$
$$\alpha_4 \mathrm{Ln}EXRATE_{jt} + \alpha_5 \mathrm{Ln}INDUSTRY_{jt} + d_i + v_t + \varepsilon_{ijt}$$
$$(j = 1,2,3,\cdots,N; t = 1,2,3,\cdots,T) \tag{6.10}$$

由于中国对欧盟投资以创新资产寻求型为主，因此本节侧重于对技术密集度分类下的贸易结构的考察，将对外直接投资母国贸易结构效应模型方程按照低技术含量制成品、中技术含量制成品、高技术含量制成品三类逐一表示，从而得到中国 OFDI 与上述三类商品进口和出口规模的贸易引力模型方程。方程的具体表示如下：

（1）中国对欧盟投资与低技术含量制成品（$EXPLT_{ijt}$）、中技术含量制成品（$EXPMT_{ij}$）、高技术含量制成品（$EXPHT_{ijt}$）出口的贸易引力模型方程

$$\mathrm{Ln}EXPLT_{ijt} = \alpha_0 + \alpha_1 \mathrm{Ln}OFDI_{ijt} + \alpha_2 \mathrm{Ln}GDPCAP_{jt} + \alpha_3 \mathrm{Ln}TRADE_{ijt} +$$
$$\alpha_4 \mathrm{Ln}EXRATE_{jt} + \alpha_5 \mathrm{Ln}INDUSTRY_{jt} + d_i + v_t + \varepsilon_{ijt}$$
$$(j = 1,2,3,\cdots,N; t = 1,2,3,\cdots,T) \tag{6.11}$$

$$\mathrm{Ln}EXPMT_{ijt} = \alpha_0 + \alpha_1 \mathrm{Ln}OFDI_{ijt} + \alpha_2 \mathrm{Ln}GDPCAP_{jt} + \alpha_3 \mathrm{Ln}TRADE_{jt} +$$
$$\alpha_4 \mathrm{Ln}EXRATE_{jt} + \alpha_5 \mathrm{Ln}INDUSTRY_{jt} + d_i + v_t + \varepsilon_{ijt}$$
$$(j = 1,2,3,\cdots,N; t = 1,2,3,\cdots,T) \tag{6.12}$$

$$\mathrm{Ln}EXPHT_{ijt} = \alpha_0 + \alpha_1 \mathrm{Ln}OFDI_{ijt} + \alpha_2 \mathrm{Ln}GDPCAP_{jt} + \alpha_3 \mathrm{Ln}TRADE_{jt} +$$
$$\alpha_4 \mathrm{Ln}EXRATE_{jt} + \alpha_5 \mathrm{Ln}INDUSTRY_{jt} + d_i + v_t + \varepsilon_{ijt}$$
$$(j = 1,2,3,\cdots,N; t = 1,2,3,\cdots,T) \tag{6.13}$$

（2）中国对欧盟投资与低技术含量制成品（$IMPLT_{ijt}$）、中技术含量制成品（$IMPMT_{ijt}$）、高技术含量制成品（$IMPHT_{ijt}$）进口的贸易引力模型方程

$$\mathrm{Ln}IMPLT_{ijt} = \alpha_0 + \alpha_1 \mathrm{Ln}OFDI_{ijt} + \alpha_2 \mathrm{Ln}GDPCAP_{jt} + \alpha_3 \mathrm{Ln}TRADE_{jt} +$$
$$\alpha_4 \mathrm{Ln}EXRATE_{jt} + \alpha_5 \mathrm{Ln}INDUSTRY_{jt} + d_i + v_t + \varepsilon_{ijt}$$
$$(j = 1,2,3,\cdots,N; t = 1,2,3,\cdots,T) \qquad (6.14)$$

$$\mathrm{Ln}IMPMT_{ijt} = \alpha_0 + \alpha_1 \mathrm{Ln}OFDI_{ijt} + \alpha_2 \mathrm{Ln}GDPCAP_{jt} + \alpha_3 \mathrm{Ln}TRADE_{jt} +$$
$$\alpha_4 \mathrm{Ln}EXRATE_{jt} + \alpha_5 \mathrm{Ln}INDUSTRY_{jt} + d_i + v_t + \varepsilon_{ijt}$$
$$(j = 1,2,3,\cdots,N; t = 1,2,3,\cdots,T) \qquad (6.15)$$

$$\mathrm{Ln}IMPHT_{ijt} = \alpha_0 + \alpha_1 \mathrm{Ln}OFDI_{ijt} + \alpha_2 \mathrm{Ln}GDPCAP_{jt} + \alpha_3 \mathrm{Ln}TRADE_{jt} +$$
$$\alpha_4 \mathrm{Ln}EXRATE_{jt} + \alpha_5 \mathrm{Ln}INDUSTRY_{jt} + d_i + v_t + \varepsilon_{ijt}$$
$$(j = 1,2,3,\cdots,N; t = 1,2,3,\cdots,T) \qquad (6.16)$$

二 数据来源与描述

在数据来源上，中国对欧盟国家的低、中、高技术含量制成品出口和进口数据来源与第五章第三节 OFDI 母国贸易结构效应模型相同，对外直接投资存量、东道国人均 GDP 水平、东道国贸易开放度、东道国汇率水平、东道国工业生产指数 5 个变量的数据来源均与前文 OFDI 母国贸易规模效应模型相同。在实证分析前对数据进行以下处理。

一是剔除主要研究变量的样本缺失值或异常值。为保证出口、进口和对外直接投资存量指标数据的完整性，首先剔除了对外直接投资存量指标中的缺失值和极低的异常值，将中国对其直接投资存量少于 1 亿美元的 5 个国家样本（爱沙尼亚、立陶宛、拉脱维亚、斯洛伐克、克罗地亚）剔除；其次将技术密集度分类下五类商品出口额、进口额指标中存在缺失值的国家样本（马耳他）剔除；最后在剩余样本中将东道国贸易开放度、东道国工业生产指数等指标中存在缺失值的国家样本（罗马尼亚）剔除；处理后剩余国家样本数为 21 个（包含英国[①]）。二是为降低模型异方差对参数估计产生的

---

① 英国于 2020 年 2 月 1 日起正式退出欧盟，而本节研究的时间跨度为 2007～2019 年，故将英国纳入欧盟范畴进行研究。

影响，对主要变量进行对数变换。

最终，经上述一系列数据处理后，本模型获得的样本数据为2007～2019 年中国与欧盟 21 个国家之间 13 个变量指标的面板数据，样本容量为 3549 个。

三　实证研究方法的选取

（一）平稳性检验

为避免存在单位根导致的数据非平稳，进而产生"伪回归"现象，需要首先对面板数据主要变量进行平稳性检验。与前文一致，本节同时采用针对同质面板的 LLC 检验和针对异质面板的 IPS 检验方法，若两种检验均拒绝存在单位根的原假设，则面板数据是平稳的，反之则不平稳。由模型主要变量的单位根检验结果（详见表 6 - 8）可知，除被解释变量 $LnEXPORT_{ijt}$ 外，其余变量的数据序列通过了平稳性检验，$LnEXPORT_{ijt}$ 的一阶差分序列通过了平稳性检验。

表 6 - 8　中国对欧盟投资的母国贸易效应模型平稳性检验结果

变量	差分阶数	同质面板的单位根检验		异质面板的单位根检验		结论
		LLC 检验	P 值	IPS 检验	P 值	
$LnOFDI_{ijt}$	0	- 6.5882	0.0000	- 4.3717	0.0000	平稳
$LnGDPCAP_{jt}$	0	- 4.5043	0.0000	- 2.7492	0.0030	平稳
Ln $TRADE_{jt}$	0	- 11.0994	0.0000	- 3.3856	0.0004	平稳
$LnEXRATE_{ijt}$	0	- 5.1429	0.0000	- 13.0801	0.0000	平稳
$LnINDUSTRY_{jt}$	0	- 5.8591	0.0000	- 12.4274	0.0000	平稳
$LnEXPORT_{ijt}$	0	- 3.3735	0.0004	- 0.2083	0.4175	非平稳
	1	- 16.3014	0.0000	- 8.7080	0.0000	平稳
$LnIMPORT_{ijt}$	0	- 5.1282	0.0000	- 3.7204	0.0001	平稳
$LnEXPLT_{ijt}$	0	- 5.1561	0.0000	- 3.4938	0.0002	平稳
$LnEXPMT_{ijt}$	0	- 1.8021	0.0358	- 12.0891	0.0000	平稳
$LnEXPHT_{ijt}$	0	- 4.3520	0.0000	0.0603	0.0241	平稳

变量	差分阶数	同质面板的单位根检验		异质面板的单位根检验		结论
		LLC 检验	P 值	IPS 检验	P 值	
Ln$IMPLT_{ijt}$	0	− 6.7874	0.0000	− 5.7811	0.0000	平稳
Ln$IMPMT_{ijt}$	0	− 4.8312	0.0000	− 7.0463	0.0000	平稳
Ln$IMPHT_{ijt}$	0	− 2.5655	0.0052	− 0.2541	0.0397	平稳

（二）协整检验

为避免传统计量回归方法可能存在的"伪回归"问题，除对变量数据序列进行平稳性检验外，也须进行协整检验。与前文中检验方法一致，本节采用 Kao 检验和 Pedroni 检验两种检验方式，考察模型的被解释变量与主要解释变量之间是否存在长期稳定的协整关系。由检验结果可知，上述变量 Kao 检验下五种检验统计量中至少有三种对应的 P 值小于 0.05，Pedroni 检验下三种检验统计量对应的 P 值均小于 0.05，遵循多数原则，可在 5% 的水平上拒绝"不存在协整关系"的原假设（检验结果略）。因此，模型的主要变量之间存在长期稳定的均衡关系，在此基础上得到的面板回归结果是合理、有效的。

（三）面板回归模型选择

与前文一致，本节对 OFDI 母国贸易效应模型进行了三类面板回归估计，分别为混合回归模型、固定效应模型和随机效应模型。首先对上述三类模型进行回归估计（估计结果详见附录 C），随后进行 F 检验、LM 检验和 Hausman 检验，判定上述三类模型中哪一种更为有效，并根据检验结果确定采用的估计结果。

四 实证结果分析

（一）对贸易规模效应的分析

我国对欧盟的 OFDI 对母国货物贸易自欧盟进口有显著的带动作用，但对我国对欧盟出口产生了一定替代。从进口看，由回归系数可知，在其他条件不变的情况下，我国对欧盟国家 OFDI 每增加 1%，我国自欧盟进口增加 0.135%。从出口看，在其他条件不变的情况下，我国对欧盟国家 OFDI 每增加 1%，我国对欧盟出口减少 0.018%，但与对进口的促进作用相比，对出口的替代作用微乎其微。欧盟国家的经济发展水平（$GDPCAP_{jt}$）和贸易开放度（$TRADE_{jt}$）对我国与欧盟间的贸易规模产生了显著的正向影响，欧盟国家的汇率水平（$EXRATE_{jt}$）和工业生产指数（$INDUSTY_{jt}$）对我国自欧盟进口产生了负向影响（见表 6－9）。

这样的实证结果与我国对欧盟投资的方式和动因有关。我国对欧盟投资以创新资产寻求型为主，创新资产寻求型 OFDI 对于货物贸易出口的带动作用不强，更多体现在促进高技术产品的进口上。

表 6－9　中国对欧盟投资的母国贸易规模效应估计结果

变量	出口总额（$LnEXPORT_{ijt}$）	进口总额（$LnIMPORT_{ijt}$）
$LnOFDI_{ijt}$	－ 0.0182 * （0.0106）	0.135 *** （0.0117）
$LnGDPCAP_{jt}$	0.443 ** （0.204）	1.654 *** （0.206）
$LnTRADE_{jt}$	0.875 *** （0.169）	1.324 *** （0.191）
$LnEXRATE_{jt}$	0.202 （0.417）	－ 2.673 *** （0.437）
$LnINDUSTY_{jt}$	0.0690 （0.206）	－ 0.637 *** （0.208）
常数项	－ 6.256 *** （2.251）	16.890 *** （2.418）
观测值 N	252	273
面板回归类型	固定效应模型	随机效应模型

注：* $p < 0.1$，** $p < 0.05$，*** $p < 0.01$，分别表示统计量在 10%、5% 和 1% 的显著性水平上显著，回归系数下方括号内为标准误。

（二）对贸易结构效应的分析

从出口看，我国对欧盟 OFDI 对我国低、中、高技术含量制成品出口均有带动作用，但与其他影响因素相比，投资的带动作用微乎其微。在其他条件不变的情况下，我国对欧盟国家 OFDI 每增加1%，分别带动我国对欧盟的低、中、高技术含量制成品出口增加0.038%、0.062%和0.030%。欧盟国家的经济发展水平（$GDPCAP_{jt}$）、贸易开放度（$TRADE_{jt}$）、汇率水平（$EXRATE_{jt}$）等因素对各类技术含量制成品的出口影响更大（见表6-10）。在估计模型的选取上，经检验判定，低技术含量制成品出口选用随机效应模型估计更有效，而中、高技术含量制成品出口则选用固定效应模型估计更有效。这意味着欧盟不同成员国之间的个体差异对中、高技术含量制成品出口有一定影响，但对低技术含量制成品出口影响不大。

表6-10　中国对欧盟投资的母国出口结构效应估计结果

变量	出口结构		
	低技术含量制成品（$\text{Ln}EXPLT_{ijt}$）	中技术含量制成品（$\text{Ln}EXPMT_{ijt}$）	高技术含量制成品（$\text{Ln}EXPHT_{ijt}$）
$\text{Ln}OFDI_{ijt}$	0.0378 *** (0.0106)	0.0621 *** (0.0147)	0.0299 * (0.0156)
$\text{Ln}GDPCAP_{jt}$	0.692 *** (0.190)	1.245 *** (0.278)	0.709 ** (0.295)
$\text{Ln}TRADE_{jt}$	1.186 *** (0.173)	0.980 *** (0.244)	1.777 *** (0.259)
$\text{Ln}EXRATE_{jt}$	-1.044 *** (0.397)	-1.150 ** (0.559)	-0.304 (0.285)
$\text{Ln}INDUSTY_{jt}$	0.0646 (0.189)	0.472 * (0.268)	-0.121 (0.595)
常数项	10.960 *** (2.199)	7.982 *** (3.039)	6.038 * (3.230)

续表

变量	出口结构		
	低技术含量制成品（LnEXPLT$_{ijt}$）	中技术含量制成品（LnEXPMT$_{ijt}$）	高技术含量制成品（LnEXPHT$_{ijt}$）
观测值 N	273	273	273
面板回归类型	随机效应模型	固定效应模型	固定效应模型

注：$* p < 0.1$，$** p < 0.05$，$*** p < 0.01$，分别表示统计量在 10%、5% 和 1% 的显著性水平上显著，回归系数下方括号内为标准误。

从进口看，我国对欧盟投资对我国中、高技术含量制成品进口产生了促进作用。通过比较回归系数，在其他条件不变的情况下，我国对欧盟国家 OFDI 每增加 1%，带动我国自欧盟的低、中、高技术含量制成品进口分别增加 0.085%、0.104% 和 0.162%，对中、高技术含量制成品进口的促进作用相对较大。欧盟国家的经济发展水平、贸易开放度、汇率水平等因素也对我国自欧盟进口各类技术产品产生重要影响（见表 6 - 11）。

这从一定程度上印证了创新资产寻求型 OFDI 对母国中、高技术含量制成品进口影响较大，而对低技术含量制成品进口影响不大。通过并购欧盟成员国企业或在当地设立研发中心的方式，增加了我国与欧盟之间在信息、技术等方面的交流合作，有助于打破欧盟国家原有的技术转让限制或壁垒，增加我国自欧盟高技术含量制成品的进口。

表 6 - 11　中国对欧盟投资的母国进口结构效应估计结果

变量	进口结构		
	低技术含量制成品（LnIMPLT$_{ijt}$）	中技术含量制成品（LnIMPMT$_{ijt}$）	高技术含量制成品（LnIMPHT$_{ijt}$）
LnOFDI$_{ijt}$	0.0848 *** (0.0207)	0.104 *** (0.0158)	0.162 *** (0.0177)
LnGDPCAP$_{jt}$	1.750 *** (0.343)	1.441 *** (0.280)	0.532 * (0.300)

变量	进口结构		
	低技术含量制成品 （Ln$IMPLT_{ijt}$）	中技术含量制成品 （Ln$IMPMT_{ijt}$）	高技术含量制成品 （Ln$IMPHT_{ijt}$）
Ln$TRADE_{jt}$	1. 564 *** （0. 331）	1. 689 *** （0. 258）	2. 194 *** （0. 285）
Ln$EXRATE_{jt}$	− 3. 771 *** （0. 764）	− 2. 772 *** （0. 592）	− 1. 729 *** （0. 654）
Ln$INDUSTY_{jt}$	− 0. 377 （0. 360）	0. 00139 （0. 282）	− 0. 307 （0. 309）
常数项	17. 23 *** （4. 229）	12. 71 *** （3. 273）	9. 332 *** （3. 619）
观测值 N	273	273	273
面板回归类型	随机效应模型	随机效应模型	随机效应模型

注：* $p < 0.1$，** $p < 0.05$，*** $p < 0.01$，分别表示统计量在 10% 、5% 和 1% 的显著性水平上显著，回归系数下方括号内为标准误。

五　稳健性检验

与前文一致，此部分选取变量 Ln$OFDI_{ijt}$ 的滞后一期和滞后二期作为核心解释变量，对引力模型进行估计。由表 6 – 12 的回归结果可知，滞后期的 Ln$OFDI_{ijt}$ 对进口贸易的影响仍然是显著的，仅在数值上略小于前文表 6 – 9 中的回归结果，欧盟国家的经济发展水平（Ln$GDPCAP_{jt}$）、贸易开放度（Ln$TRADE_{jt}$）、汇率水平（Ln$EXRATE_{jt}$）等控制变量的符号也与表 6 – 9 中的符号基本一致。然而，滞后期的 Ln$OFDI_{ijt}$ 对出口贸易的影响不再显著，未能通过稳健性检验，说明我国对欧盟 OFDI 对母国对欧盟出口的作用并不显著。

表6-12　中国对欧盟投资的母国贸易规模效应估计结果（加入滞后期）

变量	出口总额（$LnEXPORT_{ijt}$）		进口总额（$LnIMPORT_{ijt}$）	
$LnOFDI_{ijt}$ 滞后一期	-0.00824 (0.0100)		0.111 *** (0.0117)	
$LnOFDI_{ijt}$ 滞后二期		0.00232 (0.0106)		0.0688 *** (0.0113)
$LnGDPCAP_{jt}$	0.408 ** (0.204)	0.507 ** (0.216)	1.557 *** (0.219)	1.631 *** (0.212)
$LnTRADE_{jt}$	0.839 *** (0.169)	0.808 *** (0.180)	1.275 *** (0.193)	1.590 *** (0.188)
$LnINDUSTY_{jt}$	0.110 (0.206)	-0.101 (0.228)	-0.576 ** (0.231)	-0.240 (0.234)
$LnEXRATE_{jt}$	0.368 (0.428)	-0.00962 (0.495)	-2.654 *** (0.486)	-1.964 *** (0.515)
常数项	-7.055 *** (2.312)	-4.722 * (2.725)	17.430 *** (2.666)	11.710 *** (2.866)
观测值 N	252	231	252	231
面板回归类型	固定效应模型	固定效应模型	随机效应模型	随机效应模型

　　注：$* p < 0.1$，$** p < 0.05$，$*** p < 0.01$，分别表示统计量在10%、5%和1%的显著性水平上显著，回归系数下方括号内为标准误。

　　由表6-13的回归结果可知，滞后期的 $LnOFDI_{ijt}$ 对低、中技术含量制成品出口的影响仍然是显著的，仅在数值上略小于前文表6-10中的回归结果，欧盟国家的经济发展水平、贸易开放度汇率水平等控制变量的符号也与表6-10中的符号基本一致。然而，滞后期的OFDI对高技术含量制成品出口贸易的影响不再显著，未能通过稳健性检验。

表6-13　中国对欧盟投资的母国出口结构效应估计结果（加入滞后期）

变量	出口结构		
	低技术含量制成品 （$LnEXPLT_{ijt}$）	中技术含量制成品 （$LnEXPMT_{ijt}$）	高技术含量制成品 （$LnEXPHT_{ijt}$）
$LnOFDI_{ijt}$ 滞后一期	0.0362 *** (0.0102)	0.0617 *** (0.0147)	0.0181 (0.0149)

变量	出口结构					
	低技术含量制成品 （LnEXPLT$_{ijt}$）		中技术含量制成品 （LnEXPMT$_{ijt}$）		高技术含量制成品 （LnEXPHT$_{ijt}$）	
LnOFDI$_{ijt}$ 滞后二期		0.0324 *** （0.0103）		0.0431 *** （0.0145）		0.0113 （0.0139）
LnGDPCAP$_{jt}$	0.573 *** （0.196）	0.554 *** （0.198）	0.753 ** （0.299）	0.632 ** （0.296）	0.363 （0.304）	0.413 （0.284）
LnTRADE$_{jt}$	1.374 *** （0.169）	1.569 *** （0.173）	0.989 *** （0.247）	1.306 *** （0.247）	1.645 *** （0.251）	1.669 *** （0.237）
LnINDUSTY$_{jt}$	0.142 （0.203）	0.234 （0.216）	1.031 *** （0.302）	1.419 *** （0.313）	0.134 （0.307）	0.383 （0.300）
LnEXRATE$_{jt}$	－0.372 （0.426）	0.232 （0.472）	－0.0363 （0.627）	0.851 （0.679）	0.280 （0.637）	0.547 （0.651）
常数项	7.194 *** （2.342）	3.310 （2.634）	2.056 （3.388）	－4.433 （3.736）	4.147 （3.439）	1.600 （3.581）
观测值 N	252	231	252	231	252	231
面板回归类型	随机效应模型		固定效应模型		固定效应模型	

注：* p < 0.1，** p < 0.05，*** p < 0.01，分别表示统计量在 10%、5% 和 1% 的显著性水平上显著，回归系数下方括号内为标准误。

由表 6 - 14 的回归结果可知，滞后期的 LnOFDI$_{ijt}$ 对低、中、高技术含量制成品进口的影响仍然是显著的，欧盟国家的经济发展水平、贸易开放度、汇率水平等控制变量的符号也与表 6 - 11 中的符号基本一致。

表 6 - 14　中国对欧盟投资的母国进口结构效应估计结果（加入滞后期）

变量	进口结构					
	低技术含量制成品 （LnIMPLT$_{ijt}$）		中技术含量制成品 （LnIMPMT$_{ijt}$）		高技术含量制成品 （LnIMPHT$_{ijt}$）	
LnOFDI$_{ijt}$ 滞后一期	0.0828 *** （0.0192）		0.0836 *** （0.0154）		0.148 *** （0.0184）	

变量	进口结构					
	低技术含量制成品 （Ln$IMPLT_{ijt}$）		中技术含量制成品 （Ln$IMPMT_{ijt}$）		高技术含量制成品 （Ln$IMPHT_{ijt}$）	
Ln$OFDI_{ijt}$ 滞后二期		0.0846 *** (0.0170)		0.0677 *** (0.0156)		0.125 *** (0.0188)
Ln$GDPCAP_{jt}$	1.206 *** (0.336)	0.892 *** (0.306)	1.085 *** (0.289)	1.340 *** (0.293)	0.468 (0.325)	0.627 * (0.331)
Ln$TRADE_{jt}$	1.136 *** (0.310)	1.290 *** (0.280)	1.519 *** (0.253)	1.557 *** (0.260)	2.192 *** (0.298)	2.442 *** (0.307)
Ln$INDUSTY_{jt}$	0.225 (0.367)	0.868 ** (0.346)	0.402 (0.304)	0.471 (0.323)	-0.387 (0.353)	-0.123 (0.378)
Ln$EXRATE_{jt}$	-2.959 *** (0.780)	-0.653 (0.765)	-2.239 *** (0.638)	-1.697 ** (0.711)	-1.662 ** (0.750)	-0.894 (0.840)
常数项	14.570 *** (4.285)	1.555 (4.257)	10.710 *** (3.503)	7.095 * (3.957)	9.863 ** (4.120)	3.863 (4.676)
观测值 N	252	231	252	231	252	231
面板回归类型	随机效应模型		随机效应模型		随机效应模型	

注：* $p < 0.1$，** $p < 0.05$，*** $p < 0.01$，分别表示统计量在 10%、5% 和 1% 的显著性水平上显著，回归系数下方括号内为标准误。

六 主要结论

本节以我国对欧盟的直接投资和双边贸易为研究对象，通过建立引力模型，实证分析了 2007～2019 年我国对欧盟投资对双边贸易规模的整体影响，以及对我国低、中、高技术含量制成品进出口的影响。通过本节的研究可以得到以下相关结论：

（1）我国对欧盟的 OFDI 有效带动了我国自欧盟进口规模的扩大，但对于我国对欧盟出口规模的整体影响不显著。

（2）从出口结构看，我国对欧盟 OFDI 对我国低、中技术含量制成品出口起到了带动作用，但与其他影响因素相比，OFDI 的带动作用微乎其微。

（3）从进口结构看，我国对欧盟 OFDI 对我国中、高技术含量制成品进口产生了一定促进作用。

欧盟市场广阔，拥有丰富的技术资源、人才基础和品牌优势，始终是中国前三大贸易伙伴，也是中国最大的投资与技术来源国。中资企业基于获取技术、市场、品牌等动机，逐步扩大对欧盟直接投资规模和行业领域。通过并购欧盟企业或设立研发中心，有助于我国获取先进的生产工艺、关键设备、管理经验等战略资产，进一步带动中、高技术含量制成品进口，对于优化贸易结构、带动国内产业转型升级发挥了重要作用。

第七章

研究结论和政策建议

第一节　研究结论

本书从贸易视角研究中国对外直接投资的母国效应，系统评估中国 OFDI 对母国贸易规模、贸易结构和贸易条件产生的影响。进行了文献回顾、对贸易投资发展特征的描述和理论机制的分析，对中国 OFDI 如何影响其贸易规模和结构进行了实证分析，并聚焦东盟和欧盟两大主要投资目的地，探讨异质性投资动因下 OFDI 的母国贸易效应，最终得到以下研究结论。

第一，以出口规模效应和进口规模效应为切入点，通过建立引力模型，实证分析了中国 OFDI 对货物贸易规模的影响。结果发现：①中国 OFDI 对其货物贸易出口和进口规模均产生了正向促进作用，OFDI 存量与货物贸易进出口之间呈现互补效应的影响关系；②从影响程度看，中国 OFDI 对其货物贸易进口的促进效应大于对出口的促进效应。因而，扩大对外直接投资，在拓展全球纵深发展空间、深度参与全球化进程的同时，也将成为我国扩大货物贸易规模、巩固贸易大国地位的重要路径之一。

第二，以 BEC 分类视角下的贸易商品结构为切入点，实证分析了中国 OFDI 对母国消费品、中间品和资本品贸易的影响。结果发现：①中国 OFDI 对母国消费品、中间品、资本品进口和出口均产生了正向促进作用；②从影响程度看，中国 OFDI 对母国中间品出口和消费品进口的带动作用更为突出。这表明企业境外生产经营活动与国内投资主体联系紧密，中国深度融入全球产业链和供应链的趋势没有改变，中国 OFDI 正在带动其出口由消费品主导逐步向中间品主导转型，带动中国出口制造业不断向产业链和供应链中上游攀升。

第三，以技术密集度分类视角下的贸易商品结构为切入点，实证分析了中国 OFDI 对母国初级产品、资源性制成品，以及低、中、高技术含量制成品贸易的影响。结果发现：①中国 OFDI 对初级产品、资源性制成品，以及低、中、高技术含量制成品进出口均有不同程度的带动作用；②从影响程度看，中国 OFDI 对上述五类商品进口引致作用更为显著。这印证了中国 OFDI 在带动先进技术、重要设备、关键零部件、能源资源和农产品进口方面的重要作用。

第四，结合贸易规模效应和结构效应的分析结果，对 OFDI 的母国贸易条件效应进行了延展分析。结果发现：①2000 年以来，中国价格贸易条件虽然整体呈恶化态势，但收入贸易条件和要素贸易条件均得到较大程度改善。②中国 OFDI 通过改变母国货物贸易结构，影响母国价格贸易条件；通过带动母国货物贸易出口增长，改善了母国收入贸易条件；通过发挥技术溢出效应提升母国劳动生产率，改善了母国单要素贸易条件。

第五，聚焦东盟地区，实证分析了以效率寻求型为突出特点的中国在东盟投资对双边贸易规模和贸易结构的影响。结果发现：①中国对东盟的 OFDI 有效带动了母国出口规模的扩大，但对于母国进口规模的整体影响不显著；②从出口结构看，中国对东盟的 OFDI 对母国中间品和资本品出口均有显著的促进作用，而对于消费品出口未见显著影响；③从进口结构看，中国对东盟的 OFDI 对母国消费品进口有显著的促进作用，但对于中间品和资本品进口的影响并不显著。因而，在以东盟为代表的发展中经济体开展效率寻求型OFDI有助于扩大中间品和资本品出口，带动中国出口制造业向产业链和供应链中上游攀升。

第六，聚焦欧盟地区，实证分析了以创新资产寻求型为突出特点的中国在欧盟投资对双边贸易规模和贸易结构的影响。结果发现：①中国对欧盟的OFDI有效带动了母国进口规模的扩大，但对于母国出口规模的整体影响不显著；②从出口结构看，中国对欧盟OFDI对其低技术和中技术含量制成品出口欧盟起到了带动作用，但与其他影响因素相比，投资的带动作用微乎其微；③从进口结构看，中国对欧盟投资对其自欧盟进口中、高技术含量制成品产生了一定促进作用。因而，在以欧盟为代表的发达经济体开展创新资产寻求型OFDI有助于获取先进的生产工艺、关键设备等，扩大高技术产品进口，促进贸易结构优化和产业转型升级。

整体而言，中国OFDI与货物贸易之间呈互补关系，OFDI的增长有效带动了货物贸易进出口规模的扩大。OFDI通过促进中间品和资本品出口，带动我国出口制造业不断向产业链和供应链中上游攀升；通过带动能源资源、农产品、重要设备和关键零部件进口，保障国内产业安全和满足人民生活所需。

第二节　政策建议

在当今世界百年未有之大变局下，我国面临的形势发生了重大变化。从外部看，新冠肺炎疫情影响广泛，大国博弈、规则重构、产业链重塑等多重因素复杂交织；从内部看，我国已转向高质量发展阶段，传统竞争优势逐渐弱化，谋求全球纵深发展空间的需求更加强烈。对外直接投资和对外贸易作为国际循环的重要组成部分，在构建新发展格局中发挥着重要作用。根据新时代我国经济社会发展的新任务和新要求，结合本书的研究结论，提出如下建议，以期为相关部门提供借鉴参考。

一 坚持以市场为导向，优化对外投资结构和布局

对外直接投资作为我国主动"走出去"整合全球资源、开展国际合作的重要渠道，在坚持以企业为主体、以市场为导向，充分发挥市场配置资源决定性作用的同时，要强化政策引领，优化对外投资结构和布局，引导对外投资合作平稳有序发展，更好服务新发展格局。

一是以 RCEP 生效为契机，继续拓展与东南亚、南亚等国家合作空间，广泛开展同拉美、中东欧等新兴市场国家合作，深化与非洲国家合作关系。在国内面临劳动力、土地等要素成本上升挑战的当下，对以东南亚为代表的发展中经济体进行投资，利用当地比较优势降低生产成本，保持我国制造业在全球的竞争优势。这将有助于将更多的资源集中于新产品研发，促进国内生产要素向高附加值环节集聚，从而实现国内产业结构的升级。

二是创新投资方式和渠道，继续积极开拓欧盟、美国、日韩等发达国家市场。在发达国家投资审查和监管日趋严格的背景下，鼓励多元化投资方式，以股权置换、联合投资、小比例投资、研发合作等多种方式开展对外投资。通过对外投资拉紧我国同发达经济体间的利益纽带关系，这将有助于打破技术转让壁垒，获取核心零部件、关键技术、人才等高端生产要素和创新要素，并发挥技术反哺作用，助力国内产业向价值链高端攀升。

三是优化对外投资产业布局，稳步推进农业和资源行业对外投资，加强海外营销网络建设。通过并购境外具备矿产开采权益的企业和粮农企业，加大对境外关键粮农产品、矿产及油气资源的掌控

力度，保障供应安全和国内市场稳定，满足我国经济发展对资源能源的需求。积极推进对国际知名品牌、营销渠道、服务网络等的投资并购，以参股、合作等多种方式深化海外营销网络建设，鼓励建设海外仓，提高对供应链的控制力，保障供应链安全稳定。

二　贸易投资融合发展，服务构建新发展格局

对外直接投资与对外贸易作为我国参与国际经济合作的两种基本形式，不应割裂发展，而应以两者的融合发展促进产业链和供应链畅通运转，更好地服务于以国内大循环为主体、国内国际双循环相互促进的新发展格局。

一是以对外投资合作带动商品、服务、技术和标准出口，优化出口商品结构。充分利用境外生产要素优势，有序开展制造业对外直接投资，通过将部分生产环节转移至海外，带动相关原材料、零部件、机械设备等中间品和资本品出口，规避贸易壁垒，推动传统劳动密集型产业转型升级。鼓励对外承包工程可持续发展，带动装备、技术、标准、服务出口，推动电力、轨道交通、工程机械、通信设备等高技术、高附加值装备类企业在更高水平上参与国际合作。

二是畅通要素回流，以对外投资合作促进内外联动发展。以对外直接投资加强对境外粮农产品、能源资源、高技术产品等的掌控力度，建立相对稳定的供应渠道，扩大优质消费品、先进技术、重要设备、关键零部件、能源资源和国内紧缺农产品进口。建立更符合产业链全球布局发展的"走出去"制度框架，着力打通"走回来"的堵点、难点。通过保障粮农产品、能源资源、高技术产品进口，缓解国内供需矛盾，满足国内经济发展和人民对美好生活的需要。

三　加强风险防控和服务支撑，保护海外利益

我国已成为对外直接投资大国，面对日趋严峻复杂的外部环境，

以及我国境外资产规模不断扩大的现实，保障境外人员安全、维护海外利益成为对外直接投资平稳、可持续发展的题中之义。

一是强化风险防控体系，保障境外人员和资产安全。加强对境外政治、经济、安全、舆论等领域重大风险监测预警，指导境外项目强化安全保护措施。健全突发事件应急处置机制，妥善处理突发事件，保障我国境外企业人员的安全及境外资产的合法权益。健全海外投资保险制度，在与外商签订多边或双边经贸合作协议时，纳入海外投资保险争端解决机制，探索建立代位求偿制度。扩大海外投资保险的承保范围，加强海外投资保险业务宣传，提升海外投资保险覆盖面。

二是完善服务支撑体系，助力企业走稳、走好。完善对外投资公共服务支撑，加强对外投资相关报告和指南的编制工作，定期发布对外投资国别指南、国别投资风险报告等公共服务产品。完善对外投资专业服务支撑，加快中资商业中介服务机构"走出去"步伐，以境外设立分支机构、并购外资中介机构、签署合作协议等方式构建国际网络，更好地服务于中资企业对外投资。培育壮大境外商协会组织，加强顶层设计和政府指导，完善组织架构和运行机制，使其成为资源集聚、企业信息共享、强化行业自律的抓手。

参考文献

[1] Amighini A A, Rabellotti R. Outward FDI from Developing Country MNEs as a Channel for Technological Catch-up [J]. Social Science Electronic Publishing, 2010, 23 (2).

[2] Bandick R, Karpaty P. Foreign Acquisition and Employment Effects in Swedish Manufacturing [J]. University of Nottingham Research Paper No. 2007, 35.

[3] Becker, et al. Location Choice and Employment Decisions: A Comparison of German and Swedish Multinationals [J]. Review of World Economics, 2005, 141 (4): 693 – 731.

[4] Behera S R, Dua P, Goldar B. Foreign Direct Investment and Technology Spillover: Evidence across Indian Manufacturing Industries [J]. The Singapore Economic Review, 2012, 57 (2): 1 – 36.

[5] Belderbosa R, Sleuwaegen L. Tariff Jumping FDI and Export Substitution: Japanese Electronic Firms in Europe [J]. International Journal of Industrial Organization, 1998, 26 (1): 175 – 192.

[6] Bergsten C F, Horst T, Moran T H. American Multinationals and American Interests [M]. Bookings Institution, 1978.

[7] Bhagwati J N. Trade in Services and Multilateral Trade Negotiations[J].

The World Bank Economic Review, 1987, Vol. 1 (4): 549 – 569.

[8] Bitzer J, Kerekes M. Does Foreign Direct Investment Transfer Technology across Borders? New Evidence [J]. Economics Letters, 2008, 100 (3): 355 – 358.

[9] Blomstrom M, Konan D, Lipsey R. FDI in the Restructuring of the Japanese Economy [C]. NBER Working Paper 7693, 2000.

[10] Blonigen B. In Search of Substitution between Foreign Production and Exports [J]. Journal of International Economics, 2001, (53): 81 – 104.

[11] Braconier H, Ekholm K. Foreign Direct Investment in Central and Eastern Europe: Employment Effects in the EU [J]. Development Working Papers, 2001 (4): 561 – 562.

[12] Braconier H, Ekholm K. Swedish Multinationals and Competition from High and Low Wage Locations [J]. Review of International Economics, 2000, 8 (3): 448 – 461.

[13] Brainard S L. A Simple Theory of Multinational Corporations and Trade with a Trade-off between Proximity and Concentration [C]. NBER Working Paper 4269, 1993.

[14] Brainard S L, Riker D. US Multinationals and Competition from Low Wage Countries [C]. NBER Working Paper 5959, 1997.

[15] Branstetter L. Is Foreign Direct Investment a Channel of Knowledge Spillovers? Evidence from Japan's FDI in the United States [J]. Journal of Internatioanl Economics, 2006, 68 (2): 325 – 344.

[16] Buckley P J, Casson M. Future of the Multinational Enterprise [M]. London: Palgrave Macmillan, 1977.

[17] Chen T, Ku Y. The Effect of Overseas Investment on Domestic Employment: International Trade in East Asia [C]. NBER East Asia

Seminar on Economics, Vol. 14, 2005. University of Chicago Press.

[18] Cowling K, Tomlinson P R. The Japanese Model in Retrospective: Industrial Strategies, Corporate Japan and the "Hollowing out" of Japanese Industry [J]. Policy Studies, 2011, 32 (6): 569 – 583.

[19] Cozza C, Rabellotti R, Sanfilippo M. The Impact of Outward FDI—— on the Performance of Chinese Firms [J]. China Economic Review, 2015, 36: 42 – 57.

[20] Deschryvere M, Ali-Yrkkö J. The Impact of Overseas R&D on Domestic R&D Employment [M]. Oxford: Oxford University Press, 2013.

[21] Dhyne E, Guerin S S. Outward Foreign Direct Investment and Domestic Performance: In Search of a Causal Link [R]. The National Bank of Belgium Research Department, 2012.

[22] Driffield N, Love J H, Taylor K. Productivity and Labor Demand Effects of Inward and Outward Foreign Direct Investment on UK Industry [J]. The Manchester School, 2009, 77 (2): 171 – 203.

[23] Dunning J. Explaining Changing Patterns of International Production: In Defence of the Electric Theory [J]. Oxford Bulletin of Economics and Statistics, 1979 (41).

[24] Dunning J H. Trade, Location of Economic Activity and the MNE: A Search for An Electic Approach [M]. The International Allocation of Economic Activity. London: Palgrave Macmillan, 1977: 203 – 205.

[25] Dunning J. International Production and the Multinational Enterprise [M]. London: George Allen & Unwin Ltd. , 1981.

[26] Dunning J. The Electric Paradigm of International Production: A Restatement and Some Possible Extensions [J]. Journal of International Business Studies, 1988 (19).

[27] Eaton J, Tamura A. Japanese and US Exports and Investments as Conduits of Growth [C]. NBER Working Paper 5457, 1996.

[28] Elia S, et al. The Impact of Outward FDI on the Home Country's Labour Demand and Skill Composition [J]. International Business Review, 2009, Vol. 18, Issue 4, 357 – 372.

[29] Gopinath M, Pcok D, Vasavada U. The Economics of Foreign Direct Investmentand Trade with an Application to US Food Processing Industry [J]. American Journal of Agriculture Economics, 1999, 81: 442 – 452.

[30] Guerin S S, Dhyne E. Outward Foreign Direct Investment and Domestic Performance: In Search of a Causal Link [J]. Working Paper Research, 2014.

[31] Hanson G, Mataloni R, Slaughter M. Expansion Abroad and the Domestic Operations of US Multinational Firms [C]. Tuck School of Business, Dartmouth Working Paper, 2003.

[32] Harrison A, Mcmillan M. Outsourcing Jobs? Multinationals and US Employment [C]. NBER Working Paper, 2006.

[33] Head K, Rise J. Overseas Investment and Firm Exports [J]. Review of International Economics, 2001, 9 (1): 108 – 122.

[34] Head K, Rise J. Offshore Production and Skill Upgrading by Japanese Manufacturing Firms [J]. Journal of International Economics, 2002, 58: 81 – 105.

[35] Helpman E, et al. Export Versus FDI with Heterogeneous Firms [J]. American Economic Review, 2004, (94): 300 – 316.

[36] Helpman E, Krugman P. Market Structure and Foreign Trade: Increasing Returns, Imperfect Competition and the International Economy [M]. Cambridge: MIT Press, 1985.

[37] Hewings G J D et al. The Hollowing-out Process in the Chicago Economy, 1975 – 2011 [J]. Geographical Analysis, 1998 (30): 217 – 233.

[38] Hijzen A, Gorg H, Hine R. International Outsourcing and the Skill Structure of Labour Demand in the United Kingdom [J]. Economic Journal, 2005, Vol. 115, No. 506: 860 – 878.

[39] Hijzen A, Tomohiko I, Yasuyunki T. The Effects of Multinational Production on Domestic Performance: Evidence from Japanese Firms [J]. Discussion Papers, 2006.

[40] Horst T. The Industrial Composition of US Exports and Subsidiary to be Canadian Market [J]. The American Economic Review, 1972, 62: 37 – 45.

[41] Kao C. Spurious Regression and Residual-based Tests for Cointegration in Panel Data [J]. Journal of Econometrics, 1999, Vol. 90 (1): 1 – 44.

[42] Kim Y J. A Model of Industrial Hollowing-out of Neighboring Countries by the Economic Growth of China [J]. China Economic Review, 2007, 18 (2): 122 – 138.

[43] Kojima K. Direct Foreign Investment: A Japanese Model of Multinational Business Operations [M]. London: Groom Helm, 1978.

[44] Kokko A. The Home Country Effects of FDI in Developed Economies [C]. European Institute of Japanese Studies Working Paper No. 225, 2006.

[45] Konings J, Murphy J. Do Multinational Enterprises Relocate Employment to Low—Wage Regions? Evidence from European Multinationals [J]. Review of World Economics, 2006, 142 (2): 267 – 286.

[46] Koopman R, Powers W, Wang Z, Wei S J. Give Credit to Where Credit is Due: Tracing Value Added in Global Production [C]. NBER Working Paper 16426, 2010.

[47] Lall S. The Technological Structure and Performance of Developing Country Manufactured Exports 1985 – 1988 [J]. Oxford Development Studies, 2000, 28 (3): 1441 – 1466.

[48] Liang R, Bing L. Outward Foreign Direct Investment and Industry Structural Optimization: Analysis and Testing on Data of Republi-cof Korea [C]. International Conference on Computational Intelligence and Security. IEEE, 2011: 614 – 618.

[49] Lichtenberg F R, Pottelsberghe B V. International R&D Spillovers: a Comment [J]. European Economic Review, 1998, Vol. 42, Issue 8: 1483 – 1491.

[50] Lim S, Moon H. Effects of Outward Foreign Investment of Home Country Exports: the Case of Korean Firms [J]. Multinational Business Review, 2001 (1): 42 – 50.

[51] Lin Z J. Taiwan Investment in China and Structure Change [C]. Conference on Emergence of the Chinese Economy and East Asia's Response, 2004.

[52] Lipsey R E, Weiss M Y. Foreign Production and Exports in Manufacturing Industries [J]. Review of Economics and Statistics, 1981, 63 (4): 488 – 494.

[53] Lipsey R, Ramstetter, Blomstrom M. Outward FDI and Parent Exports and Employment: Japan, the United States, and Sweden [J]. Global Economy Quarterly, 2000, 1 (4): 285 – 302.

[54] Markuson J R, Maskus K E. Multinational Firms: Reconciling Theory and Evidence [M]. Topics in Empirical International Eco-

nomics: A Festschrift in Honor of Robert E Lipsey. University of Chicago Press, 2001: 71 – 98.

[55] Masso J, Varblane U, Vahter P. The Effect of Outward Foreign Direct Investment on Home-country Employment in a Low-cost Transition Economy [J]. Eastern European Economics, 2008, 46 (6): 25 – 59.

[56] Minoru I. Hollowing-out of the Japanese Manufacturing Industry and Regional Employment Development [C]. Working Paper, Japan Institute for Labor Policy and Training, 2006.

[57] Mundell R A. International Trade and Factor Mobility [J]. American Economic Review, 1957, 47 (3): 1269 – 1278.

[58] Navaretti G B, et al. How Does Investing in Cheap Labour Countries Affect Performance at Home? France and Italy [J]. Oxford Economic Papers, 2010, Vol. 62, Issue 2, 234 – 260.

[59] OECD. Globalization and Competitiveness: Relevant Indicators: Relevant Indicators (Paris, OECD Directorate for Sciences, Technology and Industry), DSTI/EAS/IND/WP9, 1994.

[60] Patrie A. The Regional Clustering of Foreign Direct Investment and Trade [R]. Transnational Corporation, DEC, 1994.

[61] Pavitt K. Sectorial Patterns of Technical Change: Towards a Taxonomy and a Theory [J]. Research Policy, 1984 (13): 343 – 373.

[62] Pedroni P. Panel Cointegration: Asymptotic and Finite Sample Properties of Pooled Time Series Tests with an Application to the PPP Hypothesis [J]. Econometric Theory, 2004 (20): 597 – 625.

[63] Pfaffermayr M. Foreign Direct Investment and Exports: A Time Series Approach [J]. Applied Economics, 1994 (26): 337 – 351.

[64] Pradhan J, Singh N. Outward FDI and Knowledge Flows: A Study

of the Indian Automotive Sector ［J］. International Journal of Insti-
tutions and Economies, 2009, 1 (1): 156 – 187.

［65］ Rugman A M. International Diversification and the Mlultinational
Enterprise ［M］. Lexington, MA: Lexington Books, 1979.

［66］ Slaughter. Multinational Corporations, Outsourcing, and American
Wage Divergence ［C］. NBER Working Paper 5253, 1995.

［67］ Svensson L. Foreign Investment and Mediation of Trade Flows ［J］.
Review of International Economics, 2004, 12 (4): 609 – 629.

［68］ Tingergen J. Shaping the World Economy: Suggestions for an Inter-
national Economic Policy ［J］. New York: The Twentieth Century
Fund, 1962.

［69］ UNCTAD. World Investment Report 2006. FDI from Developing and
Transition Economies: Implications for Development ［C］. United
Nations Publications, 2006.

［70］ Vernon R. International Investment and International Trade in the
Product Cycle ［J］. Quarterly Journal of Economics, 1966, 80:
190 – 207.

［71］ Wang Z, Wei S, Yu S, Zhu K. Measures of Participation in Glob-
al Value Chains and Global Business Cycles ［C］. NBER Working
Paper 23222, 2017.

［72］ Wells L T. Third World Multinationals: The Rise of Foreign Invest-
ments from Developing Countries ［J］. MIT Press Books, 1983
(1).

［73］ 白洁. 对外直接投资的逆向技术溢出效应 ［J］. 世界经济研
究, 2009 (8): 65 – 69.

［74］ 边婧, 张曙霄. 中国对外直接投资的贸易效应——基于"一带
一路"倡议的研究 ［J］. 北京工商大学学报 (社会科学版),

2019，34（5）：34－43.

[75] 蔡冬青，刘厚俊．中国 OFDI 反向技术溢出影响因素研究 ［J］．财经研究，2012（5）：59－69.

[76] 曹玲．韩国对外直接投资的贸易效应研究 ［D］．吉林：吉林大学东北亚研究院，2013.

[77] 柴庆春，胡添雨．中国对外直接投资的贸易效应研究——基于对东盟和欧盟投资的差异性的考察 ［J］．世界经济研究，2012（6）：64－69.

[78] 陈俊聪，黄繁华．对外直接投资与贸易结构优化 ［J］．国际贸易问题，2014（3）：113－122.

[79] 陈培如，冼国明．中国对外直接投资的出口效应——对“替代”和“互补”效应并存的一种解释 ［J］．当代财经，2018（9）：102－113.

[80] 陈强，刘海峰，汪东华，徐驰．中国对外直接投资能否产生逆向技术溢出效应？［J］．中国软科学，2016（7）：134－143.

[81] 陈愉瑜．外向直接投资与中国外贸演化：机理与实证 ［D］．浙江：浙江大学经济学院，2012.

[82] 陈元朝．国际代工模式下的本地产业空心化危机研究——基于长三角的实践 ［J］．现代经济探讨，2007（10）：68－71.

[83] 戴翔，宋婕．中国贸易条件变动趋势再考察——基于贸易增加值的新测算 ［J］．贵州商学院学报，2019，32（3）：27－37.

[84] 戴翔．“走出去”促进我国本土企业生产率提升了吗？［J］．世界经济研究，2016（2）：78－89.

[85] 杜金涛，滕飞．基于吸收能力视角的中国 OFDI 逆向技术溢出对国内技术进步影响研究 ［J］．经济问题探索，2015（11）：152－185.

[86] 付海燕．对外直接投资逆向技术溢出效应研究——基于发展中国

家和地区的实证检验 [J]．世界经济研究，2014（9）：56－61．

[87] 高运胜，李之旭．动因与制约：中国对欧直接投资的国际政治经济学分析 [J]．法国研究，2018（4）：69－79．

[88] 顾雪松，韩立岩，周伊敏．产业结构差异与对外直接投资的出口效应——"中国—东道国"视角的理论与实证 [J]．经济研究，2016（4）：102－115．

[89] 黄晓玲，刘会政．中国对外直接投资的就业效应分析 [J]．管理现代化，2007（1）：45－48．

[90] 韩家彬，贺洋．农业对外直接投资的母国出口贸易效应——基于发达国家与发展中国家的比较分析 [J]．辽宁工程技术大学学报（社会科学版），2019，21（2）：81－88．

[91] 贾妮莎，申晨．中国对外直接投资的制造业产业升级效应研究 [J]．国际贸易问题，2016（8）：143－153．

[92] 姜宝，邢晓丹，李剑．"走出去"战略下中国对欧盟逆向投资的贸易效应研究——基于 FGLS 和 PCSE 修正的面板数据模型 [J]．国际贸易问题，2015（9）：167－176．

[93] 姜亚鹏，王飞．中国对外直接投资母国就业效应的区域差异分析 [J]．上海经济研究，2012（7）：43－53．

[94] 蒋冠宏，蒋殿春．中国企业对外直接投资的出口效应 [J]．经济研究，2014（5）：160－173．

[95] 蒋冠宏．我国企业跨国并购与行业内逆向技术溢出 [J]．世界经济研究，2017（1）：60－69．

[96] 李东阳，刘亚娟，杨殿中．对外直接投资对投资国产业结构优化效应——以中国对东亚五国投资为例 [J]．东北财经大学学报，2013年第2期．

[97] 李京晓．中国企业对外直接投资的母国宏观经济效应研究 [D]．天津：南开大学经济学院，2013．

［98］李磊，白道欢，冼国明．对外直接投资如何影响了母国就业——基于中国微观企业数据的研究［J］．经济研究，2016（8）：144－158.

［99］李磊，张换兆，朱彤．土地"尾效"、泡沫与日本经济增长［J］．日本研究，2008（3）：31－35.

［100］李梅，柳士昌．对外直接投资逆向技术溢出的地区差异和门槛效应——基于中国省际面板数据的门槛回归分析［J］．管理世界，2012（1）：21－32＋66.

［101］李梅，袁小艺，张易．制度环境与对外直接投资逆向技术溢出［J］．世界经济研究，2014（2）：61－74.

［102］李萍．中国制造业的贸易条件研究：基于全球价值链分工视角［D］．南京：南京大学，2014.

［103］李夏玲，王志华．对外直接投资的母国贸易结构效应——基于我国省际面板数据分析［J］．经济问题探索，2015（4）：138－144.

［104］李杨，车丽波．中国OFDI的贸易产品结构效应——基于国家异质性的分析［J］．湖北大学学报（哲学社会科学版），2019，46（4）：145－152.

［105］梁文化，刘宏．对外直接投资驱动中国技术进步的机理与实证研究——基于比较视角的分析［J］．经济问题探索，2017（2）：111－117.

［106］廖庆梅．中国对外直接投资的母国就业效应研究［D］．武汉：华中科技大学，2017.

［107］林创伟，谭娜，何传添．中国对东盟国家直接投资的贸易效应研究［J］．国际经贸探索，2019，35（4）：60－79.

［108］林建勇．对外直接投资对中国产业发展的影响研究［D］．北京：对外经济贸易大学国际经济贸易学院，2018.

［109］林志帆．中国的对外直接投资真的促进出口吗［J］．财贸经

济，2016（2）：100－113.

[110] 刘斌，王杰，魏倩. 对外直接投资与价值链参与：分工地位与升级模式 [J]. 数量经济技术研究，2015（12）：39－55.

[111] 刘海云，毛海鸥. 国家国际分工地位及其影响因素——基于"GVC 地位指数"的实证分析 [J]. 国际经贸探索，2015（8）：44－53.

[112] 刘海云，聂飞. 中国 OFDI 动机及其对外产业转移效应——基于贸易结构视角的实证研究 [J]. 国际贸易问题，2015（10）：73－85.

[113] 刘海云，喻蕾. 中国对外直接投资的产业空心化效应研究——基于东部地区工业数据的实证分析 [J]. 经济与管理研究，2014（9）：77－83.

[114] 刘明霞. 中国对外直接投资的逆向技术溢出效应——基于技术差距的影响分析 [J]. 中南财经政法大学学报，2010（3）：16－21＋142.

[115] 刘新宇. 中国对外直接投资对出口商品结构的影响研究 [D]. 北京：首都经济贸易大学经济学院，2016.

[116] 刘再起，王阳. 中国对欧盟直接投资的区位选择动因 [J]. 学习与实践，2014（8）：28－34.

[117] 陆书哲. 中国对外直接投资的母国经济效应研究 [D]. 北京：对外经济贸易大学金融学院，2017.

[118] 罗军. 民营企业融资约束、对外直接投资与技术创新 [J]. 中央财经大学学报，2017（1）：96－103.

[119] 马红霞，舒丽媛. 中国贸易条件变动趋势分析——基于 1993－2017 年月度数据的研究 [J]. 财经理论与实践，2018，Vol. 39（3）：120－126.

[120] 马淑琴，张晋. 中国对外直接投资能导致产业空心化吗？——

以浙江和广东为例 [J]. 经济问题，2012（7）：32 – 34.

[121] 毛其淋，许家云. 中国对外直接投资促进抑或抑制了企业出口？ [J]. 数量经济技术经济研究，2014（9）：3 – 21.

[122] 聂明华，徐英杰. 对外直接投资逆向技术溢出与全球价值链升级 [J]. 科技管理研究，2016（15）：153 – 158.

[123] 潘素昆，袁然. 不同投资动机 OFDI 促进产业升级的理论与实证研究 [J]. 经济学家，2014（9）：69 – 76.

[124] 饶华，朱延福. 效率寻求视角下中国对东盟国家直接投资研究——基于引力模型的实证分析 [J]. 亚太经济，2013（6）：86 – 91.

[125] 任丽丽. 我国制造业对外直接投资的贸易效应分析 [D]. 辽宁：辽宁大学经济学院，2013.

[126] 沙文兵. 东道国特征与中国对外直接投资逆向技术溢出 [J]. 世界经济研究，2014（5）：60 – 74.

[127] 石柳，张捷. 广东省对外直接投资与产业"空心化"的相关性研究——基于灰色关联度的分析 [J]. 国际商务（对外经济贸易大学学报），2013（2）：52 – 64.

[128] 宋勇超. 中国对外直接投资的逆向技术溢出效应研究 [J]. 经济经纬，2015（3）：60 – 65.

[129] 隋月红，赵振华. 我国 OFDI 对贸易结构影响的机理与实证——兼论我国 OFDI 动机的拓展 [J]. 财贸经济，2012（4）：81 – 89.

[130] 唐英杰. 日本对外直接投资的贸易效应及其启示 [J]. 国际贸易，2009（12）：65 – 70.

[131] 唐心智. 中国对外直接投资的贸易效应分析 [J]. 统计与决策，2009（6）：120 – 121.

[132] 屠年松，曹建辉. 空间视角下中国在东盟 OFDI 的影响因素分析 [J]. 投资研究，2019（4）：125 – 136.

[133] 王金亮．基于上游度测算的我国产业全球地位分析［J］．国际贸易问题，2014，（3）：25－33．

[134] 王英，刘思峰．中国对外直接投资反向技术外溢效应的实证分析［J］．科学学研究，2008（2）：294－298．

[135] 王恕立，向姣姣．对外直接投资逆向技术溢出与全要素生产率：基于不同投资动机的经验分析［J］．国际贸易问题，2014（9）：109－119．

[136] 王阳．中国对欧盟直接投资的贸易效应研究［D］．武汉：武汉大学经济与管理学院，2016．

[137] 王英，周蕾．我国对外直接投资的产业结构升级效应——基于省际面板数据的实证研究［J］．中国地质大学学报：社会科学版，2013，13（6）：119－124．

[138] 吴丹涛，陈平．测算价格贸易条件指数的困境及出路［J］．国际经贸探索，2011，27（4）：58－62．

[139] 吴书胜，李斌．中国对外直接投资逆向技术溢出非线性效应研究［J］．世界经济研究，2015（9）：74－85．

[140] 项本武．对外直接投资的贸易效应研究——基于中国的经验实证分析［J］．中南财经政法大学学报，2006，156（3）：9－15．

[141] 杨晨．产业集聚视角下省际OFDI对产业结构升级的影响［J］．经济论坛，2017（5）：86－90．

[142] 杨连星，罗玉辉．中国对外直接投资与全球价值链升级［J］．数量经济技术经济研究，2017（6）：54－72．

[143] 杨平丽，张建民．对外直接投资对企业进出口贸易的影响——来自中国工业企业的证据［J］．亚太经济，2016（5）：113－119．

[144] 叶娇，赵云鹏．对外直接投资与逆向技术溢出——基于企业特征的分析［J］．国际贸易问题，2016（1）：134－144．

[145] 殷朝华，郑强，谷继建．对外直接投资促进了中国自主创新

吗——基于金融发展视角的实证研究 [J]. 宏观经济研究，2017（8）：69 – 85.

[146] 尹东东，张建清. 我国对外直接投资逆向技术溢出效应研究——基于吸收能力视角的实证分析 [J]. 国际贸易问题，2016（1）：109 – 120.

[147] 袁东，李霖洁，余淼杰. 外向型对外直接投资与母公司生产率——对母公司特征和子公司进入策略的考察 [J]. 南开经济研究，2015（3）：38 – 58.

[148] 张春萍. 中国对外直接投资的贸易效应研究 [J]. 数量经济技术，2012（6）：74 – 85.

[149] 张宏，王建. 中国对外直接投资与全球价值链升级 [M]. 北京：中国人民大学出版社. 2013.

[150] 张建刚，康宏，康艳梅. 就业创造还是就业替代——OFDI 对中国就业影响的区域差异研究 [J]. 中国人口资源与环境，2013（1）：126 – 131.

[151] 张曙宵. 对外贸易结构论 [M]. 北京：中国经济出版社，2003.

[152] 张远鹏，李玉杰. 对外直接投资对中国产业升级的影响研究 [J]. 世界经济与政治论坛，2014（6）：1 – 15.

[153] 赵宸宇，李雪松. 对外直接投资与企业技术创新——基于中国上市公司微观数据的实证研究 [J]. 国际贸易问题，2017（6）：107 – 119.

[154] 赵静文. 我国贸易条件变动趋势及影响因素研究——基于金融危机前后的比较 [M]. 南京：南京财经大学国际经贸学院，2017.

[155] 赵伟，江东. 对外直接投资与中国产业升级：机理分析与尝试性实证 [J]. 浙江大学学报（人文社会科学版），2010，40（3）：116 – 125.

［156］ 郑磊. 对外直接投资与产业结构升级——基于中国对东盟直接投资的行业数据分析［J］. 经济问题，2012（2）：47－50.

［157］ 周婷. 我国对外直接投资的贸易效应研究——基于价值链升级的视角［D］. 江苏：南京师范大学商学院，2018.

［158］ 朱启松，邱丽，陈露. 中国对东盟直接投资的出口效应研究［J］. 重庆理工大学学报（社会科学），2021，35（4）：80－91.

［159］ 朱彤，崔昊. 对外直接投资、逆向技术溢出与中国技术进步［J］. 世界经济研究，2012（10）：60－67.

［160］ 庄芮. FDI 流入的贸易条件效应：发展中国家视角［M］. 北京：对外经济贸易大学出版社，2005.

商品结构技术密集度分类标准
（SITC 3 位数 Rev. 2）

初级制成品 （PM）	资源性制成品 （RB）	低技术含量制 成品（LT）	中技术含量制 成品（MT）	高技术含量制 成品（HT）
001 活动物	农业型制成品 （RB1）	纺织/服装/鞋类 （LT1）	自动化设备 （MT1）	电子和电力制成 品（HT1）
011 肉及肉制品	012 肉及肉制品	611 皮革	781 客运汽车 （不含公交车）	716 发电设备及 零件
022 乳制品/奶油	014 肉及肉制品/ 鱼提取物	612 合成皮革制品	782 货车和特殊 用途车辆	718 其他发电设 备及零件
025 鸟蛋和蛋黄	023 黄油	613 毛皮/毛皮件	783 机动车	751 办公设备
034 鱼肉	024 奶酪和豆腐	651 纺织纱线	784 汽车零配件	752 自动数据处 理设备及零件
036 甲壳类和软 体动物	035 腌制鱼/熏鱼	652 棉织物/无 纺布	785 电动滑板车/ 残障车	759 办公设备配件
041 小麦和混合麦	037 鱼类/甲壳 类/软体动物	654 纺织面料/ 人造纤维	加工类制成品 （MT2）	761 电视接收器
042 水稻	046 小麦、面粉 和混合麦面粉	655 针织或钩织 织物	266 合成纺织纤维	764 电信设备及 零件
043 大麦	047 其他谷物 面粉	656 薄纱/刺绣/ 缎带制品	267 其他人造纤维	771 电力机械及 其零件

初级制成品（PM）	资源性制成品（RB）	低技术含量制成品（LT）	中技术含量制成品（MT）	高技术含量制成品（HT）
044 玉米	048 谷物/面粉或淀粉制品	657 特殊纺织面料及相关制品	512 醇类/酚类等衍生物	774 电子医疗和放射设备
045 谷物	056 根块类蔬菜制品	658 纺织材料制成品	513 磷酸及衍生物	776 热离子/微电路/晶体管等
054 根茎类蔬菜	058 水果/果脯/水果制品	659 地板铺装	533 颜料、油漆和相关材料	778 电气机械及器材
057 水果和坚果	061 糖、蜂蜜	831 皮革/纺织旅行手袋制品	553 香水/化妆品/盥洗品等	其他高技术含量制成品（HT2）
071 咖啡和咖啡替代品	062 糖、糖果（不含巧克力）	842 男士/男童外衣	554 肥皂/清洁剂和抛光剂	524 放射性材料
072 可可	073 巧克力和其他可可制品	843 妇女/婴儿外衣	562 肥料	541 医药制品
074 茶叶	098 杂项食用产品及制品	844 服装纺织面料	572 炸药和烟火制品	712 蒸汽发动机/涡轮机
075 香料	111 非酒精饮料	845 外套针织品	582 缩聚和加聚制品	792 飞机及相关设备及零件
081 动物饲料	112 酒精饮料	846 副成衣	583 聚合及共聚的制品	871 光学仪器设备及零件
091 人造黄油和起酥油	122 烟草制品	847 服装辅料	584 再生纤维素及衍生物	874 测绘/控制仪器及零件
121 烟草	233 合成橡胶/乳胶	848 铺装配饰	585 其他人造树脂及塑料	881 摄影装置和设备
211 生皮	247 其他木材	851 鞋	591 农药/消毒剂	
212 毛皮	248 简单加工木材	其他低技术制成品（LT2）	598 其他化工产品	
222 种子和油质水果（软类）	251 纸浆和废纸	642 预切的纸或纸板制品	653 布/梭织人造纤维	
223 种子和油质水果（其他）	264 黄麻/其他纺织韧皮	665 玻璃器皿	671 铁和铁合金	

续表

初级制成品（PM）	资源性制成品（RB）	低技术含量制成品（LT）	中技术含量制成品（MT）	高技术含量制成品（HT）
232 天然乳胶/橡胶	265 植物纺织纤维	666 陶器	672 铁或钢锭制品	
244 黄柏	269 旧衣服及其他旧纺织品	673 钢铁条	678 铁或钢制管道/管件	
245 燃料木材和木炭	423 固态植物油/精炼/提纯原油	674 钢铁板材	786 拖车和其他车辆	
246 纸浆用木材	424 其他固态植物油	676 铁路轨道钢铁建筑材料	791 铁道车辆和相关设备	
261 丝绸	431 动物和植物油脂	677 铁或钢线	882 摄影器械用品	
263 棉	621 橡胶材料	679 粗钢制品	工程类制成品（MT3）	
268 羊毛及其他动物毛	625 橡胶轮胎	691 钢或铝结构/零部件	711 蒸汽锅炉/辅助装置/零件	
271 肥料	628 条状橡胶	692 储存/运输用的金属容器	713 活塞内燃引擎及零件	
273 石/砂石	633 软木制品	693 电线制品	714 发动机和马达及零件	
274 硫磺及未焙烧的黄铁矿	634 单板/胶合板	694 钢或铜制钉子/螺丝等	721 农业机械及其零件	
277 天然磨料	635 木制品	695 手持机械工具	722 拖拉机	
278 其他粗矿	641 纸和纸板	696 餐具	723 土木工程的设备及零件	
291 原始动物材料	其他资源性制成品（RB2）	697 金属家庭设备用品	724 纺织和皮革机械及零件	
292 原始植物材料	281 铁矿石及其精矿	821 家具及其零件	725 造纸机械及零件	
322 煤/褐煤和泥煤	282 铁或钢的废料/废金属	892 印刷品	726 印刷/装订机械及零件	

初级制成品（PM）	资源性制成品（RB）	低技术含量制成品（LT）	中技术含量制成品（MT）	高技术含量制成品（HT）
333 原油和油	286 铀、钍的浓缩物	893 塑料制品	727 食品加工机械及零件	
341 天然气	287 矿石和基础金属精矿	894 婴儿车/玩具/运动货品	728 其他机械设备	
351 电流	288 有色基本金属废料	895 办公室用品	736 金属加工机床及其零件	
681 银/铂和其他铂金	289 矿石/贵金属精矿废渣	896 艺术品/收藏品及古董	737 加热和冷却设备及零件	
682 铜	323 煤球/焦炭和半焦炭	897 金银器/珠宝/珍贵材料制品	741 加热和冷却设备及零件	
683 镍	334 石油制品	898 乐器及其零件	742 液体泵及零件	
684 铝	335 其他油制品	899 其他杂项制品	743 泵/压缩机/离心机和过滤装置	
685 铅	411 动物油和脂肪		744 机械搬运设备及其零件	
686 锌	511 烃类和衍生物		745 其他非电动机械设备	
687 锡	514 氮化合物		749 非电气部件及机械配件	
	515 有机/无机杂环化合物		762 无线电广播接收器	
	516 其他有机化工原料		763 留声机/录音机	
	522 无机化学品/氧化物		772 电路/电气设备	
	523 其他无机化学品/化合物		773 配电设备	

续表

初级制成品（PM）	资源性制成品（RB）	低技术含量制成品（LT）	中技术含量制成品（MT）	高技术含量制成品（HT）
	531 合成染料		775 家用设备	
	532 染色提取物/合成鞣料		793 船舶及浮动结构机械	
	551 精油/香水味料		812 暖气/照明灯具及配件	
	592 淀粉/蛋白类物质/胶水		872 医疗仪器和设备	
	661 石灰/水泥/装配建筑材料		873 计数器	
	662 粘土及耐火建筑材料		883 电影影片	
	663 矿物制品		884 光电产品	
	664 玻璃		885 钟表	
	667 珍珠/宝石及半宝石		951 装甲战车/枪支/弹药	
	688 铀 235/钍及其合金			
	689 其他有色冶炼金属			

资料来源：根据联合国统计数据库整理，参照 Lall（2000）提出的技术密集度分类划分标准整理。

商品结构 BEC 分类标准
（SITC 3 位数 Rev. 2）

消费品（Consumption goods）	中间品（Intermediate goods）	资本品（Capital goods）
112 食品和饮料，初级产品，主要用作家用消费	111 食品和饮料，初级产品，主要用作工业用途	41 运输设备以外的资本货物
122 食品和饮料，制成品，主要用作家用消费	121 食品和饮料，制成品，主要用作工业用途	521 运输设备，工业用
321 燃料和润滑剂，制成品（汽油）	21 其他地方没有涉及的工业补给品，初级产品	
522 运输设备，非工业用	22 其他地方没有涉及的工业补给品，制成品	
61 其他地方没有提到的消费品，耐用品	31 燃料和润滑剂，初级产品	
62 其他地方没有提到的消费品，半耐用品	322 燃料和润滑剂，制成品（除汽油以外）	
63 其他地方没有提到的消费品，非耐用品	42 资本货物（除运输设备以外）的相关配件和零部件	
	53 运输设备的相关配件和零部件	

资料来源：根据联合国统计数据库网站整理，https://unstats. un. org。

对外直接投资母国贸易效应的
面板回归模型估计结果

表 C-1　中国 OFDI 对母国消费品贸易效应的估计结果

变量	被解释变量：消费品出口 ($\text{Ln}EXPCON_{ijt}$)			被解释变量：消费品进口 ($\text{Ln}IMPCON_{ijt}$)		
	混合回归模型	固定效应模型	随机效应模型	混合回归模型	固定效应模型	随机效应模型
$\text{Ln}OFDI_{ijt}$	0.352 *** (0.0221)	0.111 *** (0.0104)	0.117 *** (0.0105)	0.481 *** (0.0502)	0.322 *** (0.0247)	0.325 *** (0.0247)
$\text{Ln}GDPCAP_{jt}$	0.294 *** (0.0334)	0.729 *** (0.0836)	0.637 *** (0.0625)	0.792 *** (0.0756)	0.661 *** (0.198)	0.922 *** (0.145)
$\text{Ln}TRADE_{jt}$	-0.245 (0.448)	-0.0825 (0.122)	-0.0928 (0.123)	0.510 (1.016)	-0.131 (0.289)	-0.0977 (0.291)
$\text{Ln}INDUSTRY_{jt}$	-0.283 ** (0.121)	0.687 *** (0.0788)	0.706 *** (0.0726)	-1.388 *** (0.274)	1.053 *** (0.186)	0.843 *** (0.171)
$\text{Ln}EXRATE_{jt}$	-0.626 *** (0.108)	-0.0334 (0.0695)	-0.0224 (0.0665)	-1.646 *** (0.246)	0.111 (0.164)	-0.0355 (0.157)
$\text{Ln}DISCAP_{ij}$	-0.378 *** (0.0886)	—	-0.230 (0.292)	-0.799 *** (0.201)	—	-0.960 (0.667)
$CONTIG_{ij}$	0.608 *** (0.187)	—	1.522 ** (0.605)	1.016 ** (0.425)	—	2.085 (1.384)

续表

变量	被解释变量：消费品出口（Ln$EXPCON_{ijt}$）			被解释变量：消费品进口（Ln$IMPCON_{ijt}$）		
	混合回归模型	固定效应模型	随机效应模型	混合回归模型	固定效应模型	随机效应模型
$COMLANG_{ij}$	0.251 (0.300)	—	0.966 (0.953)	-1.341 ** (0.679)	—	1.720 (2.179)
FTA_{ijt}	-0.0890 (0.128)	-0.0590 (0.103)	-0.0445 (0.101)	2.337 *** (0.291)	-0.0793 (0.242)	0.0471 (0.238)
常数项	16.58 *** (1.214)	8.035 *** (0.432)	9.941 *** (2.662)	23.56 *** (2.752)	-0.737 (1.022)	8.691 (6.089)
观测值 N	1032	1032	1032	1032	1032	1032
R^2	0.389	0.422		0.399	0.312	
F 检验	166.73 (0.0000)			151.25 (0.0000)		
LM 检验			4333.56 (0.0000)			4448.88 (0.0000)
Hausman 检验		24.11 (0.0011)			22.82 (0.0018)	

注：$*p<0.1$，$**p<0.05$，$***p<0.01$，分别表示统计量在 10%、5% 和 1% 的显著性水平上显著，回归系数下方括号内为标准误。Hausman 检验和 LM 检验均以 x^2 值为统计量，括号内为相应的伴随概率 P 值。由于变量 Ln$DISCAP$、$CONTIG$、$COMLANG$ 可能存在多重共线性，故将其从固定效应模型中略去。

表 C - 2　中国 OFDI 对母国中间品贸易效应的估计结果

变量	被解释变量：中间品出口（Ln$EXPINT_{ijt}$）			被解释变量：中间品进口（Ln$IMPINT_{ijt}$）		
	混合回归模型	固定效应模型	随机效应模型	混合回归模型	固定效应模型	随机效应模型
Ln$OFDI_{ijt}$	0.383 *** (0.0204)	0.146 *** (0.00816)	0.151 *** (0.00824)	0.438 *** (0.0281)	0.143 *** (0.0130)	0.149 *** (0.0130)
Ln$GDPCAP_{jt}$	0.101 *** (0.0308)	0.636 *** (0.0654)	0.526 *** (0.0525)	0.457 *** (0.0424)	0.964 *** (0.104)	0.826 *** (0.0784)

续表

变量	被解释变量：中间品出口 （Ln$EXPINT_{ijt}$）			被解释变量：中间品进口 （Ln$IMPINT_{ijt}$）		
	混合回归 模型	固定效应 模型	随机效应 模型	混合回归 模型	固定效应 模型	随机效应 模型
Ln$TRADE_{jt}$	0.255 （0.414）	0.321 *** （0.0954）	0.309 *** （0.0967）	0.0265 （0.570）	0.545 *** （0.152）	0.526 *** （0.153）
Ln$INDUSTRY_{jt}$	− 0.279 ** （0.111）	0.612 *** （0.0616）	0.651 *** （0.0581）	0.0722 （0.153）	0.650 *** （0.0981）	0.702 *** （0.0904）
Ln$EXRATE_{jt}$	− 0.701 *** （0.100）	− 0.0480 （0.0543）	− 0.0262 （0.0528）	− 0.731 *** （0.138）	− 0.148 * （0.0865）	− 0.122 （0.0828）
Ln$DISCAP_{ij}$	− 0.838 *** （0.0818）	—	− 0.686 ** （0.272）	− 0.370 *** （0.113）	—	− 0.294 （0.372）
$CONTIG_{ij}$	0.308 * （0.173）	—	1.354 ** （0.562）	0.595 ** （0.238）	—	1.691 ** （0.770）
$COMLANG_{ij}$	0.405 （0.276）	—	1.105 （0.886）	0.468 （0.381）	—	1.359 （1.213）
FTA_{ijt}	0.0281 （0.118）	− 0.0223 （0.0801）	− 0.00457 （0.0798）	0.383 ** （0.163）	0.168 （0.128）	0.198 （0.126）
常数项	21.52 *** （1.120）	8.676 *** （0.338）	14.57 *** （2.467）	14.23 *** （1.543）	8.278 *** （0.538）	10.59 *** （3.387）
观测值 N	1032	1032	1032	1032	1032	1032
R^2	0.449	0.564		0.405	0.408	
F 检验	259.15 （0.0000）			171.41 （0.0000）		
LM 检验			4421.95 （0.0000）			4482.87 （0.0000）
Hausman 检验		26.08 （0.0005）			20.74 （0.0042）	

注：* $p < 0.1$，** $p < 0.05$，*** $p < 0.01$，分别表示统计量在 10%、5% 和 1% 的显著性水平上显著，回归系数下方括号内为标准误。Hausman 检验和 LM 检验均以 x^2 值为统计量，括号内为相应的伴随概率 P 值。由于变量 Ln$DISCAP$、$CONTIG$、$COMLANG$ 可能存在多重共线性，故将其从固定效应模型中略去。

表 C – 3　中国 OFDI 对母国资本品贸易效应的估计结果

变量	被解释变量：资本品出口 ($\mathrm{Ln}EXPCAP_{ijt}$)			被解释变量：资本品进口 ($\mathrm{Ln}IMPCAP_{ijt}$)		
	混合回归模型	固定效应模型	随机效应模型	混合回归模型	固定效应模型	随机效应模型
$\mathrm{Ln}OFDI_{ijt}$	0. 379 *** (0. 0184)	0. 0737 *** (0. 00986)	0. 0835 *** (0. 00996)	0. 521 *** (0. 0627)	0. 149 *** (0. 0390)	0. 162 *** (0. 0389)
$\mathrm{Ln}GDPCAP_{jt}$	0. 284 *** (0. 0276)	0. 658 *** (0. 0789)	0. 575 *** (0. 0545)	1. 657 *** (0. 0944)	1. 229 *** (0. 312)	1. 857 *** (0. 200)
$\mathrm{Ln}TRADE_{jt}$	0. 300 (0. 372)	0. 217 * (0. 115)	0. 210 * (0. 117)	0. 313 (1. 269)	− 0. 378 (0. 456)	− 0. 297 (0. 460)
$\mathrm{Ln}INDUSTRY_{jt}$	− 0. 193 * (0. 100)	0. 687 *** (0. 0744)	0. 690 *** (0. 0678)	− 2. 969 *** (0. 342)	0. 927 *** (0. 294)	0. 411 (0. 262)
$\mathrm{Ln}EXRATE_{jt}$	− 0. 709 *** (0. 0899)	− 0. 158 ** (0. 0656)	− 0. 158 ** (0. 0626)	− 2. 542 *** (0. 307)	− 0. 392 (0. 259)	− 0. 718 *** (0. 243)
$\mathrm{Ln}DISCAP_{ij}$	− 0. 592 *** (0. 0735)	—	− 0. 454 * (0. 232)	− 2. 658 *** (0. 251)	—	− 2. 662 *** (0. 813)
$CONTIG_{ij}$	0. 460 *** (0. 155)		1. 356 *** (0. 482)	0. 448 (0. 531)		1. 888 (1. 691)
$COMLANG_{ij}$	0. 617 ** (0. 248)	—	1. 316 * (0. 759)	0. 330 (0. 848)	—	3. 905 (2. 659)
FTA_{ijt}	− 0. 211 ** (0. 106)	0. 0145 (0. 0968)	0. 0163 (0. 0953)	1. 329 *** (0. 363)	− 0. 684 * (0. 383)	− 0. 519 (0. 370)
常数项	18. 12 *** (1. 006)	9. 234 *** (0. 408)	13. 20 *** (2. 129)	47. 78 *** (3. 436)	1. 497 (1. 612)	27. 44 *** (7. 487)
观测值 N	1032	1032	1032	1032	1032	1032
R^2	0. 520	0. 376		0. 555	0. 0951	
F 检验	134. 37 (0. 0000)			100. 06 (0. 0000)		
LM 检验			3668. 05 (0. 0000)			3928. 90 (0. 0000)

续表

变量	被解释变量：资本品出口 (LnEXPCAP$_{ijt}$)			被解释变量：资本品进口 (LnIMPCAP$_{ijt}$)		
	混合回归模型	固定效应模型	随机效应模型	混合回归模型	固定效应模型	随机效应模型
Hausman 检验		42.72 (0.0000)			19.63 (0.0064)	

注：$*p<0.1$，$**p<0.05$，$***p<0.01$，分别表示统计量在 10%、5% 和 1% 的显著性水平上显著，回归系数下方括号内为标准误。Hausman 检验和 LM 检验均以 x^2 值为统计量，括号内为相应的伴随概率 P 值。由于变量 LnDISCAP、CONTIG、COMLANG 可能存在多重共线性，故将其从固定效应模型中略去。

表 C - 4　中国 OFDI 对母国初级产品贸易效应的估计结果

变量	被解释变量：初级产品出口 (LnEXPPM$_{ijt}$)			被解释变量：初级产品进口 (LnIMPPM$_{ijt}$)		
	混合回归模型	固定效应模型	随机效应模型	混合回归模型	固定效应模型	随机效应模型
Ln$OFDI_{ijt}$	0.365 *** (0.0269)	0.147 *** (0.0112)	0.151 *** (0.0112)	0.523 *** (0.0369)	0.207 *** (0.0171)	0.213 *** (0.0171)
Ln$GDPCAP_{jt}$	0.130 *** (0.0392)	0.815 *** (0.0852)	0.644 *** (0.0683)	0.254 *** (0.0537)	0.849 *** (0.130)	0.638 *** (0.0993)
Ln$TRADE_{jt}$	0.417 (0.505)	0.233 * (0.123)	0.222 * (0.124)	-0.0391 (0.692)	0.561 *** (0.187)	0.537 *** (0.189)
Ln$INDUSTRY_{jt}$	-0.474 *** (0.140)	0.526 *** (0.0810)	0.595 *** (0.0758)	0.612 *** (0.191)	0.601 *** (0.124)	0.706 *** (0.114)
Ln$EXRATE_{jt}$	-0.790 *** (0.133)	-0.357 *** (0.0781)	-0.310 *** (0.0759)	-0.724 *** (0.183)	-0.231 * (0.119)	-0.180 (0.115)
Ln$DISCAP_{ij}$	-1.132 *** (0.107)	—	-0.946 *** (0.359)	0.356 ** (0.146)	—	0.291 (0.485)
$CONTIG_{ij}$	0.347 (0.221)	—	1.551 ** (0.727)	1.090 *** (0.303)	—	2.435 ** (0.985)
$COMLANG_{ij}$	0.648 * (0.354)	—	1.408 (1.147)	-1.087 ** (0.484)	—	0.266 (1.552)

续表

变量	被解释变量：初级产品出口 ($LnEXPPM_{ijt}$)			被解释变量：初级产品进口 ($LnIMPPM_{ijt}$)		
	混合回归模型	固定效应模型	随机效应模型	混合回归模型	固定效应模型	随机效应模型
FTA_{ijt}	0.0941 (0.151)	−0.171 (0.108)	−0.139 (0.107)	0.493 ** (0.207)	−0.558 *** (0.165)	−0.480 *** (0.162)
常数项	22.62 *** (1.472)	7.180 *** (0.472)	15.22 *** (3.261)	3.107 (2.017)	7.094 *** (0.722)	3.956 (4.426)
观测值 N	1008	1008	1008	1008	1008	1008
R^2	0.366	0.430		0.267	0.331	
F 检验	235.32 (0.0000)			165.22 (0.0000)		
LM 检验			4516.93 (0.0000)			4426.21 (0.0000)
Hausman 检验		17.21 (0.0161)			20.08 (0.0054)	

注：* $p<0.1$，** $p<0.05$，*** $p<0.01$，分别表示统计量在 10%、5% 和 1% 的显著性水平上显著，回归系数下方括号内为标准误。Hausman 检验和 LM 检验均以 x^2 值为统计量，括号内为相应的伴随概率 P 值。由于变量 $LnDISCAP$、$CONTIG$、$COMLANG$ 可能存在多重共线性，故将其从固定效应模型中略去。

表 C−5　中国 OFDI 对母国资源性制成品贸易效应的估计结果

变量	被解释变量：资源性制成品出口 ($LnEXPRB_{ijt}$)			被解释变量：资源性制成品进口 ($LnIMPRB_{ijt}$)		
	混合回归模型	固定效应模型	随机效应模型	混合回归模型	固定效应模型	随机效应模型
$LnOFDI_{ijt}$	0.353 *** (0.0209)	0.114 *** (0.00855)	0.119 *** (0.00861)	0.508 *** (0.0382)	0.133 *** (0.0264)	0.151 *** (0.0262)
$LnGDPCAP_{jt}$	0.206 *** (0.0304)	0.727 *** (0.0653)	0.599 *** (0.0525)	0.498 *** (0.0556)	0.854 *** (0.202)	0.764 *** (0.121)
$LnTRADE_{jt}$	0.247 (0.392)	0.194 ** (0.0938)	0.185 * (0.0950)	1.310 * (0.716)	1.008 *** (0.290)	1.012 *** (0.292)

续表

变量	被解释变量：资源性制成品出口（Ln$EXPRB_{ijt}$）			被解释变量：资源性制成品进口（Ln$IMPRB_{ijt}$）		
	混合回归模型	固定效应模型	随机效应模型	混合回归模型	固定效应模型	随机效应模型
Ln$INDUSTRY_{jt}$	− 0. 115	0. 558 ***	0. 610 ***	− 1. 041 ***	0. 587 ***	0. 517 ***
	（0. 108）	（0. 0620）	（0. 0582）	（0. 198）	（0. 192）	（0. 166）
Ln$EXRATE_{jt}$	− 0. 517 ***	− 0. 140 **	− 0. 107 *	− 0. 735 ***	− 0. 740 ***	− 0. 723 ***
	（0. 104）	（0. 0598）	（0. 0582）	（0. 189）	（0. 185）	（0. 171）
Ln$DISCAP_{ij}$	− 0. 627 ***	—	− 0. 483 *	0. 170	—	0. 192
	（0. 0829）		（0. 276）	（0. 151）		（0. 479）
$CONTIG_{ij}$	0. 490 ***	—	1. 503 ***	1. 186 ***	—	2. 519 ***
	（0. 172）		（0. 560）	（0. 314）		（0. 977）
$COMLANG_{ij}$	0. 656 **		1. 295	0. 349		2. 359
	（0. 275）		（0. 883）	（0. 501）		（1. 536）
FTA_{ijt}	0. 175	0. 0864	0. 106	1. 060 ***	− 0. 130	0. 0349
	（0. 118）	（0. 0826）	（0. 0820）	（0. 215）	（0. 255）	（0. 243）
常数项	16. 54 ***	8. 047 ***	12. 03 ***	11. 68 ***	9. 918 ***	8. 159 *
	（1. 144）	（0. 361）	（2. 512）	（2. 088）	（1. 116）	（4. 452）
观测值 N	1008	1008	1008	1008	1008	1008
R^2	0. 421	0. 514		0. 364	0. 136	
F 检验	231. 20			67. 17		
	（0. 0000）			（0. 0000）		
LM 检验			4380. 38			3508. 18
			（0. 0000）			（0. 0000）
Hausman 检验		26. 62			22. 28	
		（0. 0004）			（0. 0023）	

注：* $p < 0.1$，** $p < 0.05$，*** $p < 0.01$，分别表示统计量在 10%、5% 和 1% 的显著性水平上显著，回归系数下方括号内为标准误。Hausman 检验和 LM 检验均以 x^2 值为统计量，括号内为相应的伴随概率 P 值。由于变量 Ln$DISCAP$、$CONTIG$、$COMLANG$ 可能存在多重共线性，故将其从固定效应模型中略去。

表 C – 6　中国 OFDI 对母国低技术制成品贸易效应的估计结果

变量	被解释变量：低技术制成品出口（Ln$EXPLT_{ijt}$）			被解释变量：低技术制成品进口（Ln$IMPLT_{ijt}$）		
	混合回归模型	固定效应模型	随机效应模型	混合回归模型	固定效应模型	随机效应模型
Ln$OFDI_{ijt}$	0. 348 *** (0. 0225)	0. 125 *** (0. 00981)	0. 129 *** (0. 00984)	0. 600 *** (0. 0530)	0. 151 *** (0. 0269)	0. 161 *** (0. 0269)
Ln$GDPCAP_{jt}$	0. 240 *** (0. 0328)	0. 687 *** (0. 0749)	0. 586 *** (0. 0586)	0. 602 *** (0. 0773)	0. 631 *** (0. 206)	0. 809 *** (0. 150)
Ln$TRADE_{jt}$	0. 0606 (0. 422)	0. 0366 (0. 108)	0. 0300 (0. 109)	– 0. 373 (0. 995)	– 0. 338 (0. 296)	– 0. 318 (0. 297)
Ln$INDUSTRY_{jt}$	– 0. 198 * (0. 117)	0. 651 *** (0. 0712)	0. 683 *** (0. 0661)	– 1. 139 *** (0. 275)	1. 367 *** (0. 195)	1. 189 *** (0. 178)
Ln$EXRATE_{jt}$	– 0. 483 *** (0. 111)	– 0. 0203 (0. 0687)	– 0. 000408 (0. 0664)	– 1. 101 *** (0. 263)	– 0. 164 (0. 188)	– 0. 265 (0. 180)
Ln$DISCAP_{ij}$	– 0. 558 *** (0. 0893)	—	– 0. 425 (0. 297)	– 1. 594 *** (0. 211)	—	– 1. 426 ** (0. 696)
$CONTIG_{ij}$	0. 535 *** (0. 185)	—	1. 489 ** (0. 603)	1. 067 ** (0. 437)	—	2. 373 * (1. 414)
$COMLANG_{ij}$	0. 0683 (0. 296)	—	0. 874 (0. 950)	0. 116 (0. 697)	—	2. 476 (2. 226)
FTA_{ijt}	0. 109 (0. 127)	– 0. 119 (0. 0948)	– 0. 0940 (0. 0936)	0. 421 (0. 298)	– 0. 307 (0. 260)	– 0. 264 (0. 254)
常数项	17. 45 *** (1. 231)	8. 291 *** (0. 415)	11. 86 *** (2. 706)	25. 73 *** (2. 903)	1. 250 (1. 138)	14. 50 ** (6. 362)
观测值 N	1008	1008	1008	1008	1008	1008
R^2	0. 368	0. 472		0. 332	0. 190	
F 检验	196. 47 (0. 0000)			144. 74 (0. 0000)		

续表

变量	被解释变量：低技术制成品出口 （Ln$EXPLT_{ijt}$）			被解释变量：低技术制成品进口 （Ln$IMPLT_{ijt}$）		
	混合回归 模型	固定效应 模型	随机效应 模型	混合回归 模型	固定效应 模型	随机效应 模型
LM 检验			4386. 58 （0. 0000）			4273. 16 （0. 0000）
Hausman 检验		20. 19 （0. 0052）			12. 53 （0. 0845）	

注：$* p < 0.1$，$** p < 0.05$，$*** p < 0.01$，分别表示统计量在 10%、5% 和 1% 的显著性水平上显著，回归系数下方括号内为标准误。Hausman 检验和 LM 检验均以 x^2 值为统计量，括号内为相应的伴随概率 P 值。由于变量 Ln$DISCAP$、$CONTIG$、$COMLANG$ 可能存在多重共线性，故将其从固定效应模型中略去。

表 C - 7 中国 OFDI 对母国中技术制成品贸易效应的估计结果

变量	被解释变量：中技术制成品出口 （Ln$EXPMT_{ijt}$）			被解释变量：中技术制成品进口 （Ln$IMPMT_{ijt}$）		
	混合回归 模型	固定效应 模型	随机效应 模型	混合回归 模型	固定效应 模型	随机效应 模型
Ln$OFDI_{ijt}$	0. 344 *** （0. 0201）	0. 130 *** （0. 00923）	0. 135 *** （0. 00930）	0. 482 *** （0. 0508）	0. 183 *** （0. 0399）	0. 202 *** （0. 0392）
Ln$GDPCAP_{jt}$	0. 153 *** （0. 0292）	0. 728 *** （0. 0705）	0. 556 *** （0. 0541）	1. 395 *** （0. 0740）	1. 111 *** （0. 304）	1. 497 *** （0. 167）
Ln$TRADE_{jt}$	0. 402 （0. 376）	0. 326 *** （0. 101）	0. 314 *** （0. 103）	- 0. 216 （0. 954）	- 0. 497 （0. 438）	- 0. 443 （0. 439）
Ln$INDUSTRY_{jt}$	- 0. 0271 （0. 104）	0. 586 *** （0. 0669）	0. 660 *** （0. 0621）	- 1. 165 *** （0. 264）	1. 247 *** （0. 289）	0. 851 *** （0. 246）
Ln$EXRATE_{jt}$	- 0. 615 *** （0. 0994）	- 0. 242 *** （0. 0646）	- 0. 196 *** （0. 0625）	- 0. 739 *** （0. 252）	- 0. 580 ** （0. 279）	- 0. 727 *** （0. 254）
Ln$DISCAP_{ij}$	- 0. 560 *** （0. 0796）	—	- 0. 389 （0. 265）	- 2. 260 *** （0. 202）	—	- 2. 163 *** （0. 633）
$CONTIG_{ij}$	0. 628 *** （0. 165）	—	1. 565 *** （0. 537）	1. 070 ** （0. 418）	—	1. 951 （1. 292）

续表

变量	被解释变量：中技术制成品出口（Ln$EXPMT_{ijt}$）			被解释变量：中技术制成品进口（Ln$IMPMT_{ijt}$）		
	混合回归模型	固定效应模型	随机效应模型	混合回归模型	固定效应模型	随机效应模型
$COMLANG_{ij}$	0.567 ** (0.264)	—	0.993 (0.846)	0.0817 (0.668)	—	1.909 (2.032)
FTA_{ijt}	−0.0817 (0.113)	−0.000838 (0.0892)	0.0160 (0.0882)	0.0792 (0.286)	−0.700 * (0.385)	−0.595 * (0.359)
常数项	17.45 *** (1.098)	9.385 *** (0.390)	12.46 *** (2.412)	31.13 *** (2.781)	3.551 ** (1.686)	24.08 *** (5.936)
观测值 N	1008	1008	1008	1008	1008	1008
R^2	0.404	0.504		0.501	0.124	
F 检验	180.49 (0.0000)			59.35 (0.0000)		
LM 检验			4279.87 (0.0000)			3322.47 (0.0000)
Hausman 检验		28.72 (0.0002)			2.11 (0.9533)	

注： * $p < 0.1$， ** $p < 0.05$， *** $p < 0.01$，分别表示统计量在 10%、5% 和 1% 的显著性水平上显著，回归系数下方括号内为标准误。Hausman 检验和 LM 检验均以 x^2 值为统计量，括号内为相应的伴随概率 P 值。由于变量 Ln$DISCAP$、$CONTIG$、$COMLANG$ 可能存在多重共线性，故将其从固定效应模型中略去。

表 C−8　中国 OFDI 对母国高技术制成品贸易效应的估计结果

变量	被解释变量：高技术制成品出口（Ln$EXPHT_{ijt}$）			被解释变量：高技术制成品进口（Ln$IMPHT_{ijt}$）		
	混合回归模型	固定效应模型	随机效应模型	混合回归模型	固定效应模型	随机效应模型
Ln$OFDI_{ijt}$	0.432 *** (0.0224)	0.118 *** (0.00986)	0.124 *** (0.00994)	0.485 *** (0.0665)	0.160 *** (0.0340)	0.166 *** (0.0340)
Ln$GDPCAP_{jt}$	0.310 *** (0.0327)	0.470 *** (0.0753)	0.508 *** (0.0584)	1.489 *** (0.0968)	0.509 * (0.260)	1.195 *** (0.190)

续表

变量	被解释变量：高技术制成品出口（$\text{Ln}EXPHT_{ijt}$）			被解释变量：高技术制成品进口（$\text{Ln}IMPHT_{ijt}$）		
	混合回归模型	固定效应模型	随机效应模型	混合回归模型	固定效应模型	随机效应模型
$\text{Ln}TRADE_{jt}$	0.371 (0.421)	0.155 (0.108)	0.162 (0.110)	0.573 (1.247)	-0.252 (0.373)	-0.185 (0.376)
$\text{Ln}INDUSTRY_{jt}$	-0.495 *** (0.116)	0.668 *** (0.0715)	0.616 *** (0.0665)	-2.031 *** (0.345)	0.728 *** (0.247)	0.276 (0.225)
$\text{Ln}EXRATE_{jt}$	-0.892 *** (0.111)	-0.168 ** (0.0690)	-0.204 *** (0.0669)	-2.006 *** (0.329)	0.133 (0.238)	-0.184 (0.228)
$\text{Ln}DISCAP_{ij}$	-0.662 *** (0.0890)	—	-0.477 * (0.290)	-2.924 *** (0.264)	—	-2.801 *** (0.883)
$CONTIG_{ij}$	0.414 ** (0.185)	—	1.207 ** (0.588)	1.427 *** (0.547)	—	1.744 (1.794)
$COMLANG_{ij}$	0.756 ** (0.295)	—	1.654 * (0.926)	2.114 ** (0.874)	—	4.541 (2.824)
FTA_{ijt}	-0.222 * (0.126)	-0.00809 (0.0952)	-0.0143 (0.0944)	0.590 (0.374)	0.0549 (0.329)	0.0431 (0.322)
常数项	20.05 *** (1.227)	9.005 *** (0.417)	13.38 *** (2.638)	44.73 *** (3.638)	2.171 (1.437)	28.92 *** (8.071)
观测值 N	1008	1008	1008	1008	1008	1008
R^2	0.491	0.414		0.480	0.0816	
F 检验	197.18 (0.0000)			155.17 (0.0000)		
LM 检验			4048.94 (0.0000)			4409.95 (0.0000)
Hausman 检验		30.26 (0.0001)			14.65 (0.0408)	

注：$* p < 0.1$，$** p < 0.05$，$*** p < 0.01$，分别表示统计量在 10%、5% 和 1% 的显著性水平上显著，回归系数下方括号内为标准误。Hausman 检验和 LM 检验均以 x^2 值为统计量，括号内为相应的伴随概率 P 值。由于变量 $\text{Ln}DISCAP$、$CONTIG$、$COMLANG$ 可能存在多重共线性，故将其从固定效应模型中略去。

表 C-9 中国 OFDI 的母国出口结构效应估计结果
（按技术密集度分类，加入滞后期）

出口结构

变量	初级产品 LnEXPPM_ijt		资源性制成品 LnEXPRB_ijt		低技术制成品 LnEXPLT_ijt		中技术制成品 LnEXPMT_ijt		高技术制成品 LnEXPHT_ijt	
LnOFDI_ijt 滞后一期	0.136*** (0.0102)		0.104*** (0.00785)		0.111*** (0.00905)		0.123*** (0.00841)		0.105*** (0.00908)	
LnOFDI_ijt 滞后二期		0.111*** (0.0103)		0.0961*** (0.00783)		0.0882*** (0.00933)		0.103*** (0.00867)		0.0893*** (0.00930)
LnGDPCAP_jt	0.830** (0.0850)	0.940** (0.0864)	0.740*** (0.0653)	0.857*** (0.0657)	0.703*** (0.0752)	0.762*** (0.0783)	0.741*** (0.0699)	0.823*** (0.0727)	0.486*** (0.0755)	0.533*** (0.0780)
LnTRADE_jt	0.254** (0.122)	0.219* (0.120)	0.210** (0.0939)	0.259*** (0.0908)	0.0538 (0.108)	0.131 (0.108)	0.344*** (0.101)	0.348*** (0.101)	0.171 (0.109)	0.238** (0.108)
LnINDUSTRY_jt	0.490*** (0.0815)	0.496*** (0.0849)	0.534*** (0.0626)	0.476*** (0.0646)	0.631*** (0.0721)	0.659*** (0.0769)	0.548*** (0.0671)	0.583*** (0.0715)	0.650*** (0.0724)	0.690*** (0.0766)
LnEXRATE_jt	-0.366* (0.0780)	-0.410** (0.0793)	-0.146** (0.0599)	-0.205*** (0.0602)	-0.0257 (0.0691)	-0.0729 (0.0718)	-0.251*** (0.0642)	-0.317*** (0.0667)	-0.173** (0.0694)	-0.203*** (0.0715)
FTA_ijt	-0.174 (0.108)	-0.220** (0.111)	0.0870 (0.0827)	0.0959 (0.0842)	-0.114 (0.0953)	-0.110 (0.100)	-0.00714 (0.0886)	0.0157 (0.0933)	-0.00300 (0.0957)	-0.0103 (0.100)
常数项	7.540*** (0.471)	7.859*** (0.493)	8.324*** (0.362)	8.754*** (0.375)	8.588*** (0.417)	8.884*** (0.446)	9.708*** (0.388)	9.962*** (0.415)	9.286*** (0.419)	9.372*** (0.445)

续表

出口结构

变量	初级产品 $LnEXPPM_{ijt}$		资源性制成品 $LnEXPRB_{ijt}$		低技术制成品 $LnEXPLT_{ijt}$		中技术制成品 $LnEXPMT_{ijt}$		高技术制成品 $LnEXPHT_{ijt}$	
观测值 N	1008	924	1008	924	1008	924	1008	924	1008	924
面板类型	固定效应模型		固定效应模型		固定效应模型		固定效应模型		固定效应模型	

注：* $p<0.1$，** $p<0.05$，*** $p<0.01$，分别表示统计量在10%、5%和1%的显著性水平上显著，回归系数下方括号内为标准误。
由于变量 $LnDISCAP$、$CONTIG$、$COMLANG$ 均不随时间变化，可能存在多重共线性，故将其从固定效应模型中略去。

表 C-10 中国 OFDI 的母国进口结构效应估计结果（按技术密集度分类，加入滞后期）

进口结构

变量	初级产品 $LnIMPPM_{ijt}$		资源性制成品 $LnIMPRB_{ijt}$		低技术制成品 $LnIMPLT_{ijt}$		中技术制成品 $LnIMPMT_{ijt}$		高技术制成品 $LnIMPHT_{ijt}$	
$LnOFDI_{ijt}$ 滞后一期	0.195 *** (0.0156)		0.138 *** (0.0241)		0.157 *** (0.0246)		0.185 *** (0.0360)		0.151 *** (0.0312)	
$LnOFDI_{ijt}$ 滞后二期		0.149 *** (0.0158)		0.0906 *** (0.0251)		0.147 *** (0.0258)		0.139 *** (0.0368)		0.149 *** (0.0323)
$LnGDPCAP_{jt}$	0.869 *** (0.130)	0.950 *** (0.132)	0.859 *** (0.201)	1.019 *** (0.210)	0.864 *** (0.156)	0.813 *** (0.150)	1.506 *** (0.167)	1.438 *** (0.169)	0.524 ** (0.259)	0.732 *** (0.271)
$LnTRADE_{jt}$	0.589 *** (0.186)	0.664 *** (0.183)	1.026 *** (0.289)	1.091 *** (0.291)	-0.296 (0.296)	-0.483 (0.301)	-0.417 (0.439)	-0.0751 (0.437)	-0.230 (0.373)	-0.260 (0.375)

续表

变量	进口结构									
	初级产品 $LnIMPPM_{jt}$		资源性制成品 $LnIMPRB_{jt}$		低技术制成品 $LnIMPLT_{ijt}$		中技术制成品 $LnIMPMT_{ijt}$		高技术制成品 $LnIMPHT_{ijt}$	
$LnINDUSTRY_{jt}$	0.542*** (0.124)	0.487*** (0.130)	0.521*** (0.192)	0.464** (0.207)	1.138*** (0.179)	1.121*** (0.194)	0.816*** (0.248)	0.548** (0.264)	0.682*** (0.248)	0.551** (0.267)
$LnEXRATE_{jt}$	-0.245** (0.119)	-0.290** (0.121)	-0.755*** (0.184)	-0.885*** (0.193)	-0.275 (0.179)	-0.389** (0.188)	-0.733*** (0.254)	-0.707** (0.260)	0.122 (0.238)	0.147 (0.249)
$LnDISCAP_{ij}$	—	—	—	—	-1.434** (0.696)	-1.458** (0.704)	-2.167*** (0.630)	-2.201*** (0.628)	—	—
$CONTIG_{ij}$	—	—	—	—	2.377* (1.413)	2.412* (1.431)	1.977 (1.287)	1.859 (1.282)	—	—
$COMLANG_{ij}$	—	—	—	—	2.476 (2.226)	2.339 (2.254)	1.929 (2.025)	1.796 (2.017)	—	—
FTA_{ijt}	-0.568*** (0.164)	-0.593*** (0.170)	-0.156 (0.254)	-0.131 (0.270)	-0.277 (0.254)	-0.232 (0.270)	-0.592* (0.359)	-0.432 (0.373)	0.0469 (0.328)	0.144 (0.348)
常数项	7.608*** (0.719)	8.579*** (0.755)	10.27*** (1.113)	11.47*** (1.199)	14.96** (6.362)	15.84** (6.463)	24.58** (5.919)	26.84*** (5.942)	2.569* (1.437)	2.688* (1.546)
观测值 N	1008	924	1008	924	1008	924	1008	924	1008	924
面板类型	固定效应模型	固定效应模型	固定效应模型	固定效应模型	随机效应模型	随机效应模型	随机效应模型	随机效应模型	固定效应模型	固定效应模型

注: *$p<0.1$, **$p<0.05$, ***$p<0.01$, 分别表示统计量在10%、5%和1%的显著性水平上显著, 回归系数下方括号内为标准误。由于变量 $LnDISCAP$、$CONTIG$、$COMLANG$ 均不随时间变化, 可能存在多重共线性, 故将其从固定效应模型中略去。

表 C-11　中国对东盟投资的母国贸易规模效应的估计结果

变量	被解释变量：货物贸易出口（Ln$EXPORT_{ijt}$）			被解释变量：货物贸易进口（Ln$IMPORT_{ijt}$）		
	混合回归模型	固定效应模型	随机效应模型	混合回归模型	固定效应模型	随机效应模型
Ln$OFDI_{ijt}$	0.580 *** (0.0440)	0.210 *** (0.0429)	0.234 *** (0.0420)	0.578 *** (0.0795)	0.103 (0.0683)	0.137 ** (0.0659)
Ln$GDPCAP_{jt}$	0.0370 (0.0716)	1.010 *** (0.218)	0.882 *** (0.207)	0.187 (0.129)	1.259 *** (0.348)	1.096 *** (0.320)
Ln$TRADE_{jt}$	0.0706 (0.722)	-0.288 (0.318)	-0.253 (0.309)	0.818 (1.305)	0.991 * (0.507)	1.039 ** (0.492)
Ln$EXRATE_{jt}$	-4.784 *** (0.385)	1.981 *** (0.536)	1.973 *** (0.510)	-7.494 *** (0.695)	3.507 *** (0.853)	3.416 *** (0.811)
Ln$INDUSTRY_{jt}$	-1.004 (1.048)	0.378 (0.480)	0.358 (0.466)	-0.724 (1.895)	0.953 (0.765)	0.908 (0.742)
Ln$DISTCAP_{ij}$	-1.776 *** (0.380)	—	-2.086 (3.310)	-1.513 ** (0.686)	—	-1.808 (4.840)
$CONTIG_{ij}$	0.554 ** (0.221)	—	0.527 (1.727)	1.064 *** (0.400)	—	0.487 (2.529)
$COMLANG_{ij}$	0.257 (0.225)	—	0.345 (1.593)	0.340 (0.407)	—	1.007 (2.335)
FTA_{ijt}	-0.180 (0.489)	0.0252 (0.218)	0.0297 (0.212)	-1.296 (0.884)	-0.958 *** (0.348)	-0.953 *** (0.338)
常数项	45.26 *** (3.481)	2.345 (2.358)	19.11 (27.29)	56.13 *** (6.293)	-3.370 (3.754)	11.29 (39.93)
观测值 N	108	108	108	108	108	108
R^2	0.830	0.779		0.715	0.645	
F 检验	94.12 (0.0000)			98.27 (0.0000)		
LR 检验			125.41 (0.000)			154.49 (0.000)

变量	被解释变量：货物贸易出口 ($\text{Ln}EXPORT_{ijt}$)			被解释变量：货物贸易进口 ($\text{Ln}IMPORT_{ijt}$)		
	混合回归模型	固定效应模型	随机效应模型	混合回归模型	固定效应模型	随机效应模型
Hausman 检验		81.35 (0.0000)			85.08 (0.0000)	

注：$*p<0.1$，$**p<0.05$，$***p<0.01$，分别表示统计量在 10%、5% 和 1% 的显著性水平上显著，回归系数下方括号内为标准误。Hausman 检验和 LR 检验均以 x^2 值为统计量，括号内为相应的伴随概率 P 值。由于变量 $\text{Ln}DISCAP$、$CONTIG$、$COMLANG$ 可能存在多重共线性，故将其从固定效应模型中略去。

表 C-12　中国对东盟投资的母国消费品贸易规模效应的估计结果

变量	被解释变量：消费品出口 ($\text{Ln}EXPCON_{ijt}$)			被解释变量：消费品进口 ($\text{Ln}IMPCON_{ijt}$)		
	混合回归模型	固定效应模型	随机效应模型	混合回归模型	固定效应模型	随机效应模型
$\text{Ln}OFDI_{ijt}$	0.454*** (0.0580)	0.0581 (0.0638)	0.106* (0.0641)	1.268*** (0.0747)	0.463*** (0.0874)	-0.0510 (0.0319)
$\text{Ln}GDPCAP_{jt}$	0.183* (0.0943)	2.187*** (0.325)	1.883*** (0.325)	-0.684*** (0.122)	0.148 (0.445)	-0.0611 (0.0518)
$\text{Ln}TRADE_{jt}$	-0.548 (0.951)	-1.027** (0.474)	-0.952** (0.462)	-1.396 (1.226)	-1.121* (0.649)	-0.814 (0.523)
$\text{Ln}EXRATE_{jt}$	-5.276*** (0.507)	0.430 (0.797)	0.589 (0.760)	-8.019*** (0.653)	3.522*** (1.092)	0.0905 (0.279)
$\text{Ln}INDUSTRY_{jt}$	-1.131 (1.381)	-0.187 (0.715)	-0.187 (0.695)	0.387 (1.780)	2.500** (0.978)	1.141 (0.760)
$\text{Ln}DISTCAP_{ij}$	-2.021*** (0.500)	—	-2.941 (4.431)	-4.294*** (0.645)	—	-0.0455 (0.275)
$CONTIG_{ij}$	0.754** (0.292)		1.707 (2.322)	-0.151 (0.376)		-0.138 (0.160)

变量	被解释变量：消费品出口 （Ln$EXPCON_{ijt}$）			被解释变量：消费品进口 （Ln$IMPCON_{ijt}$）		
	混合回归模型	固定效应模型	随机效应模型	混合回归模型	固定效应模型	随机效应模型
$COMLANG_{ij}$	0.218 (0.297)	—	－1.085 (2.146)	0.767** (0.382)	—	0.00171 (0.163)
FTA_{ijt}	0.0127 (0.644)	0.311 (0.325)	0.322 (0.317)	－0.581 (0.831)	－0.432 (0.445)	0.415 (0.354)
常数项	49.24*** (4.587)	8.017** (3.509)	30.98 (36.57)	69.16*** (5.913)	－10.54** (4.805)	0.503 (2.522)
观测值 N	108	108		108	108	108
R^2	0.719	0.653	2.275***	0.883	0.580	
F 检验	66.44 (0.0000)			63.63 (0.0000)		
LR 检验			100.52 (0.000)			0.00 (1.000)
Hausman 检验		76.76 (0.0000)			74.03 (0.0000)	

注：* $p < 0.1$，** $p < 0.05$，*** $p < 0.01$，分别表示统计量在 10%、5% 和 1% 的显著性水平上显著，回归系数下方括号内为标准误。Hausman 检验和 LR 检验均以 x^2 值为统计量，括号内为相应的伴随概率 P 值。由于变量 Ln$DISCAP$、$CONTIG$、$COMLANG$ 可能存在多重共线性，故将其从固定效应模型中略去。

表 C－13　中国对东盟投资的母国中间品贸易规模效应的估计结果

变量	被解释变量：中间品出口 （Ln$EXPINT_{ijt}$）			被解释变量：中间品进口 （Ln$IMPINT_{ijt}$）		
	混合回归模型	固定效应模型	随机效应模型	混合回归模型	固定效应模型	随机效应模型
Ln$OFDI_{ijt}$	0.618*** (0.0429)	0.272*** (0.0411)	0.292*** (0.0399)	0.503*** (0.0813)	0.117* (0.0628)	0.145** (0.0603)

续表

变量	被解释变量：中间品出口 $(\text{Ln}EXPINT_{ijt})$			被解释变量：中间品进口 $(\text{Ln}IMPINT_{ijt})$		
	混合回归模型	固定效应模型	随机效应模型	混合回归模型	固定效应模型	随机效应模型
$\text{Ln}GDPCAP_{jt}$	-0.100 (0.0697)	0.642^{***} (0.209)	0.544^{***} (0.195)	0.227^{*} (0.132)	1.141^{***} (0.319)	1.016^{***} (0.294)
$\text{Ln}TRADE_{jt}$	0.392 (0.704)	-0.0527 (0.305)	-0.0233 (0.296)	0.874 (1.333)	1.129^{**} (0.466)	1.167^{***} (0.452)
$\text{Ln}EXRATE_{jt}$	-4.786^{***} (0.375)	2.490^{***} (0.514)	2.443^{***} (0.490)	-7.739^{***} (0.710)	3.100^{***} (0.784)	3.000^{***} (0.747)
$\text{Ln}INDUSTRY_{jt}$	-1.148 (1.022)	0.638 (0.461)	0.612 (0.447)	-0.725 (1.936)	0.780 (0.703)	0.738 (0.682)
$\text{Ln}DISTCAP_{ij}$	-2.010^{***} (0.370)	—	-2.209 (3.162)	-0.819 (0.701)	—	-1.151 (4.642)
$CONTIG_{ij}$	0.366^{*} (0.216)	—	0.0171 (1.649)	1.423^{***} (0.409)	—	0.660 (2.423)
$COMLANG_{ij}$	0.313 (0.219)	—	0.731 (1.521)	0.246 (0.416)	—	0.953 (2.235)
FTA_{ijt}	-0.186 (0.477)	-0.126 (0.209)	-0.122 (0.203)	-1.314 (0.903)	-0.921^{***} (0.320)	-0.917^{***} (0.310)
常数项	46.25^{***} (3.393)	-0.883 (2.262)	17.10 (26.07)	52.30^{***} (6.429)	-1.783 (3.451)	7.556 (38.28)
观测值 N	108	108	108	108	108	108
R^2	0.847	0.799		0.699	0.656	
F 检验	99.46 (0.0000)			123.63 (0.0000)		
LR 检验			129.09 (0.000)			176.62 (0.000)
Hausman 检验		81.88 (0.0000)			87.54 (0.0000)	

注：$*p<0.1$，$**p<0.05$，$***p<0.01$，分别表示统计量在 10%、5% 和 1% 的显著性水平上显著，回归系数下方括号内为标准误。Hausman 检验和 LR 检验均以 x^2 值为统计量，括号内为相应的伴随概率 P 值。由于变量 $\text{Ln}DISCAP$、$CONTIG$、$COMLANG$ 可能存在多重共线性，故将其从固定效应模型中略去。

表 C-14　中国对东盟投资的母国资本品贸易规模效应的估计结果

变量	被解释变量：资本品出口（$LnEXPCAP_{ijt}$）			被解释变量：资本品进口（$LnIMPCAP_{ijt}$）		
	混合回归模型	固定效应模型	随机效应模型	混合回归模型	固定效应模型	随机效应模型
$LnOFDI_{ijt}$	0.617 *** (0.0467)	0.239 *** (0.0500)	-0.0450 ** (0.0207)	1.576 *** (0.177)	-0.155 (0.238)	0.0331 (0.232)
$LnGDPCAP_{jt}$	0.0747 (0.0760)	0.253 (0.255)	0.00132 (0.0337)	-0.264 (0.288)	2.826 ** (1.209)	1.922 * (1.079)
$LnTRADE_{jt}$	-0.122 (0.767)	0.0289 (0.371)	0.636 * (0.340)	0.00608 (2.908)	-0.464 (1.763)	-0.204 (1.715)
$LnEXRATE_{jt}$	-4.960 *** (0.409)	3.034 *** (0.625)	-0.109 (0.181)	-15.97 *** (1.549)	10.40 *** (2.968)	10.01 *** (2.781)
$LnINDUSTRY_{jt}$	-0.709 (1.114)	0.460 (0.560)	1.200 ** (0.493)	-3.448 (4.222)	1.250 (2.660)	1.031 (2.588)
$LnDISTCAP_{ij}$	-1.067 *** (0.403)	—	0.0558 (0.179)	-9.081 *** (1.529)	—	-9.116 (11.84)
$CONTIG_{ij}$	0.879 *** (0.235)	—	-0.0146 (0.104)	-1.484 * (0.892)	—	-2.218 (6.258)
$COMLANG_{ij}$	0.297 (0.239)	—	-0.0243 (0.106)	1.969 ** (0.907)	—	4.222 (5.813)
FTA_{ijt}	-0.330 (0.520)	0.0355 (0.255)	0.0168 (0.230)	-2.522 (1.969)	-1.600 (1.210)	-1.571 (1.178)
常数项	38.24 *** (3.698)	-3.386 (2.749)	0.779 (1.637)	142.2 *** (14.02)	-38.18 *** (13.06)	36.51 (98.12)
观测值 N	108	108	108	108	108	108
R^2	0.833	0.673		0.755	0.367	
F 检验	69.63 (0.0000)			39.11 (0.0000)		
LR 检验			0.00 (1.000)			63.98 (0.000)

变量	被解释变量：资本品出口 ($\text{Ln}EXPCAP_{ijt}$)			被解释变量：资本品进口 ($\text{Ln}IMPCAP_{ijt}$)		
	混合回归模型	固定效应模型	随机效应模型	混合回归模型	固定效应模型	随机效应模型
Hausman 检验		77.95 (0.0000)			66.49 (0.0000)	

注：$* p < 0.1$，$** p < 0.05$，$*** p < 0.01$，分别表示统计量在 10%、5% 和 1% 的显著性水平上显著，回归系数下方括号内为标准误。Hausman 检验和 LR 检验均以 x^2 值为统计量，括号内为相应的伴随概率 P 值。由于变量 $\text{Ln}DISCAP$、$CONTIG$、$COMLANG$ 可能存在多重共线性，故将其从固定效应模型中略去。

表 C – 15　中国对欧盟投资的母国贸易规模效应的估计结果

变量	被解释变量：货物贸易出口 ($\text{Ln}EXPORT_{ijt}$)			被解释变量：货物贸易进口 ($\text{Ln}IMPORT_{ijt}$)		
	混合回归模型	固定效应模型	随机效应模型	混合回归模型	固定效应模型	随机效应模型
$\text{Ln}OFDI_{ijt}$	– 0.00182 (0.00632)	– 0.0182 * (0.0106)	– 0.00182 (0.00632)	0.377 *** (0.0414)	0.132 *** (0.0116)	0.135 *** (0.0117)
$\text{Ln}GDPCAP_{jt}$	– 0.00883 (0.0223)	0.443 ** (0.204)	– 0.00883 (0.0223)	0.369 ** (0.151)	1.790 *** (0.220)	1.654 *** (0.206)
$\text{Ln}TRADE_{jt}$	0.0458 (0.0322)	0.875 *** (0.169)	0.0458 (0.0322)	– 0.161 (0.221)	1.400 *** (0.193)	1.324 *** (0.191)
$\text{Ln}EXRATE_{jt}$	0.307 (0.252)	0.202 (0.417)	0.307 (0.252)	2.855 * (1.650)	– 2.831 *** (0.443)	– 2.673 *** (0.437)
$\text{Ln}INDUSTY_{jt}$	0.270 *** (0.0977)	0.0690 (0.206)	0.270 *** (0.0977)	– 1.931 *** (0.645)	– 0.737 *** (0.213)	– 0.637 *** (0.208)
常数项	– 2.750 ** (1.324)	– 6.256 *** (2.251)	– 2.750 ** (1.324)	5.304 (8.715)	17.32 *** (2.407)	16.89 *** (2.418)
观测值 N	252	252	252	273	273	273
R^2	0.0455	0.183		0.358	0.698	

续表

变量	被解释变量：货物贸易出口（LnEXPORT$_{ijt}$）			被解释变量：货物贸易进口（LnIMPORT$_{ijt}$）		
	混合回归模型	固定效应模型	随机效应模型	混合回归模型	固定效应模型	随机效应模型
F 检验	2.54 (0.0005)			505.66 (0.0000)		
LM 检验			0.00 (1.0000)			1267.01 (0.0000)
Hausman 检验		35.78 (0.0000)			11.42 (0.0762)	

注：$*p < 0.1$，$**p < 0.05$，$***p < 0.01$，分别表示统计量在 10%、5% 和 1% 的显著性水平上显著，回归系数下方括号内为标准误。Hausman 检验和 LM 检验均以 x^2 值为统计量，括号内为相应的伴随概率 P 值。

表 C - 16　中国对欧盟投资的母国低技术含量制成品贸易规模效应的
估计结果

变量	被解释变量：低技术含量制成品出口（LnEXPLT$_{ijt}$）			被解释变量：低技术含量制成品进口（LnIMPLT$_{ijt}$）		
	混合回归模型	固定效应模型	随机效应模型	混合回归模型	固定效应模型	随机效应模型
Ln$OFDI_{ijt}$	0.283 *** (0.0433)	0.0354 *** (0.0105)	0.0378 *** (0.0106)	0.445 *** (0.0541)	0.0778 *** (0.0207)	0.0848 *** (0.0207)
Ln$GDPCAP_{jt}$	-0.309 * (0.158)	0.746 *** (0.198)	0.692 *** (0.190)	0.602 *** (0.197)	1.928 *** (0.393)	1.750 *** (0.343)
Ln$TRADE_{jt}$	-1.183 *** (0.231)	1.277 *** (0.174)	1.186 *** (0.173)	0.465 (0.289)	1.677 *** (0.345)	1.564 *** (0.331)
Ln$EXRATE_{jt}$	4.709 *** (1.726)	-1.097 *** (0.399)	-1.044 *** (0.397)	6.324 *** (2.158)	-4.031 *** (0.791)	-3.771 *** (0.764)
Ln$INDUSTY_{jt}$	-0.482 (0.674)	0.00887 (0.192)	0.0646 (0.189)	-2.356 *** (0.843)	-0.504 (0.380)	-0.377 (0.360)
常数项	-2.410 (9.116)	10.91 *** (2.167)	10.96 *** (2.199)	-15.79 (11.40)	17.98 *** (4.299)	17.23 *** (4.229)

续表

变量	被解释变量：低技术含量制成品出口（$\text{Ln}EXPLT_{ijt}$）			被解释变量：低技术含量制成品进口（$\text{Ln}IMPLT_{ijt}$）		
	混合回归模型	固定效应模型	随机效应模型	混合回归模型	固定效应模型	随机效应模型
观测值 N	273	273	273	273	273	273
R^2	0.225	0.413		0.331	0.414	
F 检验	686.93 (0.0000)			265.54 (0.0000)		
LM 检验			1327.28 (0.0000)			1140.13 (0.0000)
Hausman 检验		12.31 (0.0554)			11.17 (0.0833)	

注：$* p < 0.1$，$** p < 0.05$，$*** p < 0.01$，分别表示统计量在 10%、5% 和 1% 的显著性水平上显著，回归系数下方括号内为标准误。Hausman 检验和 LM 检验均以 x^2 值为统计量，括号内为相应的伴随概率 P 值。

表 C – 17　中国对欧盟投资的母国中技术含量制成品贸易规模效应的估计结果

变量	被解释变量：中技术含量制成品出口（$\text{Ln}EXPMT_{ijt}$）			被解释变量：中技术含量制成品进口（$\text{Ln}IMPMT_{ijt}$）		
	混合回归模型	固定效应模型	随机效应模型	混合回归模型	固定效应模型	随机效应模型
$\text{Ln}OFDI_{ijt}$	0.272 *** (0.0354)	0.0621 *** (0.0147)	0.0703 *** (0.0148)	0.488 *** (0.0580)	0.101 *** (0.0158)	0.104 *** (0.0158)
$\text{Ln}GDPCAP_{jt}$	− 0.568 *** (0.129)	1.245 *** (0.278)	0.876 *** (0.244)	0.574 *** (0.212)	1.471 *** (0.299)	1.441 *** (0.280)
$\text{Ln}TRADE_{jt}$	− 1.055 *** (0.189)	0.980 *** (0.244)	0.774 *** (0.236)	0.403 (0.310)	1.753 *** (0.263)	1.689 *** (0.258)
$\text{Ln}EXRATE_{jt}$	3.690 *** (1.412)	− 1.150 ** (0.559)	− 0.744 (0.545)	6.476 *** (2.315)	− 2.828 *** (0.603)	− 2.772 *** (0.592)

续表

变量	被解释变量：中技术含量制成品出口（$\text{Ln}EXPMT_{ijt}$）			被解释变量：中技术含量制成品进口（$\text{Ln}IMPMT_{ijt}$）		
	混合回归模型	固定效应模型	随机效应模型	混合回归模型	固定效应模型	随机效应模型
$\text{Ln}INDUSTY_{jt}$	1.026 * (0.552)	0.472 * (0.268)	0.758 *** (0.257)	− 1.589 * (0.904)	− 0.0293 (0.289)	0.00139 (0.282)
常数项	− 4.339 (7.460)	7.982 *** (3.039)	6.888 ** (3.017)	− 18.71 (12.23)	12.77 *** (3.275)	12.71 *** (3.273)
观测值 N	273	273	273	273	273	273
R^2	0.261	0.381		0.314	0.550	
F 检验	225.92 (0.0000)			538.58 (0.0000)		
LM 检验			1248.60 (0.0000)			1269.66 (0.0000)
Hausman 检验		15.98 (0.0139)			8.11 (0.2302)	

注：* $p < 0.1$，** $p < 0.05$，*** $p < 0.01$，分别表示统计量在 10%、5% 和 1% 的显著性水平上显著，回归系数下括号内为标准误。Hausman 检验和 LM 检验均以 x^2 值为统计量，括号内为相应的伴随概率 P 值。

表 C−18 中国对欧盟投资的母国高技术含量制成品贸易规模效应的估计结果

变量	被解释变量：高技术含量制成品出口（$\text{Ln}EXPHT_{ijt}$）			被解释变量：高技术含量制成品进口（$\text{Ln}IMPHT_{ijt}$）		
	混合回归模型	固定效应模型	随机效应模型	混合回归模型	固定效应模型	随机效应模型
$\text{Ln}OFDI_{ijt}$	0.406 *** (0.0359)	0.0299 * (0.0156)	0.0378 ** (0.0157)	0.349 *** (0.0487)	0.160 *** (0.0177)	0.162 *** (0.0177)
$\text{Ln}GDPCAP_{jt}$	− 0.0813 (0.131)	0.709 ** (0.295)	0.643 *** (0.250)	0.488 *** (0.178)	0.401 (0.335)	0.532 * (0.300)

续表

变量	被解释变量：高技术含量制成品出口（Ln$EXPHT_{ijt}$）			被解释变量：高技术含量制成品进口（Ln$IMPHT_{ijt}$）		
	混合回归模型	固定效应模型	随机效应模型	混合回归模型	固定效应模型	随机效应模型
Ln$TRADE_{jt}$	0.364 * (0.192)	1.777 *** (0.259)	1.579 *** (0.248)	0.0510 (0.260)	2.377 *** (0.294)	2.194 *** (0.285)
Ln$EXRATE_{jt}$	−0.262 (0.560)	−0.304 (0.285)	−0.211 (0.269)	1.532 (1.941)	−1.549 ** (0.674)	−1.729 *** (0.654)
Ln$INDUSTY_{jt}$	6.487 *** (1.432)	−0.121 (0.595)	−0.00372 (0.574)	−2.385 *** (0.758)	−0.260 (0.324)	−0.307 (0.309)
常数项	−20.39 *** (7.565)	6.038 * (3.230)	6.048 * (3.187)	10.82 (10.25)	8.007 ** (3.664)	9.332 *** (3.619)
观测值 N	273	273	273	273	273	273
R^2	0.363	0.235		0.286	0.575	
F 检验	204.42 (0.0000)			279.09 (0.0000)		
LM 检验			972.10 (0.0000)			1303.65 (0.0000)
Hausman 检验		17.56 (0.0074)			9.45 (0.1498)	

注：$* p < 0.1$，$** p < 0.05$，$*** p < 0.01$，分别表示统计量在 10%、5% 和 1% 的显著性水平上显著，回归系数下方括号内为标准误。Hausman 检验和 LM 检验均以 x^2 值为统计量，括号内为相应的伴随概率 P 值。

图书在版编目（CIP）数据

中国对外直接投资的母国贸易效应研究／杨超著
. -- 北京：社会科学文献出版社，2022.10
ISBN 978 - 7 - 5228 - 0806 - 2

Ⅰ. ①中…　Ⅱ. ①杨…　Ⅲ. ①对外投资 - 直接投资 -
研究 - 中国　Ⅳ. ①F832.6

中国版本图书馆 CIP 数据核字（2022）第 179278 号

中国对外直接投资的母国贸易效应研究

著　　者／杨　超

出 版 人／王利民
组稿编辑／恽　薇
责任编辑／胡　楠
责任印制／王京美

出　　版／社会科学文献出版社·经济与管理分社（010）59367226
　　　　　地址：北京市北三环中路甲 29 号院华龙大厦　邮编：100029
　　　　　网址：www. ssap. com. cn
发　　行／社会科学文献出版社（010）59367028
印　　装／三河市尚艺印装有限公司

规　　格／开　本：787mm × 1092mm　1/16
　　　　　印　张：14.75　字　数：191 千字
版　　次／2022 年 10 月第 1 版　2022 年 10 月第 1 次印刷
书　　号／ISBN 978 - 7 - 5228 - 0806 - 2
定　　价／98.00 元

读者服务电话：4008918866